北京市教育委员会共建项目专项资助

■ 本书系浙江省自然科学基金项目"基于高层管理者认知的企业动态能力及其绩效研究"(批准号LY12G02002)的成果

企业转型升级中的动态适应

——基于高层管理者认知与企业动态能力的互动演化研究

邓少军 著

中国社会科学出版社

图书在版编目(CIP)数据

企业转型升级中的动态适应：基于高层管理者认知与企业动态能力的互动演化研究 / 邓少军著. —北京：中国社会科学出版社，2015.6
ISBN 978 - 7 - 5161 - 6332 - 0

Ⅰ.①企… Ⅱ.①邓… Ⅲ.①企业管理 - 研究 Ⅳ.①F270

中国版本图书馆 CIP 数据核字(2015)第 131326 号

出 版 人	赵剑英	
责任编辑	许 琳	
责任校对	季 静	
责任印制	何 艳	

出　　版	中国社会科学出版社
社　　址	北京鼓楼西大街甲 158 号
邮　　编	100720
网　　址	http://www.csspw.cn
发 行 部	010 - 84083685
门 市 部	010 - 84029450
经　　销	新华书店及其他书店
印刷装订	北京市兴怀印刷厂
版　　次	2015 年 6 月第 1 版
印　　次	2015 年 6 月第 1 次印刷
开　　本	710 × 1000　1/16
印　　张	16
插　　页	2
字　　数	246 千字
定　　价	60.00 元

凡购买中国社会科学出版社图书，如有质量问题请与本社营销中心联系调换
电话：010 - 84083683
版权所有　侵权必究

前　言

　　围绕"组织面对变化如何生存"这一问题所产生的两种观点（适应 vs 选择）的争论已经逐步演变为以下的共识，即尝试从理论与经验层面去理解企业在面对环境变化时，何种条件下能够保持其竞争优势而另外一些情形下则不能。在这一过程中，以往基于定位和资源优势的一些静态理论逐步被更为动态地探析企业如何重组和整合其资源以适应环境变化的动态能力理论所取代。

　　包括动态能力研究在内，传统的组织能力研究一直存在以下问题：（1）能力通常被视为一个集体层面的概念，组织中个体（特别是企业家）的能动性在很大程度上被忽视，个体的认知与行为等因素也被简单地解释为组织惯例与能力驱动的结果；（2）以往组织能力研究大多承袭了演化经济学与卡内基学派（Carnegie School）组织研究的传统，强调惯例主导下基于反馈的经验学习在能力演化中的作用，这实际上是一种经验主导逻辑，很大程度上忽视了认知逻辑的影响。由于动态能力本身就意味着对导致能力过时的经验性势力影响的克服，因而仅仅关注经验主导的行为逻辑将难以全面完整地解释动态能力的发展演化过程。更为全面地解答"能力从何而来，如何发展演化"这一能力研究的基本问题，就需要把研究的视角从宏观拓展到微观，以进一步探寻导致能力异质性的个体微观层次认知与行为根源及其与组织层面因素的相互作用机理。

　　从企业实践层面，不断适应环境变化，实现持续发展是每一个企业不断追求的终极使命。对于处在转型经济背景和新兴市场环境下的中国企业来说，由于面临着来自制度、文化、技术、市场等多方面的挑战，在适应环境变化并获得持续发展方面将面临更为严峻的考验。

2008年以来，国际金融危机所引发的全球性经济衰退以及随后宏观经济形势的剧烈波动无疑使企业以往存在的诸多问题更为突出，在这样的背景下，推动企业转型升级，克服长期困扰企业发展的难题，动态适应环境变化并实现持续发展就成为企业当前生死攸关的核心战略问题。尽管企业的转型升级需要全社会的共同努力，但企业自身采取有效的战略行动则是推动转型升级的重要先决条件。以往战略管理的研究表明，企业战略行动的发起与实施和管理者的认知及组织能力密切相关，因此，基于中国企业转型升级中的动态适应过程研究管理者认知与企业动态能力的互动演化关系无疑将具有重要的理论价值与实践指导意义，而本书的研究正是在这一背景下展开的。

全书的内容结构安排是：首先，针对理论与实践研究背景提出研究问题：中国企业转型升级背景下企业动态能力演化的微观认知机理及相关影响因素是什么？围绕这一核心研究问题，本书随后对相关概念进行了界定，并在文献回顾的基础上重点把握管理者认知与企业动态能力演化的研究现状及发展趋势，以及在企业战略变革与更新背景下研究认知与能力问题的合理性与必要性。在此基础上，采用基于时间跨度的纵向案例研究方法对两家典型企业转型升级过程中企业动态能力演化的微观认知机理及相关影响因素进行了研究。随后，围绕案例研究的部分主要发现，采用中国沪深A股上市公司面板数据，实证检验了高层管理者的认知特征与企业动态能力的重要表征——企业资源配置柔性的关系。最后，总结了研究结果的贡献与创新点、理论与实践指导意义并对未来研究进行了展望。

相关研究的主要结论包括：（1）高层管理者的认知特征影响企业动态能力的发展演化，更具认知柔性与认知复杂性的高层管理者更倾向于发展企业动态能力以有效适应环境变化。（2）转型升级不同阶段企业动态能力的特征存在明显差异，呈现出高层管理者动态管理能力与企业层面动态能力之间相互影响，交替上升的过程，而高层管理者认知则在其中发挥着重要作用。（3）关键管理者在企业动态能力演化微观认知机制中发挥着重要作用。（4）政府及制度环境在企业动态能力演化微观认知机制中发挥着潜在影响。（5）高层管理者认知对企业双元能力构建和转型升级成功很可能会产生重要影响。

希望本书所开展的上述研究能够有助于我们更为全面细致地把握中国企业转型升级中动态适应的过程机理，进而对促进企业转型升级和可持续发展有所裨益。当然，书中也会存在瑕疵与不足，在此也恳请学术界同人和企业界实务人士能够不吝赐教，共同推动企业转型升级研究的发展。

目 录

第一章 绪论 (1)

第一节 研究背景和意义 (1)

    一 研究背景 (1)

    二 研究问题的提出 (5)

    三 研究意义 (6)

第二节 基本概念诠释 (9)

    一 管理者认知 (9)

    二 动态能力 (10)

    三 战略更新 (12)

    四 转型升级 (14)

第三节 研究思路与研究方法 (15)

    一 研究思路 (15)

    二 研究的技术路线 (16)

    三 主要研究方法 (16)

第四节 研究内容与章节安排 (19)

第二章 管理者认知与组织能力演化研究述评 (21)

第一节 引言 (21)

第二节 组织能力演化的"惯例视角"与"认知视角" (22)

第三节 管理者认知对于组织能力演化的作用 (24)

    一 能力发展的层级 (25)

    二 组织自身因素的影响 (26)

    三 组织外部环境的影响 (27)

第四节　组织能力演化的微观认知模式 …………………… (28)
　　一　"类推"模式 …………………………………………… (29)
　　二　"心智试验"模式 ……………………………………… (29)
　　三　"解释"模式 …………………………………………… (30)
　　四　"认同"模式 …………………………………………… (31)
　　五　"想象"模式 …………………………………………… (31)
第五节　管理者认知与企业动态能力演化 …………………… (32)
　　一　管理者认知与动态管理能力 ………………………… (35)
　　二　创造性搜寻与战略性意义建构 ……………………… (35)
　　三　矛盾性认知架构 ……………………………………… (37)
　　四　专注与动态能力 ……………………………………… (38)
　　五　认知柔性与认知复杂性 ……………………………… (41)
　　六　动态能力的心理认知基础 …………………………… (43)
第六节　结论与启示 …………………………………………… (45)
　　一　主要结论 ……………………………………………… (45)
　　二　启示与研究方向 ……………………………………… (47)

第三章　企业战略更新的"认知视角"与"能力视角" ……… (50)
　第一节　引言 …………………………………………………… (50)
　第二节　企业战略更新的"认知视角" ……………………… (50)
　　一　认知结构与企业战略更新 …………………………… (51)
　　二　认知过程与企业战略更新 …………………………… (53)
　第三节　企业战略更新的"能力视角" ……………………… (56)
　　一　动态能力机制 ………………………………………… (56)
　　二　能力循环机制 ………………………………………… (57)
　　三　能力重构机制 ………………………………………… (59)
　第四节　"能力视角"与"认知视角"的比较与整合 ……… (60)
　第五节　结论与启示 …………………………………………… (61)

第四章　企业动态能力演化微观认知机制案例研究 ………… (63)
　第一节　引言 …………………………………………………… (63)

第二节 理论基础与模型构建 (64)
  一 转型升级背景下企业动态能力的内涵与维度 (65)
  二 认知结构与动态能力演化 (69)
  三 认知过程与动态能力演化 (74)
  四 能力演化过程中管理者认知与组织学习的相互作用 (75)

第三节 研究方法 (78)
  一 选择案例研究方法的理由 (78)
  二 案例选择的依据 (81)
  三 案例资料的来源及收集方法 (83)
  四 数据分析 (84)
  五 基于文本内容分析的高层管理者认知测度方法 (86)

第四节 案例分析与讨论 (87)
  一 案例企业基本情况 (87)
  二 管理者认知、动态能力演化与企业转型升级过程分析 (88)
  三 研究发现 (113)

第五节 小结 (129)

第五章 企业双元能力构建微观认知机制案例研究 (130)
第一节 引言 (130)
第二节 理论基础 (132)
  一 组织双元性研究 (132)
  二 组织认知与双元能力 (134)

第三节 组织双元能力构建的微观认知机制：一个理论模型框架 (135)
  一 结构型双元能力构建：认知任务的区分与整合 (136)
  二 情境型双元能力构建：集体共享的认知模式发展 (137)
  三 领导型双元能力构建：认知性双元能力培育 (138)
  四 组织内外情境因素的影响 (141)

第四节 案例研究 (142)

一　案例研究设计 …………………………………………（142）
　　二　案例分析 ……………………………………………（143）
　　三　主要发现 ……………………………………………（150）
第五节　小结 …………………………………………………（153）

第六章　高层管理者认知与企业动态能力的关系
——基于上市公司的实证研究 …………………………（154）
第一节　引言 …………………………………………………（154）
第二节　理论基础与研究假设 ………………………………（155）
　　一　基于注意力配置的企业高层管理者认知 ……………（155）
　　二　资源配置柔性——企业动态能力的重要表征 ………（156）
　　三　高层管理者的认知特征对企业资源配置柔性的影响 …（157）
第三节　研究方法 ……………………………………………（159）
　　一　选择纵向面板数据研究的理由 ………………………（159）
　　二　资料收集与样本选择 …………………………………（161）
　　三　变量的测量 ……………………………………………（163）
第四节　分析与结果 …………………………………………（172）
　　一　样本的描述性统计分析 ………………………………（172）
　　二　模型与回归分析 ………………………………………（174）
第五节　讨论 …………………………………………………（177）
第六节　小结 …………………………………………………（179）

第七章　研究总结与展望 ……………………………………（180）
第一节　研究总结 ……………………………………………（180）
　　一　主要结论 ……………………………………………（180）
　　二　研究贡献与创新点 …………………………………（185）
第二节　对理论与实践的指导意义 …………………………（188）
　　一　对理论的指导意义 …………………………………（188）
　　二　对实践的指导意义 …………………………………（190）
第三节　研究局限及未来研究展望 …………………………（194）
　　一　研究的不足之处 ……………………………………（194）

二　未来研究展望 …………………………………………（196）
参考文献 ……………………………………………………（199）
附录 1　案例企业高层管理者注意力配置关键词分析 …………（224）
附录 2　企业高层管理者注意力配置关键词评分表 ……………（229）
附录 3　注意力配置关键词词典构建及语境说明 ………………（236）
后记 …………………………………………………………（244）

第一章

绪　论

第一节　研究背景和意义

能够长期存在的物种：既不是最强大的，也不是最聪明的，而是最能适应环境变化的！

——达尔文[①]

个人始终是组织中基本的战略因素。

——巴纳德[②]

一　研究背景

组织面对变化如何生存？这一基本问题一直以来就是管理学、历史学、组织社会学、心理学及经济学关注的焦点（O'Reilly & Tushman，2008）。由这一问题所发展的组织理论十分丰富，包括了竞争优势理论（Porter，1980）、战略冲突理论（Shapiro，1989）、组织生态理论（Hannan & Carroll，1992）、制度理论（Meyer & Rowan，1977）、资源基础理论（Barney，1991），以及最近的动态能力理论等（Teece et al.，1997）。这些研究在"组织面对变化是否能适应和进行

---

① Megginson 引述达尔文观点，参见 Megginson L.，"Lessons from Europe for American business"，*Southwestern Social Science Quarterly*，1963. 44（1）：p4.

② 参见 Barnard C.，*The functions of the executive*，Oxford：Oxford University Press，1968. P139.

变革——如果可以，又是如何做到的"这一问题上一直存在着广泛的争议，并由此形成了有关组织变革的两大理论流派：一种观点是认为组织能够有效适应环境变化进而获得持续发展；而另一种观点则把组织视为一个惯性系统，变革是通过"变化—选择—保留"这样的优胜劣汰机制实现，因而认为随着环境的变化，那些难以突破惯性的现有组织将会被新的、更能适应环境变化的组织所取代（Barnett & Caroll, 1995）。

实际上，组织实践和已有的实证研究对上述两种观点都有足够的支撑证据（O'Reilly & Tushman, 2008）。例如，卢卡（Louca）和门多卡（Medonca）（2002）对20世纪美国最大的一些制造企业的研究表明，226家企业中仅有26家企业在1917—1997年间一直存在，大多数的企业由于无法适应而被取代。麦肯锡公司对标准普尔500（S&P 500）企业预期寿命的一项研究也表明，1935年这些企业的平均预期寿命为90年，到1975年这一数字下降到30年，而该研究估计到2005年会进一步降到仅仅15年（Foster & Kaplan, 2001）。这些研究结论说明，即使是作为某一时期最大和最为成功的企业也无法保证能持续存在。因此，相当一部分学者认为组织的生态位置在很大程度上是惯性和无法改变的（如Amburgey et al., 1993；Audia et al., 2000；Hannan & Carrol, 1992），面对环境的混乱，战略管理者的工作实际上发挥不了什么作用（Dew et al., 2006）。然而，即使是面对如此高的失败率，现实中仍然有一些企业生存了下来并能在相当长的时间内保持繁荣。奥莱利（O'Reilly）和塔辛曼（Tushman）（2008）列举了23家平均寿命超过105年的企业名录，其中就有诺基亚（1865年成立）、3M（1902年成立）、施乐（1906年成立）等知名企业。德赫斯（De Geus）（1997）的研究报告也指出有相当数量的企业存在的时间已经超过200年。这些长寿企业最初生产的产品与目前的业务很多都大相径庭，但它们通过不断适应环境而获得了持续发展。

因此，到20世纪90年代，上述两种观点（适应 vs 选择）的争论已经逐步演变为以下的共识，即尝试从理论与经验层面去理解企业在面对环境变化时，何种条件下能够保持其竞争优势而另外一些情形下则不能（O'Reilly & Tushman，2008）。在这一过程中，以往基于定位和资源优势的一些静态理论（如 Barnett et al.，1994；Porter，1980）逐步被更为动态地探析企业如何重组和整合其资源以适应环境变化的动态能力理论所取代。蒂斯（Teece）等（1997）正式提出动态能力理论已有超过十年时间，而这一研究主题正在世界范围内持续引起管理研究者和实践者的关注与兴趣，这一点可以从其日益增长的引用率及美国战略管理学会（Strategic Management Society）、美国管理学会（Academy of Management）等顶尖学术团体所发起的多次学术会议得到有力的证实（Easterby-Smith et al.，2009）。

　　动态能力理论能够得到持续关注，一方面是因为其涉及众多主流的理论议题，如组织适应、战略更新、组织学习、知识管理等，并且对于相关实践具有广泛的应用价值；另一方面也是因为这一理论目前仍然存在不少有待深入研究和解决的问题。其中，有关能力的微观基础（microfoundations）问题目前正引起越来越多研究者的关注，具体表现在：（1）由于组织能力通常被解释为习得的、稳定的集体行动模式，其异质性的来源一般归因于组织与环境互动的演化历程及路径依赖过程，因而能力通常被视为一个集体层面的概念，在这一集体概念的主导下，组织中个体的作用被同质化，其能动性在很大程度上被忽视，个体的认知与行为等因素也被简单地解释为组织惯例（routines）与能力驱动的结果；（2）以往组织能力研究（包括动态能力研究）大多承袭了演化经济学与卡内基学派组织研究的传统，强调惯例主导下基于反馈的经验学习（experiential learning）在能力演化[①]中的作用，这实际上是一种"向后看"（backward-looking）的经验主导逻辑，很大程度上忽视了"向前看"（forward-looking）的认知逻辑的影响（Gavetti & Levinthal，2000）。这就好比一个经验丰富的探险家，虽然可以凭借以往经验在新的探险活动中占有优势，但完全依赖以往经验行事，缺乏足够的预见性以及对新情况新问题的认知及处理能力

[①] 本书对组织能力演化的界定参照 Helfat 等（2003）的观点，即指的是从能力的产生（founding）、发展（development）到成熟（maturity）等阶段的整个能力生命周期历程。

则很可能会因为意外的出现使自己陷入困境。

对于动态能力研究来说，虽然以往研究也意识到管理者的能动作用，但仍然把个体的认知与行为降低为次要因素（Salvato，2009）。由于动态能力本身就意味着对经验性势力影响的克服，因而仅仅关注经验主导的行为逻辑将难以全面完整地解释动态能力的发展演化过程。更为全面地解答"能力从何而来，如何发展演化"这一能力研究的基本问题，打开能力研究的"黑箱"（参见图1-1），就需要把研究的视角从宏观拓展到微观，以进一步探寻导致能力异质性的个体微观层次认知与行为根源及其与组织层面因素的相互作用机理（Felin & Foss，2005；Foss，2006；Gavetti，2005），参见图1-2所示的能力研究"双浴缸"模型。

从企业的实践来看，不断适应环境变化，实现持续发展是每一个企业不断追求的终极使命。[①] 在当前环境动态变化和日趋复杂的情况下，企业在发展过程中遇到战略矛盾和出现战略转折点的可能性大大增加，这既可能给企业带来发展的机会，同时也可能带来较严重的生存危机，因而企业需要持续变革，实施"再创业"才可得以持续发展（芮明杰，2004）。对于处在转型经济背景和新兴市场环境下的中国企业来说，由于面临着来自制度、文化、技术、市场等多方面的挑战，在适应环境变化并获得持续发展方面将面临更大的考验。多年以来，中国企业普遍存在的自主创新能力弱、核心技术与战略资源受制于人、品牌影响力不足、产品附加值低等问题长期制约着企业的发展。自2008年以来，国际金融危机所引发的全球性经济衰退无疑使上述问题更为突出，企业的经营形势日益严峻。在这样的背景下，推动企业转型升级，克服长期困扰企业发展的难题，有效应对环境变化并实现持续发展就成为企业当前生死攸关的核心战略目标，同时也是全社会普遍关注的焦点话题。

尽管企业的转型升级需要全社会的共同努力，但企业自身采取有效的战略行动则是推动转型升级的重要先决条件。以往战略管理的研

---

① 尽管从宏观层面来看，企业的优胜劣汰对于产业与经济发展也许更为有利。

究表明，企业战略行动发起和实施的前提是管理者（特别是高层管理者）必须关注到环境的变革要求并进行适当的解释（interpretation）（Barr et al.，1992），这一过程受到其认知结构与认知行为的影响。如果管理者的认知结构与认知行为不能与环境变化要求相适应，那么企业就难以发起有效的战略行动并取得期望的战略成果。此外，企业采取的战略行动也受到自身能力的影响，特别是与变革和适应环境密切相关的动态能力。缺乏这一能力将使企业难以克服自身的认知惯性与运营刚性，进而使转型升级的有效实施难以为继。

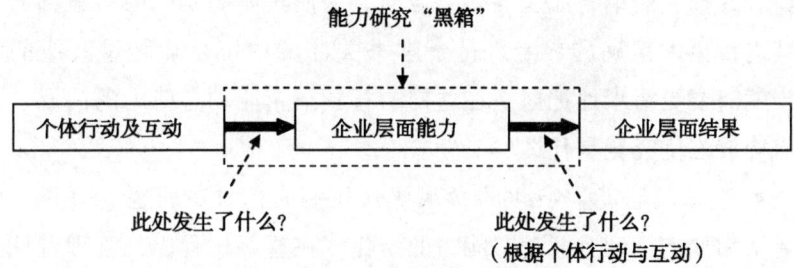

资料来源：Foss（2006），略有调整。

图 1-1　企业能力研究的"黑箱"

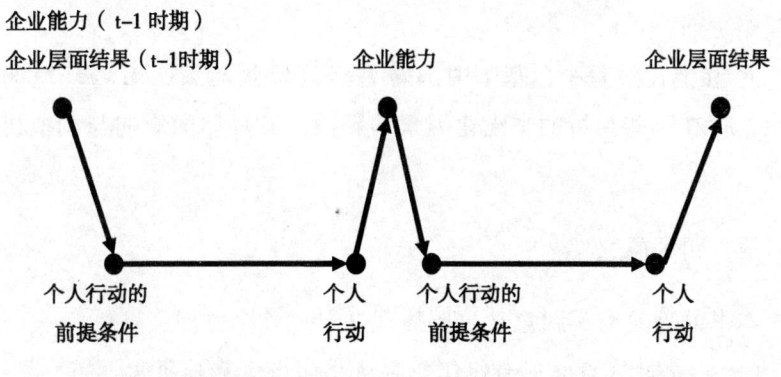

资料来源：Foss（2006）。

图 1-2　企业能力研究的"双浴缸"模型

二　研究问题的提出

针对上述理论与实践背景，本研究把管理者认知、企业动态能力及企业战略更新结合起来,整合了能力演化的微观视角、战略更新的认知与能力两种机制,集中关注中国企业转型升级背景下,管理者认知对于企业动态能力演化的影响,进而推动企业有效实施战略更新,适应环境变化并获得持续发展的机理过程。也就是说,本书关注的核心问题是:中国企业转型升级背景下企业动态能力演化的微观认知机制及相关影响因素是什么?围绕这一核心研究问题,进一步细化后的相关研究问题具体包括:

• 由于动态能力是一个比较宽泛的概念,可以表现在产品开发、创新、并购、变革与成长等多个方面,因而具体的研究中一般都需要对其进行更为精确的界定。基于本书关注的中国企业转型升级的背景,就需要更清晰地把握:在这样的背景下企业动态能力的内涵、特征与构成维度究竟是什么?

• 企业动态能力演化的微观认知机制是怎样的?也就是说,管理者认知如何推动企业动态能力的演化?在这一过程中,管理者认知如何与组织层面的影响因素(如组织学习等)发生相互作用?

• 管理者认知、动态能力及战略更新之间是何关系?即随着时间的推移,在动态变化的环境下,管理者认知与动态能力如何推动企业战略更新?

• 在上述过程中,基于中国转型经济背景与新兴市场环境的特殊性,存在哪些独特的本土化因素的影响?其具体的影响与调节机制怎样?

三 研究意义

本书的理论与实践意义主要体现在以下几个方面:

(一)推进战略管理与组织能力演化的微观基础研究

组织是由个人组成,但这一基本事实在战略管理与组织理论中涉及结构、惯例、能力、文化、制度及其他集体层面的概念时却很大程度上被忽视(Felin & Foss, 2005)。实际上,这些集体层面概念的根源最终还是体现在组织中的个体因素上,如个人的认知、动机、期望、情感及行为等方面。因此,越来越多的研究者逐步意识到战略管理与组织理论研究需要更多地把视角从宏观转向微观,以探析组织集体层面概念的微观基础——个体自身的因素以及个体之间社会互动的影响,从这一点来看,其与经济学及理性选择社会学(rational choice sociology)从"宏观"逐步转向"微观"的发展趋势十分类似(Felin & Foss, 2006; Abell et al., 2008)。

同样,承袭演化经济学与卡内基学派研究传统的组织能力研究(包括惯例、资源等),以往大多也是用集合的代理变量(aggregated proxies)来解释企业层面的异质性。因此,十分有必要进一步地理解个体及个体之间的因素如何影响或阻碍组织能力的发展与演化。最近,一些探索能力微观基础的研究逐步涌现出来,如加韦蒂(Gavetti)(2005)、蒂斯(Teece)(2007)、萨尔瓦多(Salvato)(2009)、拉马宁(Laamanen)和瓦林(Wallin)(2009)等,这为我们更好地理解能力的来源及发展演化机理奠定了基础。但目前在组织学习与能力发展中,个体与集体、微观与宏观之间的联系仍然缺乏比较系统的研究,特别是经验研究则更为不足。基于此,《管理研究杂志》(*Journal of Management Studies*)在2009年最近的专题征稿通告中明确地提出了"组织惯例与能力的微观层次起源"这一研究主题,借此期望把这一研究推向新的高度。[①]

本书正是在上述基础上展开,着重围绕中国本土化情境探析企业在转型升级过程中动态能力演化的微观认知机制及其相关影响因素。这一研究从动态能力这一当前能力研究的热点领域切入,对于进一步推进战略管理与能力演化的微观基础研究具有重要的理论价值,同时对于更为全面完整地理解动态能力的发展演化过程,完善动态能力理论也具有十分重要的意义。

(二)完善转型经济背景与新兴市场环境下企业转型与变革的相关理论

战略变革与更新具有较高的情境依赖性。以转型式变革和更新为

[①] 参见《管理研究杂志》(Journal of Management Studies)主页专题征稿通告(Special Issue Call for Papers)"Micro‐Level Origins of Organizational Routines and Capabilities"。

例,西方学者的研究大多与政府放松管制、行业发生重大变化(如出现技术重大创新)等情境相关,这与中国转型经济背景和新兴市场环境下企业的转型升级所处的情境存在较大的差异。与西方成熟市场经济国家相对稳定的制度与市场环境相比,中国企业需要面对更大的环境不确定性和波动性,这就需要从本土环境视角对中国企业的转型升级过程进行更为深入的研究。

因此,本书从中国转型经济背景和新兴市场环境下企业转型升级的实际问题着手,从实证层面研究动态能力演化的微观认知机制及其与企业战略更新的关系机理,在一定程度上弥补了上述不足,是对转型经济背景与新兴市场环境下企业转型与变革相关理论的补充与完善。同时,本书也从企业转型升级的实践层面论证了动态能力的应用价值,在一定程度上是对动态能力理论的验证与发展。

(三)为当前处于复杂动态环境下的企业转型升级提供理论与实践指导

在全球经济一体化进程加快、技术创新不断发展、市场竞争日益残酷和激烈的背景下,不断创新、不断学习、不断调整战略以适应变化成为企业的唯一出路(Barkema et al., 2002)。2008年以来,受国际金融危机引发的全球性经济衰退以及随后宏观经济形势剧烈波动的影响,中国企业面临着十分严峻的考验。能否顺利实现企业的转型与升级,化"危"为"机",是当前企业、政府及全社会普遍关注的问题。

本书对于动态能力演化的微观认知机制及其与企业战略更新关系机理的研究紧扣当前经济运行与企业经营实践中的关键问题,无疑将会为当前处于复杂动态环境下的企业转型升级实践提供重要的理论与实践指导。本研究表明,构建动态能力有助于企业转型升级的顺利推进,明晰转型升级背景下企业动态能力的内涵、特征与形成机制,以及动态能力对于战略更新过程及绩效的影响将会对当前处在转型升级关键转折点的企业带来更大的帮助。同时,本书对于政府及相关组织的政策建议,将会有助于为企业转型升级营造更为有利的环境,从而更好地推动企业转型升级。

第二节 基本概念诠释

一 管理者认知

认知（cognition）在管理研究中具有十分广泛的含义。从本质上说，认知涉及个人感知、筛选和概念化信息的方式（Weick，1990），据此形成决策与行动的基础（Hambrick & Mason，1984）。管理领域中对于认知的关注至少可以追溯到骑（March）和西蒙（Simon）（1958）的研究观点，他们认为企业中的每个人在进行管理决策之前都带有某种特定的认知基础，或者说一系列"前提"和"认为理所当然的事情"，具体包括：对未来的设想、对决策备选项的知识以及一旦选择某个备选项之后对可能出现结果的考虑。这种认知基础形成了决策者对所处信息环境简化后的认知表征（cognitive representation）的基础。由于决策者仅具有"有限理性"（bounded rationality），其难以对复杂的信息环境进行全面完整的理解，因此，基于认知的限制而形成简化的认知表征对于管理者进行有效决策至关重要。

目前对于管理者认知（managerial cognition）的概念界定，通常有两种方式：一是把管理者认知视为一种认知结构或认知表征[①]（"认知"作为一个名词），其含义是指作为管理者决策基础的管理者信念和心智模式（Adner & Helfat，2003），而这种管理者信念和心智模式实际上是管理者所具有的一种知识结构，目的是帮助其获取、保留和处理特定领域的信息。另一种方式是把管理者认知视为一种认知过程（"认知"作为一个动词），其含义是指管理者获取、保留及处理特定信息的过程。以往对于管理者认知的研究，或者关注认知过程，或者关注认知结构，能够把两者有机结合起来进行研究的比较少，而事实

[①] 认知表征是现代认知科学中的重要概念，它是指个体经知觉而将其外在环境中的物体或事件转换为内在心理事件的过程。认知表征是用一定的符号表示信息的活动过程和方式，其基本构成要素是符号、信息以及它们之间的联系方式。

上《组织科学》（Organization Science）在1994年推出的一期有关组织认知研究的专刊中就已经有一些文章体现了认知结构与认知过程整合的研究思路，为此，迈因德尔（Meindl）等（1994）在总结组织认知研究应关注的几个核心问题时专门提到了两者之间关系的重要性，并提出认知过程与认知结构的整合将是未来组织认知研究的重要方向。

基于上述观点，本书对于管理者认知的定义充分考虑了"认知"这一概念既可以作为一种特定时点的认知状态或认知结构，同时也体现出具有一定时间跨度的认知过程的特点，在加韦蒂和利文索尔（Levinthal）（2000）观点的基础上，将管理者认知定义为：具有特定信念和心智模式的管理者（个体或群体）基于决策的需要对特定信息的心智处理过程。与基于"向后看"的经验逻辑不同的是，在上述过程中，管理者对于行动选择与随后结果之间的信念与认知体现了一种"向前看"的智慧。此外，本书对于管理者认知的研究也充分考虑了其跨层次的特点，重点关注了高层管理者个体层次、团队层次以及层次之间的相互影响关系。

二 动态能力

在讨论动态能力的内涵之前首先有必要界定何谓组织能力。按照温特（Winter）（2000；2003）的观点，组织能力是指"组织通过一系列决策选择将投入转化为特定目的产出的一种高阶惯例（或惯例集）"。虽然动态能力作为组织能力的一种类型，其概念早已被广泛使用，但对其定义却很长时间没有形成普遍一致的看法，这在一定程度上是因为蒂斯等（1997）提出的原始定义比较宽泛，给其他学者提供了进一步提炼、重新解释及拓展的较大空间（Easterby-Smith et al., 2009）。不同学者基于不同的研究背景和研究视角，对动态能力进行了各自的定义，包括蒂斯等（1997）提出的原始定义在内，比较有代表性的观点主要有：

• 蒂斯等（1997）的观点：动态能力是企业整合、构建和重组内外部竞争力以适应快速变化环境的能力。

- 艾森哈特（Eisenhardt）和马丁（Martin）（2000）的观点：动态能力是企业整合、重构和获取释放资源以匹配或创造市场变化的流程，包括整合资源的流程、重新配置资源的流程及获取和让渡资源有关的流程。
- 佐罗（Zollo）和温特（Winter）（2002）的观点：动态能力是通过组织学习获得的一个相对稳定的集体行为模式，用以产生和调整企业内部的业务流程以获得更高的生产效率。
- 扎赫拉（Zahra）等（2006）的观点：动态能力是指以公司主要决策者认为正确的方式，重新配置企业的资源和惯例的能力。
- 王（Wang）和艾哈迈德（Ahmed）（2007）的观点：动态能力是企业为了在变化的环境中赢得并保持竞争优势，不断地整合、重构、更新和再造自身的资源和能力的行为倾向，其中最重要的是不断升级和重构自身的核心能力。
- 赫尔法特（Helfat）等（2007）的观点：动态能力是组织有目的地创造、拓展或改变资源基础的能力。
- 奥吉尔（Augier）和蒂斯（Teece）（2009）的观点：动态能力是指感知并抓住新的机会，进而重构与保护知识资产、竞争力及互补性资产以获取持续竞争优势的能力。
- 奥莱利和塔辛曼（2008）认为动态能力常常表现为企业对探索性活动与挖掘性活动进行动态平衡的双元能力（ambidexterity）。

其中，赫尔法特等（2007）（包括了蒂斯、温特等动态能力研究的主要贡献者）最近提出的定义反映了相关学者对于动态能力概念较为一致的看法，而奥吉尔和蒂斯（2009）的定义，正如作者自己所述，基本上与赫尔法特等（2007）的观点一致，只不过更为强调"有意识的"或"有目的的"能力构建过程。参照安布罗西尼（Ambrosini）和鲍曼（Bowman）（2009）和伊斯特比－史密斯（Easterby-Smith）等（2009）对动态能力研究最近的总结与归纳，目前在动态能力概念界定方面的共识主要有：（1）动态能力反映了某些改变组织资源基础的流程与惯例，它来自于组织构建而非市场购买，并且是路径依赖和嵌入在组织之中的；（2）动态能力是可重复的、制度化的流程与惯例，而非简单的"即兴问题解决"(ad hoc problem solving);(3)动态能力的运用体现了"有意识的"和"有目的的"过程,因而"幸运"不能构成动态能力;(4)动态能力反映了某种程度的战略变革,但二者不能画上等号,动态能力反映的是某种特殊的战略变革,即对资源基础进行的有意识的改变,目的是获取和保持长期竞争优势。

动态能力作为组织能力的一种类型,主要关注的是对企业资源基础的"创造、拓展或改变",而企业的资源基础包含了一般性的组织能力以及有形和无形的资源(Winter,2000,2003;Helfat et al.,2007)。实际上组织能力是具有层级性的(Collis,1994;Winter,2000、2003),按照温特(2003)的观点,组织能力可以分为零层能力(zero-order capabilities)和一层能力(first-order capabilities),前者也称为运营能力(operation capabilities),是指组织"当前如何生存"的能力;后者也称为动态能力,是帮助组织对资源基础进行"创造、拓展或改变"以适应环境变化,赢得未来竞争优势的能力,如图1-3所示。

基于上述认识,本书对动态能力的定义也将采用上述赫尔法特等(2007)提出的有关动态能力内涵的观点,并充分考虑目前学术界在动态能力概念理解上所形成的共识。同时,在后续章节将针对具体的研究情境分别阐述本书所涉及动态能力的具体内涵及构成维度。

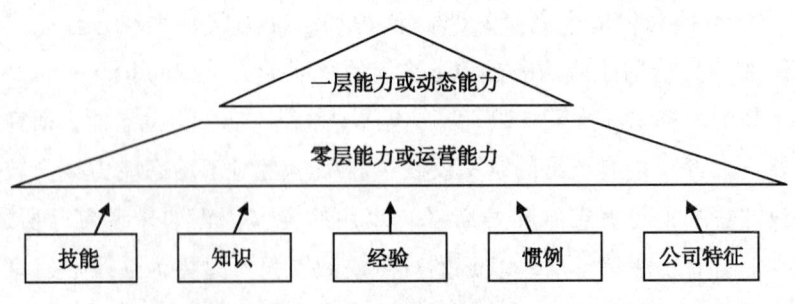

资料来源:Hoope & Madsen(2008),略有调整。

图1-3 Winter 的能力阶层

三 战略更新

战略更新(strategic renewal)这一概念被经常使用,其对企业持续发展具有十分重要的作用。但与含义更为广泛的战略变革（strategic change）相比，战略更新在一定程度上被有所忽视，且一直以来就缺乏对其比较明确和清晰的定义。随着企业的外部环境日益复杂和多变，越来越多的企业需要对自身的战略进行持续更新、重新激活甚至转型以有效应对环境变化带来的挑战。基于此，《组织科学》（*Organization Science*）在2009年推出了有关企业战略更新的专刊，专门研究与战略更新相关的理论与实践问题。在该专刊的导引性文章中，阿加瓦尔（Agarwal）和赫尔法特（2009）对战略更新进行了全面完整的定义，认为战略更新是指对组织长远发展有重大影响的组织特性（attributes）的改进（refreshment）或替换（replacement），包括改进或替换的内容、过程和结果。这一定义反映出战略更新的内涵具有以下特征：（1）战略更新与那些对组织长远发展具有重大影响的因素有关；（2）战略更新包括了更新的内容、过程和结果，但对于具体的研究来说并不一定要求涵盖所有的方面；（3）战略更新是对组织特性的改进或替换；（4）战略更新的目的是为组织提供未来成长或发展的基础。阿加瓦尔和赫尔法特（2009）进一步阐明了战略更新与战略变革的异同，指出战略更新是含义相对更为广泛的战略变革的一种类型，战略变革强调"与以往不同"，这种"不同"除了对组织特性的改进或替换外，还包括诸如组织特性的拓展（extensions）、增加（additions）或缩减（deletions），而这些改变并不具有"更新"的含义。此外，阿加瓦尔和赫尔法特（2009）还对战略更新的两种基本类型进行了区分，包括间断性转型（discontinuous transformation）与渐进式战略更新（incremental strategic renewal）。间断性转型不仅涉及较大程度的变化，而且涉及多个维度的变化，如商业模式、技术基础、组织结构、资源与能力以及组织观念体系（mindset）。渐进式战略更新则强调在外部环境变化形成的过程中就积极进行应对，从而在一定程度上可以减少随后进行更大程度和更为困难转型的需要，具体形式包括对公司核心业务进行渐进式调整、通过公司创业活动对新业务进行试验与尝试、通过研发活动进行累计性创新等。相对而言，渐进式战略更新的变化程度不是那么剧烈，对企业的冲击性较小。然而，实施间断性转型在某些时候也是必要的，如当某些外部环境变化难以预测时，渐进性战略更新就难以进行；此外企业进行不断地调整与适应将难以保证组织与管理的有效性，因为这与企业执行当前任务的惯例相冲突。通过新的惯例、组织结构、激励机制使持续更新"制度化"将有助于缓解惯例与变革的矛盾，此外，发展企业动态能力也是推动战略更新"制度化"的选择之一。

结合上述观点以及中国企业转型升级的研究背景，本书将战略更新定义为：企业针对与自身长远发展具有重大影响的组织特性（如战略、结构、流程、文化等）所进行的持续改进和更新，目的是有效应对环境变化要求，实现转型升级成功并获得持续发展。因而在本研究中，企业的转型升级是中国情境下的一种特定的企业战略更新过程。

四 转型升级

转型升级一直以来就是理论与实践领域关注的焦点，从以往研究来看，学者们把目光较多地投向产业或经济转型升级问题的研究，对企业转型升级问题的探索则相对较少（吴家曦、李华，2009）。而实际上，企业转型升级是产业或经济转型升级的微观基础，对企业转型升级的研究有助于更好地把握产业及经济转型升级的微观机理。2008年爆发国际金融危机以来，中国一大批沿海外向型中小企业受到很大的冲击，企业转型升级问题被提到了前所未有的高度。然而，企业的转型升级问题实际上由来已久，这一问题也并不仅仅存在于中小民营企业之中，很大一部分国有企业同样存在着亟待进行转型升级的紧迫性。多年以来，中国企业普遍存在的自主创新能力弱、核心技术与战略资源受制于人、品牌影响力不足、产品附加值低等问题长期制约着企业的发展。而国际金融危机所引发的全球性经济衰退只是使上述问题变得更为突出。

按照吴家曦、李华（2009）的观点，企业转型升级可以从两个层面来理解："转型"，是指从一种状态向另一种状态的转变，即企业在不同产业之间的转换和不同发展模式之间的转变。前者表现为转行，后者表现为转轨。"升级"，就是企业提高迈向更具获利能力的资本和技术密集型经济领域的能力的过程,即企业在产业链和价值链上位置的提升。企业转型升级包括了由低技术水平、低附加价值状态向高技术、高附加价值状态演变的过程。

在上述观点的基础上,本书将转型升级与战略更新的观点进行了有机结合,即认为企业转型升级是指企业针对与自身长远发展具有重大影响的组织特性(如战略、结构、流程、文化等)所进行的持续改进和更新,目的是通过实现企业在不同产业或不同发展模式之间的转变,在适应环境动态变化的基础上,实现企业的可持续发展。中国企业的转型升级与西方战略管理学者所强调的企业战略更新尽管在概念界定上具有共通性,但其各自面对的环境却存在着很大的差异。西方学者所强调的企业战略更新大多发生在政府放松管制、技术变革(特别是间断性变革)、顾客需求的快速变化等情境下。而与之不同的是,处在转型经济与新兴市场环境下的中国企业不仅同样要面对经济全球化、技术变革及顾客需求变化等挑战,还要面对多变的制度与政策环境、复杂的宏观经济环境、独特的文化环境等多重挑战。因此,研究中国企业的转型升级问题需要充分考虑企业所处环境的差异,在借鉴西方企业战略更新理论的基础上,通过加强中国情境的实证研究,努力构建中国本土化管理理论。本书正是在这一方面所进行的努力与尝试。

第三节 研究思路与研究方法

一 研究思路

本书的思路如下:首先,通过对理论与实践背景的把握明确研究问题与研究意义。其次,通过文献回顾集中探讨两个领域的现有研究情况,一是有关管理者认知与组织能力演化关系的研究,二是企业战略变革与更新背景下对管理者认知与组织能力进行整合研究的合理性与必要性。随后,本书基于验证并发展的案例研究逻辑,采用基于时间跨度的纵向案例研究方法对典型案例企业转型升级过程中管理者认知与动态能力的互动演化发展过程进行了比较深入细致的研究。包括了一般性动态能力的微观认知机制案例研究和与企业转型升级过程密切相关的一类特殊动态能力——双元能力的微观认知机制案例研究。接下来，在案例研究发现的基础上，本书基于中国沪深 A 股样本上市公司的面板数据对案例研究的部分主要假设进行了统计实证研究。最后，本书总结了来自理论与实证研究的主要发现，阐明了研究的贡献与创新点、对理论与实践的指导意义以及研究的不足之处，并对未来的研究进行了展望。

二 研究的技术路线

遵循上述研究思路，本书的技术路线如图 1-4 所示。

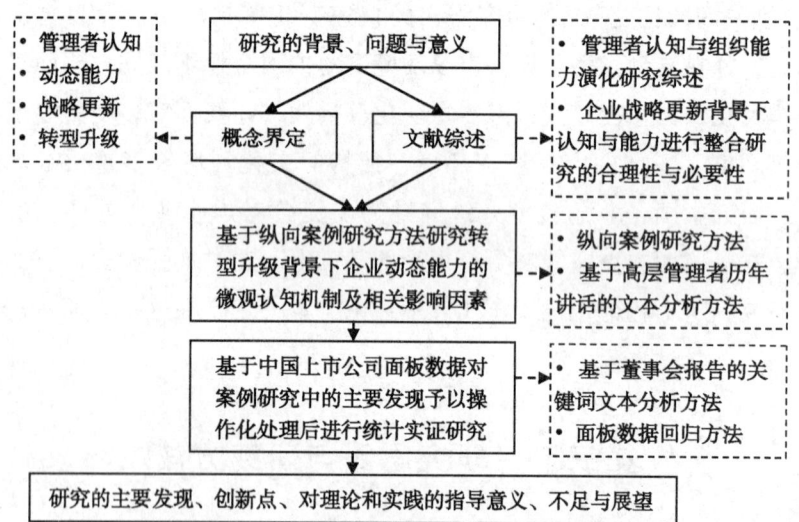

图 1-4 研究的技术路线

三 主要研究方法

对管理者认知的研究多年来一直受制于研究方法的限制，而企业动态能力由于概念抽象和含义广泛，其测量与研究也一直备受争议。基于最近有关认知与动态能力研究的最新进展，本书采用了理论与实证相结合、定性与定量相结合的研究方法。这些研究方法具有各自的优势，只有有机结合才能帮助我们更好地把握研究命题，正如伊斯特比-史密斯等（2009）在谈到动态能力的研究方法问题时所指出的：质性研究的长处，就是它们能提供有关过程的详细描述，有助于把握管理层的角色/作用、动态能力的重构以及与环境的相互作用。另一方面，定量研究在对所涉及因素的精确定义方面做得更好，这些因素间的相互作用和普遍性在样本内部和样本之间能够得到更清晰的识别。同时，伊斯特比-史密斯等（2009）也强调，在所有讨论方法论的作者之间，无论是质性或量化研究，达成一致的一点就是需要进行更多的纵向研究以对动态能力的实践产生洞见。

基于上述认识，本书采用的具体研究方法包括：文献综述研究方法、纵向案例研究方法、基于文本的内容分析方法以及统计实证分析方法。

（一）文献综述研究方法

文献综述研究法是根据一定的研究目的，通过调查和分析文献来获得资料，从而全面地、正确地了解掌握所要研究问题的一种方法。文献综述研究法被广泛用于各种学科研究中，其作用包括：（1）能了解有关问题的历史和现状，帮助确定研究问题。（2）能形成关于研究对象的一般印象，有助于观察和访问。（3）能得到现实资料的比较资料。（4）有助于了解事物的全貌。因此，文献综述研究法是研究者分析问题、理论推导以及进行研究创新的基础，正如高里（Ghauri）等人（1995）所指出的，文献综述方法的主要目的是结构化研究问题并为研究定位。

本书在第二章与第三章采用文献综述研究方法对管理者认知与组织能力演化研究以及企业战略变革与更新背景下认知与能力研究进行了分析与评述，把握了现有研究的主要观点、现状及趋势，并在此基础上提出了本书的研究论点，明确了本书的研究方向。

（二）案例研究方法

案例研究方法是组织管理学研究的基本方法之一，也是构建和验证管理理论的有效方法，是研究"为什么"和"怎么样"之类研究问题的首选策略（Eisenhardt, 1989；Yin, 1994）。而采用基于时间跨度的纵向案例研究方法，则可以通过对不同时点研究对象的深入剖析，帮助我们更好地检视研究框架中提出的问题，也特别适合用来观察和研究企业发生的系列性变革现象（Pettigrew，1990；Chakravarthy & Doz，1992）。

因此，本书在第四、五两章采用了基于时间跨度的纵向案例研究方法研究企业转型升级过程中企业动态能力演化的微观认知机制，通过这一研究方法的使用，可以更好地把握高层管理者认知与企业动态能力在企业转型升级过程中的相互作用及共同演化机理。

（三）内容分析方法

内容分析（content analysis）或文本分析（text analysis）属于定性和定量传统相交叉的一类方法，目前已经在社会科学各领域得到了日益广泛的应用。按照夏皮罗（Shapiro）和马尔科夫（Markoff）（1997）的观点，内容分析是指"基于社会科学目的，任何应用于文本（或其他符号材料）上的方法学上的度量"。内容分析方法承认语言在人类认知上的重要性，认为通过对文本内容的分析可以更好地把握相关研究对象的认知模式和注意力的变化。实际上，内容分析方法已经成为认知研究的一种主流方法。

因此，本书在第四、第五章案例研究和第六章统计实证研究中均采用了内容分析方法。第四、第五章主要是基于案例企业高层管理者历年讲话的文本材料进行内容分析，第六章主要是基于样本公司董事会报告文本材料进行内容分析。同时，本书也充分利用 QSR Nvivo 8.0 等计算机辅助研究工具帮助进行自动化文本分析，这大大提供了研究的信度与效度。

（四）统计实证分析方法

统计实证分析方法是基于大量样本的统计分析，揭示事物之间关系及相关规律的研究方法，是通过对统计假设和概念模型的验证，发现复杂现象中起关键作用的解释变量与被解释变量之间关系的一种重要方法。

本书在第六章基于中国沪深 A 股上市公司面板数据，采用这一方法对高层管理者的认知特征与企业资源配置柔性的关系进行了实证检验，以证实本书通过理论与案例研究所提出主要发现的可靠性和解释能力，保证本书相关研究结论的概化能力。

第四节 研究内容与章节安排

论文共分七章，各章节的结构关系如图 1-5 所示。每章的主要内容如下：

第一章：本章在阐述研究的理论与实践背景的基础上，主要回答"研究什么——研究的问题""为什么要研究——研究的意义"，以及"怎样研究——研究的方法与技术路线"等三个问题，同时，对本书涉及的主要概念进行了阐释。

第二章：本章对管理者认知与组织能力演化的相关研究进行了综述，主要包括管理者认知与普遍意义上的组织能力之间关系的相关研究，以及管理者认知与企业动态能力之间关系的相关研究。在此基础上进一步讨论研究的发展趋势以及可以进行拓展与创新的研究方向。

第三章：本章对企业战略更新的"认知视角"与"能力视角"进行了综述，提出了需要对这两种视角进行整合的观点，从而进一步明确了企业战略更新背景下研究认知与能力演化问题的合理性与必要性。

第四章：本章采用基于时间跨度的纵向案例研究方法对一家典型企业两个阶段转型升级过程中企业动态能力的微观认知机制及其相关影响因素进行了研究。案例研究采用的是验证并发展的研究逻辑，即基于对现有理论的探讨提出相关初始概念模型，通过案例研究对初始模型进行检验并在此基础上尝试进行拓展，以提出新的研究发现。

第五章：在上一章对一般性动态能力微观认知机制案例研究的基础上，本章将围绕与企业转型升级中的战略矛盾性问题处理密切相关的一类特殊动态能力——双元能力的微观认知机制进行案例研究，以明晰高层管理者认知与企业双元能力及转型成效之间的关系机理。

第六章：本章在前文理论探讨以及案例研究发现的基础上，基于中国沪深 A 股上市公司三年面板数据，对高层管理者认知特征与企业动态能力的重要表征——企业资源配置柔性的关系进行了统计分析和实证检验,从而进一步提高了相关研究发现的普遍适用性。

第七章:本章总结了研究的主要结论与发现,阐述了研究的贡献与创新点,指明了研究的理论与实践指导意义,分析了研究的不足之处,在此基础上对未来的研究进行了展望。

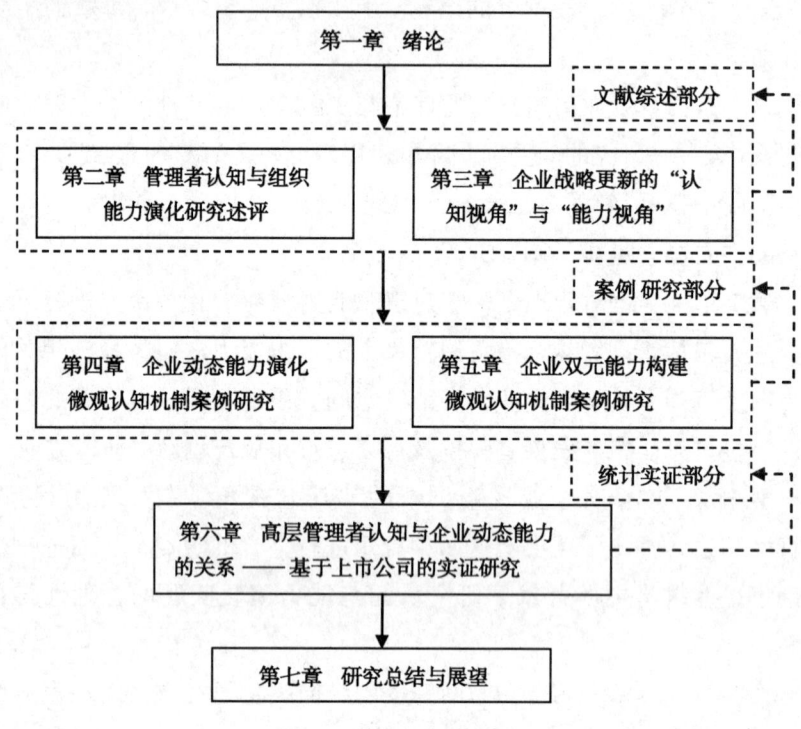

图 1-5 论文的结构

第二章

管理者认知与组织能力演化研究述评

第一节 引言

组织能力演化是战略管理、组织理论和演化经济学关注的核心问题之一。这一问题对于理解企业在熊彼特式竞争环境下的竞争异质性和绩效差异尤为重要，正如胡普斯（Hoopes）和马德森（Madsen）（2008）在基于能力视角的竞争异质性研究中所指出的，异质性的组织能力在很大程度上决定了企业不同的竞争位势，进而导致企业具有不同的绩效。

以往对于组织能力演化的研究一般是遵循演化经济学和卡内基学派组织研究的传统，强调基于惯例的经验学习过程和局部搜寻（local search）活动对于组织能力演化的影响。这些研究认为，组织能力的演化是基于以往经验的绩效反馈或对于先前选择正向或负向强化的结果（Levitt & March, 1988）。上述观点为组织能力的宏观演化特征——能力的"连续性"提供了比较有说服力的解释。然而，过于强调基于惯例的行为逻辑很可能会弱化其他影响能力演化的重要机制（Gavetti, 2005）。实际上，组织的战略行为不仅受到行动者（actors）对外部世界所累积经验的驱动，同时也受到其对外部世界认知的影响。尽管卡内基学派较早就已经指出，基于惯例的行为逻辑与认知性行为逻辑是交织在一起的，但随后却缺乏对此问题的进一步研究。而演化经济学对基于惯例的经验学习与局部搜寻的过分强调又进一步削弱了人们对能力演化过程中认知性因素的关注程度。随着组织能力研究的深入，越来越多的学者开始关注管理者认知对于组织能力演化的影响。相关研究主要集中在以下几个关键问题上：①组织能力演化的"惯例视角"与"认知视角"之间是何种关系？②管理者认知在组织能力演化中的作用机理如何？③影响组织能力演化的认知模式有哪些？此外，随着企业动态能力理论的发展，以往单纯从组织层面关注动态能力发展演化的宏观视角开始逐步转向更为微观的能力起源研究，从管理者认知的角度研究企业动态能力的演化机理也逐渐成为当前研究新的关注点。

本章将围绕上述问题对目前组织能力演化的微观认知机制研究进行梳理。同时，结合本研究所关注的动态能力研究主题，对管理者认知与动态能力演化的现有研究进行了重点回顾，以把握这一新的研究领域的发展状况及趋势，从而为后续章节的实证研究奠定基础。

第二节 组织能力演化的"惯例视角"与"认知视角"

西蒙（1955）提出的"有限理性"观点一直以来是组织研究的基石。该观点认为，管理者在一定的时间和空间内所能处理的信息是有限的，他们只能根据自己的有限理性来进行决策。基于这一观点，组织能力演化的"惯例视角"认为，由于个人仅能处理有限信息，因此组织中的大多数行为是基于"规则"与"惯例"而非"计算理性"（calculative rationality），这些高度默会与重复性的"惯例"集合实际上就构成了组织能力（Cohen et al.，1996）。组织能力的演化则是基于这种"惯例"集合，借助于经验学习、半自动的局部搜寻和试错（trial-and-error）等方式对先前选择正向或负向强化的结果。也就是说，如果行为的结果是正向的，那么行动者会对先前的行为予以正向强化，更多地采取以往的行为（如发展特定能力）；如果行为的结果是负向的，那么行动者会倾向于减少或消除先前的行为（如减少甚至消除在特定能力发展中的投入）。在这一过程中，组织不断积累经验并推动能力的渐进式演化。与之相对，能力演化的"认知视角"则认为，组织能力的演化不仅会受到上述"惯例"机制的作用，同时，行动者对外部世界以及行动与结果之间因果联系的认知也会影响到组织能力演化的路径。具体来说，同样受"有限理性"的影响，行动者通常会发展对决策问题简化后的认知表征以考虑行动选择后的可能结果（March & Simon，1958）。这些认知表征源于行动者对外部世界的心智模式，对于组织行动的选择及能力的演化具有重要影响。

加韦蒂和利文索尔（2000）较好地归纳与比较了上述两种视角。他们将能力演化的"惯例视角"与"认知视角"分别称为"向后看"（backward-looking）与"向前看"（forward-looking）的行为逻辑，并且认为，这两种视角在以下三个基本属性上存在区别：①评估备选方案的模式；②可考虑的备选方案的广泛性；③备选方案相对于目前行动的位置。具体来说，基于惯例的能力演化逻辑强调至少需要部分实施一项能力发展的备选方案才能评估其功效，因而其是一种"即时"（on-line）的评估机制。同时这种演化逻辑在可考虑的备选方案的广泛性上非常有限，极端情况是一次只能探索一项备选方案。此外，这种演化逻辑通常是考虑与现有行动邻近的备选方案。而基于认知的能力演化逻辑则是基于管理者自身对事物的认知来做出评价，不需要通过激活备选方案来评价其有效性，因而其是一种"非即时"（off-line）的评估机制。同时，它可以对多个备选方案进行评估，也不限定要与现有行动邻近。然而，加韦蒂和利文索尔（2000）采用计算机仿真研究的结果也表明，基于认知的能力演化逻辑在具有上述优势从而增强组织适应性的同时很可能是以先前经验（知识）的损失为代价的。因而，决策者在调整认知表征时通常会面临适应性与稳定性二者的权衡：一方面，认知表征的变化有可能导致组织形成更具环境适应性的能力体系（适应性）；另一方面，认知表征的变化在推动新的能力体系发展的同时将会面临以往经验/智慧的损失，从而可能导致组织现有能力下降和当期绩效的减少（稳定性）。

因此，全面完整地理解组织能力的演化机制，需要综合上述两种观点（Gavetti & Levinthal，2000；Gavetti，2005）。以往组织能力演化的研究大多集中于"惯例"视角，在很大程度上忽视了能力演化中认知性因素的影响。实际上，以上两种观点是互为补充的。认知性因素可能会使行动者看得更远，面临更多的选择，从而更有可能找到增强组织适应性，更好地适应环境变化要求的能力演化路径；而基于惯例的经验学习、试错和局部搜寻等活动则会帮助企业在可能的选择中集中关注与尝试更加适合自身条件的能力演化路径。只有把这两种观点有机地结合起来，才能更好地解释组织能力的演化机理。

然而，最近的研究在指出上述两种观点应当综合考虑、寻求互为补充的同时，对于如何在两种观点之间寻求平衡却缺乏更深入的研究。也就是说，组织如何才能做到推动组织能力发展的过程中把基于惯例的行为逻辑与基于认知的行为逻辑有机地结合起来，还不是特别清楚。如果在能力演化过程中，组织在特定的时间或情境内难以做到二者的平衡，那么何种情况下某一种行为逻辑会主导组织特定能力的演化路径？上述问题都有待进一步地深入研究。此外，阿贝尔（Abell）等（2008）指出，组织能力研究需要关注其微观基础，即个体在组织能力形成与演化中的作用机制，现有的能力演化的微观认知机制研究为这一组织能力研究的新领域奠定了一定基础。但是，认知通常不是单独发生作用，而是与其他个体因素（如动机、行为等）和组织因素等在不断地进行相互作用。因此，管理者认知与动机、学习、人际互动等因素如何产生交互作用进而影响组织能力的形成与演化也是值得关注的重要研究问题。

第三节　管理者认知对于组织能力演化的作用

现有的研究表明，管理者认知对于组织能力演化的作用存在两面性，也就是说管理者认知既有可能推动与促进组织能力的发展，也有可能成为组织能力发展的抑制性因素。特里普沙（Tripsas）和加韦蒂（2000）对于宝丽来（Polaroid）公司转型的研究很好地说明了这一点。宝丽来公司在从传统的快速成像产业向新兴的数字影像产业转型的过程中，由于公司高层管理团队具有明显的技术导向，因而在技术能力的构建与发展上投入大量的资源，但是在适应新的数字照相领域所需要的营销能力、新产品开发能力方面却缺乏投入。在该案例中，管理者认知对于 Polaroid 公司的技术能力起到了积极的推动作用，但却抑制了转型所需要的营销能力、新产品开发能力的发展。此外，罗森布鲁姆（Rosenbloom）（2000）对 NCR 公司的研究，闰多瓦（Rindova）和科塔（Kotha）（2001）对雅虎（Yahoo）公司的研究等都验证了在组织变革过程中管理者认知对于组织能力的发展会起到促进或抑制作用。

因此，问题的关键进而转到管理者认知在何种情形下会对能力的演化起到促进或抑制作用？管理者认知对于组织能力演化的具体作用机理如何？现有的研究在一定程度上已经揭示出上述问题在很大程度上取决于三个方面的影响：一是能力发展的层级；二是组织自身因素的影响（如组织层级、组织年龄与发展阶段等）；三是组织外部环境因素的影响。

一 能力发展的层级

能力发展的层级是指组织能力的发展与演化实际上是体现在组织能力的多个层次的，包括具体的某种能力（operational capabilities）、特定的能力组合（capability portfolios）或能力区域（capability areas）、整个组织的能力集群（capability constellations）三个层面。拉马宁和瓦林（2009）对三个网络安全软件公司的案例研究表明，管理者认知对于能力演化的影响在上述三个不同的能力发展层级上存在差异：（1）对于具体的某种能力来说，认知作为一种手段在能力发展中扮演着重要角色，决策者以往的心智表征（mental representations）会指引能力发展的行动选择（Gavetti & Rivkin, 2007）。而且，随着经验的积累，这些心智表征会不断被提炼并外在地表现为组织中的"经验法则"、运营手册与书面文档从而推动某种特定能力的发展。（2）对于特定的能力组合或能力区域来说，管理层注意力（attention）的变化将会导致能力演化的不同路径。根据组织注意力理论（Ocasio, 1997），管理层受"有限理性"的影响，在一定时间内能够关注的领域是有限的，决策者必须合理分配其注意力以进行有效决策。因此，管理层注意力的变化会导致组织对能力发展的投入从某一能力组合或区域转移到其他组合或区域从而改变能力的演化路径。（3）对于整个组织的能力集群来说，管理层的远见（foresight）可能会影响到组织整个能力集群随时间而变化。当环境发生重大变化，组织需要实施转型时，组织的整个战略体系、商业模式等通常都需要进行重构。相应地，组织多个新的能力组合或能力区域也都需要同时发展，以往渐进式的能力演化过程很可能变得不再适应组织转型的要求。因此，组织整个能力集群需要进行"变形"（morphing）或"重构"（reconfiguration），而在此过程中，管理层的远见在组织新的能力体系构建过程中发挥着关键作用，其在很大程度上决定了组织是否能成功适应环境，实现转型成功。

二 组织自身因素的影响

组织自身的因素也会影响到管理者认知对于组织能力演化的作用效果。现有的研究主要集中于组织层级、组织年龄与发展阶段等方面的影响。加韦蒂（2005）的研究表明，管理者所处的组织层级会影响到其对认知表征的选择，进而会对能力演化产生影响。相对而言，管理者所处的组织层级越高，其对行动与结果之间关系的认知会变得模糊而难以解释，特别是组织涉及多个经营领域时更是如此。这种观点在宝丽来公司的案例中也得到了验证（Tripsas & Gavetti, 2000; Gavetti, 2005）。该公司事业部层面的管理者由于更为了解市场变化及企业决策后的结果，因而对数字照相领域具有新的认知与信念；而该公司高层管理者则在以往认知惯性的作用下拒绝了事业部经理的建议从而作出了错误的能力发展决策。

此外，组织年龄和发展阶段的影响也不容忽视（Gavetti & Rivkin, 2007）。相对来说，在创业阶段，组织创始人凭借其对创业机会的认知，积极推动组织成长。由于这些组织成立时间短，基于以往经验所形成惯例的影响相对较弱，组织中的层级也不是特别明显，因此企业家个人的认知性因素在组织能力演化中通常发挥着主导作用。当组织发展到成熟阶段，由于惯例机制的强大作用，很容易导致原有管理团队形成认知惯性而难以适应环境的动态变化，特别是高层管理者相对于中低层管理者这种情况可能更为严重。

基于上述观点，本书认为应综合考虑组织层级和组织发展阶段的影响。一方面，高层管理者对行动与结果之间的认知相对模糊，在克服自身认知惯性方面难度更大，因而在不断强化的认知惯性作用下往往较难做出正确的、适应环境要求的能力发展决策；但另一方面，组织能力发展的重大决策通常是由高层管理者主导，其所具有的把握全局及企业长远发展方向的优势也非组织其他管理层级所能企及。因此，高层管理者具有与环境变化相匹配的认知模式以帮助其做出正确的能力发展决策对于组织适应环境并获得持续发展至关重要。此时，组织通常面临两种选择：（1）外部替换，即考虑替换原有的具有很强认知惯性且难以转变的高管团队成员，选聘新的、更具环境适应性认知的高管团队成员，这种方式通常较多地应用于成熟企业的转型与变革。（2）自身变革更新，即现有的高管团队成员具有较强的企业家精神、变革更新意识与学习能力，能够充分利用内外多种条件有效克服自身的认知惯性以适应环境变化要求，这种方式在创业型企业中采用得比较多。

三 组织外部环境的影响

管理者认知对于能力发展起到何种作用还取决于认知与环境变化的适应性，特别是那些环境变化所需要的组织能力。巴尔（Barr）等（1992）认为，管理者的心智模式需要与环境变化相适应，以便更新其对企业所处环境的理解与认知，如果管理者的心智模式不能适应环境变化，那么它将会阻碍管理者感知问题，延迟战略变革，并导致在新环境下无效的行动。因此，如果管理者认知能够很好地匹配环境变化对于组织能力发展的要求，那么其对于环境变化所需要的能力发展将会起到积极的促进作用，反之则会对这些能力发展起到抑制作用，进而可能导致组织无法有效应对环境变化，出现企业经营危机。此外，组织所处信息环境的模糊性在很大程度上也决定了能力演化过程中搜寻机制的选择（Gavetti & Rivkin, 2007）。在产业环境不太成熟时，基于经验和试错的局部搜寻机制也许是唯一合适的能力发展途径；而当产业环境趋于成熟时，具有更强认知性影响的理性搜寻机制可能比其他方式更为适用。

通过对以往研究的梳理与归纳，本书认为管理者认知对于组织能力演化的作用机制需要充分考虑组织能力发展的层级、组织自身因素及外部环境因素的影响。已有的研究在上述各方面尽管有所涉及，还仍然有许多需要深入研究的问题。首先，上述各方面涉及的具体维度与研究变量还有待进一步拓展，如是否还存在其他组织因素的影响，不同环境类型（如制度环境、任务环境、文化环境等）的影响有无差异，其具体的作用机理如何等问题都需要深入研究。其次，由于上述三个方面之间存在紧密联系，如何在一个整合的分析框架下探讨其对认知与能力演化的相互作用机理还需要进一步研究。最后，现有的研究通常具有事后分析总结的缺陷，如何更多地从事前角度探析认知对于能力演化的作用机理还需要得到更多经验研究的支持。

第四节 组织能力演化的微观认知模式

加韦蒂（2005）在强调认知性因素对于组织能力演化的重要性时指出，能力的研究需要微观基础，这种微观基础应能更完整地把握我们所了解的组织中的认知与行动。针对这一呼吁，随后有许多学者提出了组织能力演化的不同微观认知模式（Laamanen 和 Wallin，2009）。如加韦蒂等（2005，2008）提出的"类推（reasoning by analogy）"模式；法杰恩（Farjoun）（2008）提出的"心智试验（mental experimentation）"模式；宾厄姆（Bingham）和黑利伯里安（Haleblian）（2008）提出的"解释（construal）"模式；Tripsas 等（2000，2009）提出的"认同（identity）"模式；勒涅（Regnér）（2005，2008）提出的"想象（imagination）"模式等。管理者通常就是采用这些认知模式推动组织搜寻（organizational search），在此过程中组织战略及相关能力得以形成并不断演化。下面将从组织能力演化的角度分别阐述几种主要的认知模式。

一 "类推"模式

从战略决策的角度,"类推"是指管理者运用过去熟悉情境去处理新的类似情境问题的认知思维模式。实际上,这种认知模式一直以来就是认知科学领域研究的兴趣点所在(Gick & Holyoak,1980;Holyoak & Thagard,1995;Thagard,1996)。加韦蒂等(2005,2008)把这种认知模式引入到战略决策研究领域,强调"类推"是战略决策者普遍具有的一种逻辑认知模式。当面对新的机会或困境时,战略决策者首先发展出针对目标问题的心智表征以识别其主要特征,再回想以前遇到或听到过的情况,搜索熟悉的相似经验以及曾在类似的情境下取得良好效果的策略进行类比式推理以形成解决当前问题的策略与方案。加韦蒂等(2005)的研究表明,"类推"模式有助于战略决策者在复杂和新颖的环境下寻找到有利的竞争位置,而其效果的发挥则受到管理者经验的深度(对特定领域知识的熟悉与了解程度)、宽度(对众多领域知识了解的广泛程度)以及高阶策略方案对其所含详细选项的限制程度的影响。由于组织能力的演化在很大程度上是组织一系列决策及行动的结果,因而决策者运用"类推"的认知思维模式作出组织能力发展与转变的决策,无疑会对组织能力的演化带来重要影响。

二 "心智试验"模式

法杰恩(2008)认为加韦蒂等(2005)的观点过于强调"类推"模式的优越性而忽视了其他认知模式的重要价值,并据此提出了"心智试验"的认知模式,包括"想象(visioning)"、"情境分析(scenario analysis)"和"模拟(simulation)"三种"心智试验"的变体。他强调"心智试验"可以依靠人们所熟知的"演绎(deduction)"与"归纳(induction)"的认知推理过程,但更接近于"溯因(abduction)"的方式(Farjoun,2008)。"溯因"是美国逻辑学家皮尔斯(Charles Pierce,1839—1914)最早明确提出的概念。与"演绎"(通过已知事实的现存知识或一致被认可的规则推导出结论)和"归纳"

(从有限的观察数据中得到结论或一般性规则)不同的是,"溯因"是生成假设来解释已知事实,它是开始于事实的集合并推导出它们最合适的解释的推理过程。在有关能力发展的战略决策中,应用"溯因"的推理方式进行"心智试验"就是针对决策问题不断产生并测试相关假设性方案,通过一系列心智活动从而最终为决策问题找到最合适的策略。这种方式不必像"试错"那样需要真实地逐一实施特定的备选方案,在一定程度上降低了战略决策与实施的成本,保证了决策的连贯性。

三 "解释"模式

宾厄姆和黑伯利里安(2008)在研究创业型企业国际化能力的习得过程时提出了能力发展的认知性"解释"模式,这种"解释"模式由先于行动的"认知模板"(cognitive templates)以及紧随行动后的"归因"(attributions)所组成。宾厄姆和黑伯利里安(2008)通过研究发现,管理者在开展国际化业务之前会为其国际化能力勾勒出心智"草图"(认知模板)以帮助指导未来的行动,这种"认知模板"的形成通常来自于有见识管理者的以往经验以及组织创始人的直觉和远见,它对于企业国际化能力的发展会带来重要影响:(1)"认知模板"为推动能力发展的经验学习创造了有利的开端。事先的心理准备以及对即将获得经验的预期降低了领导者在经验产生后冲动性或反应式行事的可能性,因而能够减少能力学习的代价。(2)"认知模板"的半结构化特征为变革创造了有利条件,它避免了结构化缺失造成的混乱以及过分结构化所带来的刚性,有助于组织成员达成一致意见从而明确组织能力发展的方向。(3)"认知模板"作为一种知识结构有助于明确问题的所在及解决方式进而推动能力的发展。(4)"认知模板"能够鼓舞管理者,为其明确方向,从而为管理者在不确定环境下采取行动带来信心。然而随着时间的推移,初始的"认知模板"很可能变得不再具有足够的解释力,出现超出其范围之外的意外结果会不断增多。这时,管理者会对这些意外结果进行归因判断,如果造成意外结果的原因来自组织内部(内部归因),那么管理者会调整原有的"认知模板"和行为,通过发展"认知模板"的不同抽象层次以推动能力的进一步发展;反之,如果归因于组织外部(外部归因),则一般会保持原有的"认知模板"和行动不变。

四 "认同"模式

组织认同是指组织内部成员及外部利益相关者对组织核心观念的感知(Hsu & Hannan,2005;Pólos et al.,2002),它与组织中的某种规范密切联系,这种规范表明了有关组织中合法行为的共享信念。组织认同能够充当"指路牌",指引组织能力的发展、知识的获取以及组织惯例的演化(Kogut & Zander,1996)。特里普沙等(2000,2009)在研究组织应对技术变革的困难时进一步阐明了能力演化的"认同"模式。他们的研究表明,组织认同是组织认知惯性的一个重要来源,它会对能力发展决策产生导向与约束效应,具体表现在:(1)"认同"充当了"过滤器",组织成员倾向于按照与已有"认同"相一致的方式关注与解释外部刺激从而做出决策。(2)由于"认同"与组织惯例、程序及信念交织在一起,改变"认同"以做出适应技术变革要求的能力发展决策通常十分困难。因此,充分考虑技术变革及相应的能力发展决策是否对现有的组织认同构成挑战将变得十分重要。

五 "想象"模式

勒涅(2005,2008)提出了能力发展的"想象"模式,认为想象在企业创造性战略中发挥着重要作用,是创造性战略不可分割的组成部分。想象一般与直觉相联系,它可以帮助行动者更好地搜寻与识别机会。勒涅(2008)认为,动态视角的企业战略既需要重复的惯例与模式,同时也需要想象力与创造性。前者可以保持战略的稳定性与效率,而后者则可以促进企业战略对环境变化的动态适应。因此,勒涅(2008)建议动态能力理论应借鉴战略实战理论(strategy-as-practice)中有关想象力与创造性的观点,以避免动态能力同样陷入单纯依靠经验与惯例而导致能力刚性的能力发展悖论中。潘德扎

(Pandza)和索普（Thorpe）（2009）也有类似的观点，认为与直觉相联系的想象构成了企业进行创造性搜寻的重要认知基础，它可以帮助管理者实现对以往知识路径的偏离，进而产生新的知识，因而创造性搜寻构成了企业动态能力的重要组成维度。

与组织战略决策及能力演化相关的认知模式实际上并不限于以上这几种。加韦蒂等（2008）认为，理性选择与基于反馈的适应性学习之间存在多种中间形态的认知模式，从而形成了一种"中部隆起"的分布形态（如图2-1所示）。由于完全理性的选择与严格的反馈式经验学习在现实中几乎不存在，因此，处于中间形态的多种认知模式就成为组织战略决策及行为研究的重要立足点。综合加韦蒂等（2008）和法杰恩（2008）的观点，本研究认为未来的研究需要围绕以下四个方面予以深入：（1）细化——对多种认知模式进行更为详尽的探索，包括是否还存在新的认知模式以及特定认知模式更为细致的作用机理。（2）类别——这些认知模式是否可以根据一定的属性进行分类，分类的属性依据是什么？（3）情境——不同的认知模式分别适应于何种情境？（4）时间——在不同的时间阶段，哪些认知模式更为合适？

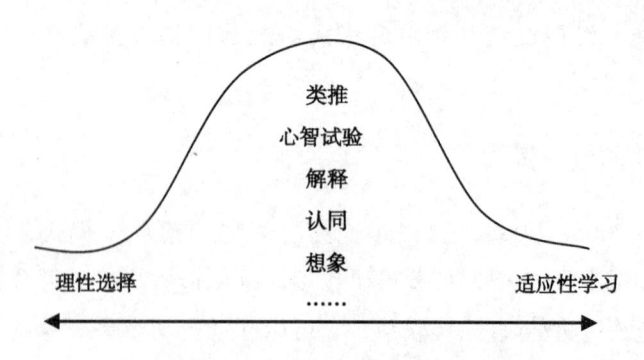

资料来源：作者根据 Gavetti 等（2008）的观点绘制。

图2-1 认知模式的分布形态

第五节 管理者认知与企业动态能力演化

企业动态能力作为一种特殊的组织能力被提出，是因为传统的企业能力理论未能解释当环境发生变化、组织能力过时或不再具有以往价值时企业竞争优势的可持续性问题。动态能力理论研究者普遍认为，拥有这一高阶能力（动态能力）的企业能够有意识地创造、拓展或调整其知识基础（资源基础）以应对环境的变化，从而有助于企业获取长期可持续的竞争优势（Eisenhardt & Martin，2000；Helfat et al.，2007）。

然而，正如以往组织能力理论聚焦于以惯例为核心的经验学习过程一样，动态能力理论同样承袭了演化经济学与卡内基学派组织能力研究的传统，把惯例主导的经验学习摆在核心位置，强调"向后看"的经验逻辑，在很大程度上忽视了"向前看"的认知逻辑的影响。由于经验适应的理论常常不能提供有关新知识产生的认识，因而仅仅关注累积和经验的学习不足以全面完整地解释动态能力的发展演化过程（March，2006）。实际上，动态能力的内在含义本身就预示着其担负的重要角色是克服可能导致组织能力过时的经验性势力的影响（Gavetti，2005）。因此，动态能力理论需要重新加以审视，综合考虑以惯例为核心的经验学习和认知性因素的影响，才能更为完整地把握动态能力的形成与演化机理。总体来看，动态能力微观认知机制研究的发展脉络如图2-2所示。

目前，管理者认知与动态能力的关系已经受到越来越多研究者的关注。艾森哈特和马丁（2000）强调了管理者在动态能力演化中的重要作用，这实际上已经为动态能力研究从组织集体层次（如惯例、过程等）转向个体微观层次（如认知、行为等）奠定了一定的基础。闰多瓦和科塔（2001）通过对雅虎（Yahoo）和埃克塞特（Excite）两家互联网搜索引擎公司的比较案例研究也表明，高层管理团队及其对组织演化的信念（belief）在动态能力发展中发挥着重要的作用。此外，佐罗和温特（2002）强调了深思熟虑的学习对于组织动态能力演化的影响。这种深思熟虑的学习过程与以往基于惯例的经验学习有所不同，实际上更为强调的是一种注意力聚焦的理性认知过程。在上述研究观点的基础上，加韦蒂（2005）全面正式地阐述了能力演化的微观认知机制问题，并呼吁在研究动态能力的产生及其所克服的

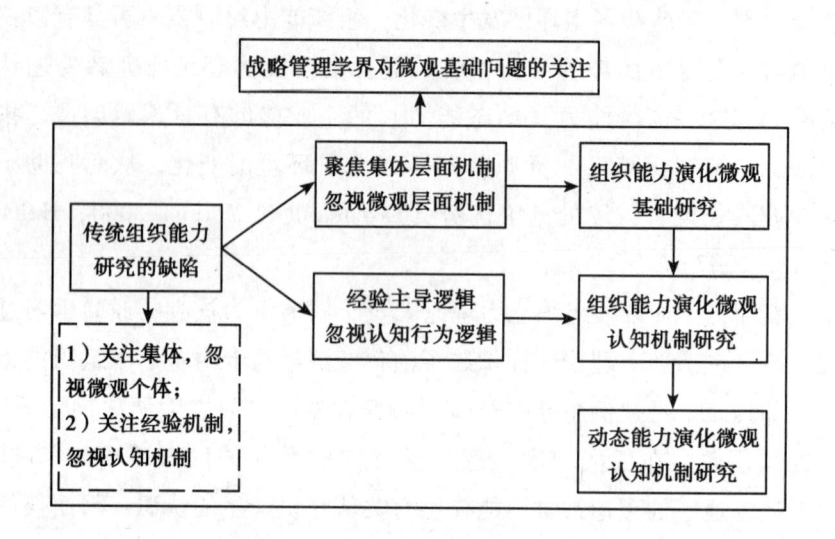

图 2-2　组织动态能力演化微观认知机制研究脉络

问题时需要在以往惯例主导逻辑之外充分考虑认知性因素的影响。

基于上述呼吁，后续有关动态能力的研究逐步把关注点聚焦于微观层次管理者的能动性方面，如管理者认知、动机、领导风格及管理行为。伊斯特比-史密斯等（2009）在《英国管理杂志》（*British Journal of Management*）最近推出的一期有关动态能力专刊的导引性文章中就强调，动态能力的未来研究需要更多地关注动态能力与更为微观的议题（如管理者认知、搜寻过程）之间的联系。美国战略管理学会于2010年3月在芬兰举行的专题会议征稿中，也明确地把管理者认知与动态能力的关系作为会议讨论的主题之一。[①] 国内学者对于认知因素与动态能力的关系在研究中也有所提及，董俊武等（2004）通过案例研究发现企业认知性努力与行为性努力会交织在一起，进而在动态能力演化过程中发挥着重要作用。张晓军等（2010）基于和谐管理理论认为，认知的构建是动态能力内涵的重要组成维

---

① 参见美国战略管理学会（Strategic Management Society，SMS）芬兰专题会议主页征稿通告 http://finland.strategicmanagement.net/，会议主题："Intersections of Strategy Processes and Strategy Practices"。

度。许晖等（2013）的案例研究也发现管理者的国际化认知（包括国际注意力与文化智力）是影响营销动态能力形成的重要因素。下面将对近年来有关管理者认知与动态能力关系的研究进行回顾。

一 管理者认知与动态管理能力

阿德纳（Adner）和赫尔法特（helfat）（2003）在研究处于同一产业、面对相似环境的企业而其管理决策存在较大异质性时提出了动态管理能力（dynamic managerial capabilities）的概念，并将其定义为"管理者构建、整合及重构组织资源与竞争力的能力"，同时指出这一概念是组织动态能力在管理者个体层次的反映。基于对美国石油产业的考察，阿德纳和赫尔法特（2003）的研究表明，处于同一产业、面对相似环境的企业之间绩效的差异在很大程度上是来自于其管理决策的异质性，而这种决策的异质性则进一步源于决策者动态管理能力的差异。

阿德纳和赫尔法特（2003）通过对以往管理者认知文献的回顾，指出管理者认知的差异将导致不同的战略决策和结果，因而管理者认知构成了动态管理能力的重要基础性因素之一。此外，他们还提出管理者认知与动态管理能力的其他两个基础性因素，即管理者人力资本和管理者社会资本存在相互作用，而这种相互作用在以往研究中很大程度上被忽视。因此，他们提出未来需要更深入地研究这三者之间的相互关系及其对企业动态能力、组织绩效以及企业战略变革的影响。

二 创造性搜寻与战略性意义建构

潘德扎和索普（2009）在《英国管理杂志》（*British Journal of Management*）推出的有关动态能力的专刊中撰文指出，演化经济学与经验学习都不足以解释动态能力的存在，微观层次管理者的能动性在动态能力的创造与形成过程中同样发挥了十分重要的作用。他们认为，动态能力实际上反映了对以往经验学习所积累知识的偏离（deviation），而要实现这种偏离进而产生新知识就需要管理者自觉地和创造性地发挥其能动作用。这种能动作用集中体现在管理者的两类认知过程之中，即创造性搜寻（creative search）和战略性意义建构（strategic sense-making）。这两类认知过程实际上是目前动态能力概念中缺失的两个重要维度，它们对于更好地理解动态能力的发展演化过程具有重要意义。

潘德扎和索普（2009）把创造性搜寻视为是具有未来导向、不确定性增加和打破以往约束的认知过程，目的是有意识地搜寻机会、识别机会和进一步的探索机会。克罗森（Crossan）等（1999）也有类似观点，即创造性搜寻意味着组织有意识地搜寻与识别机会以及整合进一步探索识别机会所必需的知识。潘德扎和索普（2009）认为，动态能力关注新知识的创造，这一点是与以往观点不同的重要方面，这就需要组织及管理者具有创造性（creativity）。创造性可以被定义为一种心智事件，据此行动者有意识地超越其以往的经验从而产生新颖和适当的结果（Lumsden，1999）。由于创造性认知通常是非结构化的、不完全的和更具流动性的（Hodgkinson & Sparrow，2002），因而创造性较少受到已经存在心智模式的约束（Greve & Taylor，2000）。同时，强调创造性搜寻也并非否定经验学习的重要性，因为在创造性搜寻中，经验并不是通过学习以推断未来，而是作为一种资源以促进富有想象力的行动。

伴随创造性搜寻的另外一种认知过程是战略性意义建构，潘德扎和索普（2009）将其定义为一种对初始意义建构（initial sense-making）不确定性减少的认知过程，以激发有意识的行动和追溯性意义建构，从而使管理者能够理解新知识发展及其与商业机会匹配的合适性与有用性。这种具有追溯性的意义建构维度在动态能力情境下具有重要作用，是因为其不仅是作为解释外部变化适应性的一种手段，也是驱使管理者理解新能力发展内部过程的一种方式。通过这种对事件的持续解释，模糊的因果关系被最终理解，进而促进已有知识的升级以及进一步深入的挖掘与利用。

潘德扎和索普（2009）认为，创造性搜寻与战略性意义建构这两种认知机制与经验学习之间是互补的关系，两种机制都促进了新知识的产生，但单独来说都不足以解释企业对已存在知识轨迹的偏离。同时，他们指出，创造性搜寻与战略性意义建构的并存及其对能力发展的影响实际上会受到一系列不同因素的调节。其中"选择—适应"（selection-adaptation）以及"路径创造"（path-creation）两种变革机制对于理解动态能力的认知机理具有重要作用。此外，他们还认为在技术密集型领域，区分成熟产业和新兴产业是重要的，创造性搜寻与战略性意义建构在这两类不同产业中将表现出不同的机理。

三 矛盾性认知架构

吉尔伯特（Gilbert）（2006）在对一家报社如何应对数字化出版挑战所进行的一项多层次纵向案例研究中发现，企业对外部环境非连续性变化（discontinuous change）能够进行有效反应，需要企业具有在同一时间应对多元化甚至不一致情境的能力，而形成这种能力的前提是管理者具有矛盾性（或竞争性）的认知架构（cognitive frames）。吉尔伯特（2006）集中关注了机会与威胁两种矛盾性认知架构，并指出，企业在面对非连续性变化时往往面临着一种矛盾性认知困境：如果把非连续性变化看作机会，那么虽然可以培育组织的灵活性和适应性，但由于没有产生变革行动所需要的绩效缺口，因而难以引发企业作出及时反应；而如果把非连续性变化视为威胁，那么虽然可以促使企业作出反应，但却容易强化组织运行中的刚性特征。

出现上述认知困境的原因之一是，企业在面对非连续性变化时，其内部能力与外部环境仍然存在一定程度的"剩余匹配（residual fit）"。也就是说，能力并不是简单的替代关系，在企业适应环境进行变革的过程中，很可能在获取新能力的同时需要面对已有的部分能力仍然在有效运作并发挥作用的事实。在某些阶段，一些适应以往环境的组织流程或能力与适应新环境的流程与能力会同时存在。因为前者能保持运营的连续性，维持当期绩效的稳定；而后者是着眼于未来，通过对变化环境的不断适应以确保未来的长期绩效。在这种"剩余匹配"存在的前提下有效应对环境的非连续性变化，就要求企业同时具有适应环境变化及保持运营稳定的能力——这种双元（ambidexterous）能力实际上就是一种动态能力（O'Reilly & Tushman,

2008）。而组织管理者具有矛盾性认知架构（如机会与威胁认知并存）则是形成这种动态能力的前提。

此外，吉尔伯特（2006）还通过研究识别出机会与威胁认知并存的两种机制：（1）结构性区分，也就是在组织中产生差异化分工的部门或事业单位，通过限制其运营的重叠，实现机会与威胁认知架构在不同部门或单位中的体现，实际上反映的是"结构型双元"（structural ambidexterity）的思想；（2）高层管理团队的整合。吉尔伯特（2006）强调在高层管理团队中对上述矛盾性认知进行整合的重要性，因为高管团队不承担具体的运营责任，这使他们在接纳与整合矛盾性认知架构方面更具优势。

史密斯（Smith）和塔辛曼（2005）也有与吉尔伯特（2006）类似的观点。他们意识到，企业在经营过程中面临着一系列的战略矛盾，如探索与挖掘、效率与灵活、短期绩效与长期适应等，能否有效处理这些战略矛盾将是企业获取长期可持续竞争优势的重要前提。史密斯和塔辛曼（2005）认为，高层管理团队的矛盾性认知是企业有效应对战略矛盾的先决条件。这种矛盾性认知包括了矛盾性认知架构以及认知过程，充分体现了双元性的思想，对于管理者的动态管理能力具有重要影响。

四　专注与动态能力

专注（mindfulness）[①] 的概念被引入社会心理学已有30年的历史，它代表了一种积极的认知状态，在这种状态中个体积极关注发生的事情，质疑旧的事项及解释并且重新建构新的事项与解释。近年来，专注正日益被应用于描述组织"专注与觉察正在发生的事情"（Brown & Ryan，2003）。高水平的专注能够使组织对环境中的变化进

[①] 专注也被译为"心智觉知""正念"等，"正念"的译法主要源于佛教，实际上，这一心理学构念也深受佛教正念禅修的影响，体现了东西方思想的交融。有关组织专注这一领域东西方思想交融的研究观点可参考：Weick & Sutcliffe（2006），Weick & Putnam（2006）。

行精确解释并采取适应性反应,能够注意到这些变化产生与发展中的意外情况(Weick & Sutcliffe, 2001; Fiol & O'Connor, 2003)。

利文索尔和莱卢普(Rerup)(2006)认为持续性的专注需要"关注情境"和"具有对情境中意外的线索和信号进行反应的能力"。专注的这种二元性,实际上包含了认知与行为两个维度:从认知方面是指从内外环境中收集相关信息并能够理解信息的含义,其中蕴含着从多种视角对目前的经验和现实具有增强的认识(Langer, 1997; Brown & Ryan, 2003);从行为方面是指已处理信息的实施,如产生激励行动的动机,提供行动选择集的惯例。专注性行为具有以下特征:(1)对新信息保持开放;(2)从多种视角觉察;(3)产生新的事项;(4)关注当前。

尽管这种高度专注和自觉的专注性认知及行为具有明显的好处,但大多数时间人类的行为还是受自动的、不自觉的心智过程的驱动,在这一过程中,人们并没有产生足够的意识,也没有明显的意图,也不需要特别的努力(Bargh & Chartrand, 1999),就如同熟练的司机驾驶汽车一样,大多数的驾驶行为是下意识的反应。这是因为,长时间保持专注与警觉的心智状态会耗费大量的精力,因而是困难及难以持续的(Rerup, 2005)。因此,组织中的专注性认知与行为会随着时间减少,除非问题或障碍出现(Levinthal & Rerup, 2006)。也就是说专注的持续存在是很少的,一旦没有意外刺激的出现,专注性认知与行为很容易转变为非专注性认知与行为(mindlessness 或 less-mindful behavior)(Germer et al., 2005)。非专注是"习惯、不专注、放松及分散注意力"的产物(Weick & Putnam, 2006)。非专注将导致组织成员降低其注意力的层次,机械式地采用已存在的在认知上与情感上比较刻板的行为(Fiol & O'Connor, 2003)。通过上述专注与非专注的比较,可以发现,专注性认知与行为可以使组织及组织成员保持对环境变化的高度关注与警觉,从而增强其环境适应能力,但长时间地保持专注状况将会耗费大量的精力因而难以持久;而非专注性,在认知方面体现为一种基于自觉的、自动自发的认知状态,类似于心智方面的"飞行自动导航模式"(automatic pilot),在行为方面则与演化经济学所强调的惯例主导的行为逻辑相一致，强调一种基于惯例的模式化的行为。非专注凭借其自动自发的运作可减少认知方面的心智消耗，而行为方面的惯例化也可以提高组织运作的效率，但非专注性具有上述好处的同时，也容易导致组织认知和行为上的惯性，从而难以适应环境的变化。

因此，专注与非专注并不能看作是相互割裂的过程，大多数的组织都是一定水平的专注与非专注的结合，而关键的问题在于这种结合的比例、同时性与阶段性以及二者之间的互动关系，即在特定的时间和情境下，二者之间是何种比例关系（孰多孰少），它们发生的同步情况（孰先孰后），在什么时间或阶段，某一种模式更具有效性。

基于上述观点，萨尔瓦多（2009）通过聚焦于产品的开发过程，研究了动态能力演化过程中（具体表现为产品开发能力）微观层次管理者的专注性行为的影响机制。他们认为，动态能力并不应仅仅看作是一个集体层次的构念，它其实是产生于组织中个体的日常活动之中。他们的研究表明，正是组织日常运营中专注性行为与非专注性行为的结合才导致了组织能力的演化，而在此过程中管理者的认知，特别是专注性认知及行为在其中发挥着重要作用。具体的研究发现包括：（1）通常表现为半自动化、惯例式（非专注性）运作状态的已有能力将被组织内外的个体通过专注性的日常行为系统性重塑；（2）及时的管理干预将把成功的试验成果（通过搜寻找到的最佳方案和实践中表明成功的经验）编码后形成更高层次的组织能力；（3）专注性探索与试验后被改变的组织流程暂时地降低了原来已有能力（n层）的绩效水平，但通过对异质性试验成果编码后所形成的更高层次能力（n+1层）则表现出更高的过程同质性，并进而导致绩效的永久性提升。显然，从被编码为高层次能力的以往试验中所获得的知识增加了组织注意力的质量。这些发现拓展了有关能力与组织更新的以往研究，也表明未来的研究应进一步聚焦于专注这一概念如何能更好地用于揭示能力演化与组织优势的微观基础。

五 认知柔性与认知复杂性

（一）认知柔性

卡纳斯（Cañas）等（2003）从组织管理角度将认知柔性定义为管理者的认知处理策略适应环境中出现新情况或意外情况的能力。弗尔（Furr）（2010）也持类似的观点，认为认知柔性是指组织成员通过观察、处理和整合新的信息来改变其共享心智模式或识别变革机会的能力。从认知结构的角度来看，认知柔性实际上就是管理者或组织成员的心智模式能够随环境变化适时调整的特征。

劳雷罗－马丁内斯（Laureiro-Martínez）等（2009）基于认知神经科学最近的实验证据指出，个人的认知柔性（cognitive flexibility）很可能是组织学习与适应环境变化能力的基础性决定因素。劳雷罗－马丁内斯等（2009）分析了最近在认知神经科学方面的发现后指出，注意力的神经调节可以用来识别和解释个体之间认知柔性的差异。这些发现表明，大脑的前扣带皮层（ACC）、眶额皮层（OFC）以及蓝斑核（LC）之间的相互作用控制了注意力的神经调节，从而很可能影响到个体的认知柔性（参见图2-3）。在此基础上，他们建立了管理者认知柔性的神经科学模型，如图2-4所示。

这一模型追溯了管理者学习以及随之而来的组织适应的神经性前置因素。也就是说，认知柔性（即决策者对于环境条件的认知性适应能力）是一个循环往复的过程，在这一过程中个体面对特定的情境，感知效用的不确定性，然后调整其注意力聚焦后以特定的方式采取行动。上述过程中大脑皮层的相关部分会对个体注意力的聚焦产生神经调节效果。个体的行为与情境越匹配，认知的柔性就越高，进而也会表现出更好的累积性任务绩效。

劳雷罗－马丁内斯等（2009）进一步指出了认知柔性对于动态能力等研究的重要意义。主要体现在：一方面，管理者的认知柔性很可能构成了企业调节其对战略问题的认知与解释方式能力的基础，具有较高认知柔性的管理者会倾向于采用更加丰富和多样化的方式对战略问题进行认知和解释，从而更有可能产生应对和解决问题的新颖方

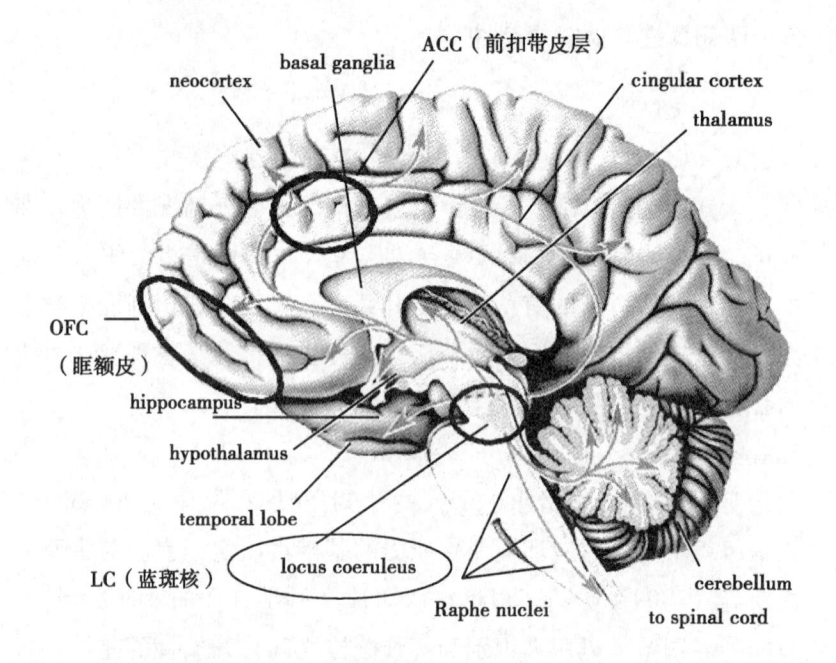

资料来源：Aston – Jones & Cohen（2005）；Laureiro – Martínez 等（2009）。

图 2-3　人脑中 OFC，ACC 和 LC 的位置

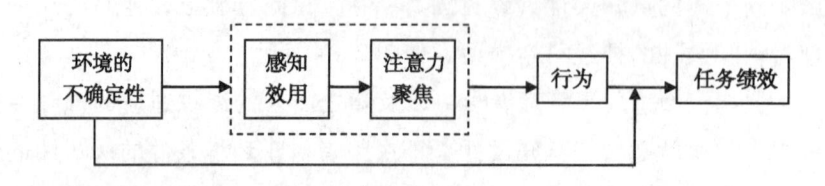

资料来源：Laureiro – Martínez 等（2009）。

图 2-4　认知柔性模型

案。同时其也成为企业发展一个稳定的过程以对运营惯例进行调整从而避免其陷入核心刚性，进而增强其适应性的第一步。另一方面，认知柔性还能够帮助管理者妥善处理组织必须面对的探索性活动与挖掘性活动的平衡问题，认知柔性高的管理者往往能够自如运用不同的思维和搜寻方式，因而能够较好地平衡探索性活动和挖掘性活动，进而有利于组织培育一种特殊的动态能力——双元能力。弗尔（2010）对美国太阳能光伏产业进行的实证研究也较好地证实了上述观点：认知

柔性很可能是发展与配置组织动态能力的重要激活因素，对认知柔性的研究有助于更好地回答以往研究有所欠缺的动态能力起源问题。

（二）认知复杂性

认知复杂性（cognitive complexity）能够反映认知模式的差异化与整合状况。认知模式差异化是指嵌入在认知模式中的诸如环境、战略、组织等概念的幅度与多样性（这些概念之间很可能还存在一定的矛盾与冲突），而认知模式整合则是指上述这些概念之间相互关联的程度（Nadkarni & Narayanan，2007）。艾森哈特等（2010）在总结以往心理科学研究观点后认为，作为认知结构复杂性核心特质的"认知多样性"是指存在于一个组织中用于解决问题的心智模式的丰富性，其作用主要体现在：（1）多样化心智模式有助于形成更为丰富的问题解决备选方案；（2）有助于组织中多元化认知模式的相互结合以提高个体认知的效益；（3）有助于对多样化本身产生更高的容忍度以增加组织成员对新颖解决方案的接受度。因此，复杂的认知模式可以容纳丰富多样甚至互相矛盾的信息，进而能够通过有效整合信息来增强组织的适应能力。总体来看，认知复杂性与前述的矛盾性认知架构存在密切联系，是一个含义更为广泛的认知特征。

六 动态能力的心理认知基础

霍奇金森（Hodgkinson）和希利（Healey）（2011）在吸收借鉴社会认知神经科学、神经经济学以及管理与组织认知研究方面最新成果的基础上，阐述了蒂斯（2007）提出的动态能力框架的心理认知基础。他们认为目前对能力发展的心理认知基础的研究严重依赖于传统的行为决策研究，即决策者依靠不遗余力的推理及冷静客观的分析以克服认知偏见和惯性。然而，最近的研究表明，很多决策中的问题不仅源于理性认知，同样也有其情感的根源，如果单纯考虑上述理性认知过程，在很多情况下很可能会加重原本想要减少的认知偏见与惯性。因此，他们认为，对组织能力的心理学基础建立行为上合理的模型，需要基于最近在社会认知神经科学、神经经济学以及管理与组织认知方面的最新研究进展，重新反思我们对心智过程本质的理解。

在上述研究的最新发展中，社会认知神经科学主要强调了两种机制：反射（reflexive）与反思（reflection）。前者支持更具自动化和情感性的社会认知，如成见、自动分类及同感（共鸣）；后者对应于更具控制性的认知系统，强调更高形式的认知，如逻辑推理、规划和假设。神经经济学则更为强调情感与分析过程的区别。例如，伯恩海姆（Bernheim）和兰格尔（Rangel）（2004）把大脑的运作视为要么依赖于"冷静"的认知模式，要么依赖于"热烈"的情感模式。

霍奇金森和希利（2011）详细阐述了蒂斯（2007）提出的动态能力三个组成部分，即机会识别能力、抓住机会能力与重构能力的心理认知基础：（1）机会识别能力。最近的神经科学研究强调一种适应性认知变化机制，其中涉及了"反射"与"反思"之间更为复杂的相互作用。而识别机会的能力实际上也包括了觉察与利用情感作为信息的能力，而这是目前组织感知能力所忽视的重要组成部分。此外，在面对复杂环境时，反思式的认知过程很可能会面临信息的过载而失去应有的作用，而基于直觉的、本能的反射式认知过程则可以承载大量的信息，实际上大量的感知与扫描活动都是自动的、反射式的过程。这是因为深思熟虑的理性认知通常因为注意力高度集中，难以持续较长时间，也难以对大量信息进行有效处理；相对而言，基于直觉的反射式认知则可以凭借其自动化的运作机制有效克服上述问题。（2）抓住机会的能力。按照蒂斯（2007）的观点，抓住机会要求具有制定高质量、相互依赖的投资决策的能力，如选择产品结构和商业模式。霍奇金森和希利（2011）认为，在发展动态决策能力时存在两个重要的挑战：其一是需要具有积极评估机会、选择机会并迅速投入资源的能力；其二是当新机会出现时，需要具有解除已有战略中不正常的固化状态，减轻或消除决策惯性和战略固化的能力。对于第一个挑战，在抓住机会的过程中，仅仅依赖反思式认知对机会进行评估和选择是不够的，还需要对机会建立积极的情感联系。也就是说，识别机会并测度其可能性与效用是不够的，有效抓住机会的行为还在于对新的导致更快选择和确定性承诺的备选方案发展出更为强烈的、积极的情感反应。因而，对新的前景技巧性地建立情感与认知承诺是有效的"抓住机会能力"的关键组成部分。对于第二个挑战，霍奇金森和希利（2011）认为，情感过程与自我调控能力是避免和缓解决策偏见能力的中心环节。而实际上，仅仅依靠蒂斯（2007）所说的"认知上的复杂与严格的方式进行决策"本身很可能加重这种偏见。（3）重构的能力。重构涉及组织资产与结构的持续转换，在此过程中组织中的社会认同很可能是阻碍重构的重要因素之一。实际上，反射与反思性过程在管理社会认同过程中也发挥着重要作用，从而有助于实现持续的组织重构。霍奇金森和希利（2011）提到了两种调节机制以缓解社会认同的威胁。其一是留意认同过程中情感的和无意识的因素，以减少基于认同的变革阻力；其二是对认同威胁的情感反应进行自我调整，这将是减少阻力过程的关键部分。

第六节 结论与启示

一 主要结论

基于文献回顾所形成的主要结论如下：

• 与以往聚焦于集体层面的经验学习不同的是，目前动态能力的前沿研究更多地开始把注意力转向微观层次企业家和管理者的能动性方面，特别是创造性认知与行为的影响。重点关注的是微观（个体认知、行为与互动）与宏观（组织集体层面现象）之间的联系。

• 有关认知方面的研究已经不是简单地讨论认知偏见等问题，而是从认知神经科学等多个学科领域广泛吸收新的研究成果来丰富对相关认知机制的认识。

• 有关管理者认知与企业动态能力演化关系的研究目前仍然处在初始阶段。这一方面表现在相关研究还比较零散，缺乏整合与全面系统的研究；另一方面表现在目前大部分的研究仍以概念描述为主，小部分采用了案例研究方法，而基于大样本的统计实证研究则非常少见。

• 认知与动态能力并非一成不变，而是随着时间推移在共同演化发展，因此，在研究中加入时间因素，采取纵向（longitudinal）研究方法是现有研究需要完善与拓展的重要方向。

● 拓展研究组织双元性的微观认知机制。组织双元性研究已经成为当前组织及战略研究领域的前沿课题。如前所述，由于组织双元性也可被视为一种特殊的动态能力——双元能力，因此，可以把有关组织动态能力演化微观认知机制的研究进一步拓展到组织双元能力微观认知机制研究，这也是对"组织双元性研究应该向个体微观层次拓展，并且更多地开展跨层次研究"呼吁的积极回应。

● 与中国情境相关的研究非常缺乏，特别是有哪些中国本土化独特因素会影响上述过程机制还不是很清楚。由于认知、能力、变革等都具有高度的情境依赖性，因而探析在中国情境下可能具有的独特影响因素及作用机理非常重要，这很可能需要对西方理论及研究观点进行一定的补充与修正，从而为构建中国情境化的管理理论做出贡献，并更好地指导中国企业的实践。

就国内来说，目前有关动态能力的研究已经全面展开，比较有代表性的如董俊武等（2004）、贺小刚等（2006）、焦豪等（2008,2011）。动态能力对于企业实践的价值也日益引起重视。但目前国内的相关研究大多数仍然处在推广和验证西方理论的阶段，虽然选取了中国企业作为实证的对象，但本土化的影响因素及机理还缺乏比较深入的探讨。从管理者认知方面来说，国内相关研究还很少见，尽管已有部分学者对这一在国外广受关注的前沿领域进行了介绍，如樊建芳（2003）、张文慧等（2005）、陶海青和刘冰（2008）、陈立新（2008）、吴建祖等（2009），但相关实证研究还很薄弱，需要大力加强。由于有关能力演化的微观机制的研究在国外目前还处在刚刚兴起的阶段（主要是2000年以后，特别是加韦蒂在2005年对此问题进行呼吁之后，主要集中在最近几年），直接探讨动态能力演化微观认知机制的研究更为少见，而最近国外的顶尖学术团体如美国战略管理学会也已经把这一问题纳入一些专题会议的讨论主题。因此，国内研究者需要对此问题展开具有中国特色的研究，这不仅是对这一新兴的前沿研究领域需要加强关注的积极回应，也是在构建本土化理论（特别是中国企业转型升级理论）方面迈出的重要一步。

二 启示与研究方向

组织能力研究正日益关注能力演化的认知性微观基础，这与组织理论与战略管理研究中认知范式（cognitive paradigm）不断增强的影响力密切相关（Bingham & Haleblian, 2008）。通过对已有研究的总结与梳理，其对我们的启发和对后续研究的提示主要体现在以下几个方面：

（一）重新检视能力发展的相关研究

正如前文所述，如果从认知及惯例结合的角度更为全面地理解组织的行为基础，那么将导致以往以惯例为中心的相关研究面临越来越多的质疑。因此，我们就很有必要对以往基于演化经济学，并以惯例为中心的相关研究进行重新检视（加韦蒂，2005）。而这将涉及多个领域，如多元化、知识管理、技术变革、市场进入等，这些研究领域在涉及有关能力动态时都或多或少地以惯例为基础。也就是说，很多有关于能力的研究过去大多以惯例为中心作为组织行为的基础，在很大程度上忽视了认知性因素及相关因果机制。通过上面的理论探讨与分析，研究者已经意识到全面完整地理解组织中的行为（包括能力的发展），就需要把认知视角与惯例视角结合起来。通过对以往相关研究的重新审视，很可能会产生对理论与实践具有重要指导意义的新发现。

（二）认知与能力的共演

认知与能力并非一成不变，而是在特定的背景和条件下随着时间推移在共同演化（co-evolution）。因此，如何运用共演理论（Lewin 和 Volberda, 1999; Volberda 和 Lewin, 2003; Rodrigues 和 Child, 2003; Suhomlinova, 2006）探析认知、能力与环境随着时间的共演变化及相应的战略结果是后续研究需要关注的重要问题。

（三）探讨认知对于不同类型能力的作用机制有无差异

科利斯（Collis）(1994) 区分了第一类能力和第二类能力，前者是指企业执行基本职能活动（如：工厂布局、分销物流及营销活动）的能力，而后者是指企业对上述行为动态改进的能力。佐罗和温特（2002）以及温特（2003）区分了运营能力（零阶能力）和动态能力

(一阶能力),运营能力与企业的运营机能相适应,是指那些"我们如何生存"的能力,而动态能力则致力于运营能力的调整,从而导致诸如企业产品或生产流程的改变。认知对上述不同类型能力的作用机制有无差异,具体作用机理如何等问题都有待进一步深入研究。就认知对动态能力的作用机制来看,当前学术界已经对此问题引起了高度关注,美国战略管理学会也已经把这一主题纳入2010年芬兰专题会议的讨论主题。但总的说来,相关研究还处在起步与探索阶段,经验研究还不多。系统地阐述认知与动态能力演化的关系及其战略结果的实证研究还非常少见,这也是本书关注的核心研究问题。

(四) 能力演化中的双元性

正如前述,认知性因素对于组织能力演化的作用实际上具有双重性,一方面有可能提高组织的环境适应性;但另一方面,这种适应性很可能是以以往所累积默会知识的损失为代价。随着组织双元性理论的兴起(Gibson和Birkinshaw,2004;Raisch和Birkinshaw,2008),如何运用该理论寻求上述适应性与稳定性之间的平衡值得关注。实际上,企业能够平衡探索性活动与挖掘性活动的双元能力已经被视为企业动态能力的一种类型(O'Reilly & Tushman,2008)。因此运用双元性理论阐释认知与动态能力/双元性的关系同样也具有重要的研究价值。

(五) 更为深入地探析能力演化的微观机制

现有的研究承袭了演化经济学与卡内基学派组织研究的传统,关注组织惯例、能力、资源对于组织异质性的影响,但对于组织中的个体行为以及人际间的互动作用对组织惯例、能力的影响机制还缺乏深入研究。也就是说,组织集体层面结果(如惯例、能力、异质性等)的微观个体行为根源还不是非常清楚。能力演化的认知机制研究在此方面进行了有益的开拓,而《管理研究杂志》(JMS)在2009年最近的专题征稿中则更为明确地提出了这一研究主题。

(六) 推进本土化研究

认知反映了决策者如何看待外部世界以及行动与结果之间的因果联系,它与决策者的经历及所处环境密切相关。因此,无论是决策者的认知模式,还是认知、环境与能力演化的关系等都具有高度的情境依赖性。这也提示我们，产生于西方的相关研究结论在应用于中国情境时很可能需要加以修正，大力推进本土化相关研究应该是国内研究者后续研究工作的重点。而随着实践管理问题的凸显，进一步探讨中国企业转型升级情境下管理者认知、企业动态能力及转型成效之间的关系机理将尤为重要与迫切。

第三章

企业战略更新的"认知视角"与"能力视角"

第一节 引言

战略变革是组织为了与外部环境保持匹配而进行的改变,这一主题一直以来就是战略与组织理论研究的热点问题。正如本书在第一章概念诠释部分所提到的,战略更新是战略变革的一种类型,与更为一般性的战略变革相比,它更为强调组织为有效适应环境变化、获得持续发展而对组织特性所进行的改进或替换。有关企业战略变革与更新的研究汗牛充栋,多年以来也形成了许多不同的研究视角。由于本书主要关注的是中国企业转型升级背景下管理者认知与企业动态能力演化的关系,因此本章将重点回顾企业战略变革与更新的两大视角:"认知视角"与"能力视角"。通过文献回顾,本章将阐明在企业战略变革与更新的背景下研究管理者认知与企业能力之间相互作用机理的合理性与必要性,从而为后续在中国企业转型升级背景下研究高层管理者认知与企业动态能力的关系及共同演化机理奠定基础。

本章首先分别回顾与评述企业战略变革与更新的"认知视角"与"能力视角",在此基础上提出整合两种研究视角的观点,并为后续章节的实证研究奠定理论基础和明确研究方向。

第二节 企业战略更新的"认知视角"

有关管理者在企业战略变革与更新活动中的作用一直以来存在着

两种观点：一种观点认为管理者的作用仅仅是使组织能力与环境条件进行无缝匹配，管理者的决策过程相对而言就是一个理性选择和经济性的计算过程；而另一种观点则认为管理者在组织与环境之间发挥了至关重要的作用，环境变化对组织的影响很大程度上是通过管理者的认知与行动体现出来的（Rajagopalan & Spreitzer, 1997; Eggers & Kaplan, 2009）。实际上，有关企业战略变革与更新的研究目前已经呈现出这样一种趋势，即战略变革与更新不再仅仅被视为是组织结构与过程的改变，同时它也被视为是组织在认知上的一种重新定位的过程（Barr, 1998; Barr et al., 1992; Gioia & Chittipeddi, 1991; Reger et al., 1994）。基斯勒（Kiesler）和普劳尔（Sproull）（1982）认为，在迅速变化的环境中，管理行为的一个关键组件是问题感知，即对于环境变化给予注意并建构意义以便采取行动的认知过程。这种"注意"和"意义建构"的过程对于组织更新来说具有十分重要的意义（Barr et al., 1992）。

由于认知通常可以从认知结构与认知过程两个层面进行理解，因此这里将分别阐述认知结构与认知过程在企业战略变革与更新中的作用机理。需要强调的是，认知结构与认知过程实际上是从不同层面对组织中认知现象的阐释，它们都是完整把握组织中认知现象不可或缺的重要组成部分，而且相互之间也构成了有机统一的整体。

一 认知结构与企业战略更新

管理者的认知结构或心智模式反映了其知识结构，涵盖了其理解不同形势或环境的有关概念及其相互关系（Weick et al., 1986）。由于管理者的"有限理性"以及进而导致的信息处理能力的有限性，管理者的认知结构或心智模式总是不完整和不精确的，而且随着环境的变化，这种不完整与不精确将会进一步加重。巴尔等（1992）总结了认知研究的有关发现后指出，认知结构或心智模式主要会在三个方面加剧信息可得性与信息处理之间的不匹配性：（1）认知结构决定了哪些信息将会被关注。尼斯贝特（Nisbett）和罗斯（Ross）（1980）的研究表明，个人对于特定情境能够回忆起来的往往是在其心智模式中最突出的因素与特征。这就意味着，我们只能预期管理者仅仅会关注其当前心智模式支持的或在其当前心智模式中处于突出位置的环境变化，而其他一些重要的环境变化也许将不会被这些管理者所识别（Kiesler & Sproull, 1982）。(2) 引起关注的刺激信息将会依据人们当前的认知结构或心智模式进行解释，而不是被看作需要进行变革的某种信号。这意味着管理者即使关注到环境变化的信息，由于其依赖于当前的心智模式进行解释，因此也很可能不会被其感知到需要进行战略更新（Dutton & Jackson, 1987; Sapienza, 1987）。(3) 认知结构或心智模式将指导行动（Nisbett & Ross, 1980）。就像已存在的认知结构会决定信息的关注以及解释一样，其同样会限制可能的行动方案选择。从企业战略更新的角度，这个发现使我们意识到，管理者所能采取的行动将与其当前的认知结构相一致，一旦这种认知结构与企业战略更新的需要不相适应，则将会影响到战略更新的合理性与有效性。

基于上述认知研究发现，巴尔等（1992）提出了组织更新的认知模型（如图3-1所示），并通过对美国两家铁路公司的比较研究阐明了如下研究观点：(1) 更新需要心智模式的变化。无论是企业的战略更新或者是组织更新，都是企业对环境变化的一种适应，如果管理者的心智模式不再与当前的变革要求相适应，则会影响到管理者有效感知问题，延迟战略变革，并采取在新环境下无效的行动。(2) 环境的友善性可能会巩固过时的心智模式。也就是说，过去一直良好的外部环境很可能会使公司持续盈利的同时进一步巩固和强化管理者已有的心智模式，尽管这些心智模式已经过时（Whetten, 1988）。而一旦环境发生重大改变，管理者过时的心智模式很可能会使企业迅速陷入困境。(3) 管理者不仅要关注到环境变化信息，而且更重要的是能够随着时间推移对这些信息以及相关因果关系进行合理的解释。巴尔等（1992）发现，仅仅关注到环境变化信息可能并不够，对这些信息与企业战略的关系进行合理解释，并且这些解释能够随着时间变化进行更新可能更为关键。(4) 由于存在学习的过程，管理者心智模式的更替需要一定的时间。这就意味着管理者的认知结构或心智模式并非朝夕可变，它的更替是一个需要花费一定时间的学习过程和认知转变过程。

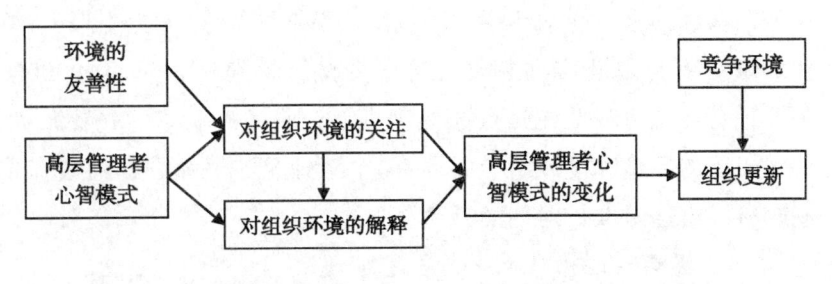

资料来源：巴尔等（1992）。

图 3-1 组织更新的认知模型

二 认知过程与企业战略更新

上一节尽管重点阐述的是管理者认知结构或心智模式对于企业战略变革和更新的影响，但同时也提到了导致认知结构变化的认知探索过程的重要作用。实际上，认知结构与认知过程是密不可分的有机统一体，认知结构反映的是不同时点上管理者认知结构或心智模式的状态，而认知过程则是将这些不同时点的认知结构或心智模式联结在一起，成为有机整体的管道。图 3-1 组织更新的认知模型中，引起管理者心智模式变化的管理者对环境的关注（attention）与解释（interpretation）过程就是管理者认知过程的典型反映。

（一）"关注"过程与企业战略更新

在企业战略变革与更新的背景下，一部分高层管理者总是能够比其他管理者先行一步，他们往往能较早地把握企业战略变革与更新的必要性、方向与有利时机，并且能够使企业战略变革与更新行动有效付诸实施。针对这些现象，赵（Cho）和汉布里克（Hambrick）（2006）在研究美国航空企业在政府放松管制背景下实施的战略变革行为时指出，这些管理者之所以能够先行一步，在战略变革中抢占先机是因为他们对企业的创业性问题给予了大量新的关注，而这种关注或注意力的变化将导致他们采取更具创业性的企业战略，从而推动企业进行战略变革。这些管理者往往具有这样的特征，即在认知上具有产生和实施新的选择所需要的大量新概念、模型甚至词汇（Cohen & Levinthal, 1990）。而与之相对的高层管理者则往往将其认知固化在以往的范畴和体系下，对于新的环境缺乏足够的关注与理解，因而在企业战略变革与更新方面相对保守。据此，赵和汉布里克（2006）认为管理者注意力或关注焦点的变化将是企业战略变革的先决条件，那些对于新的环境和领域给予更多关注的企业更有可能把握住变革的有利时机，迅速采取针对性的行动。

（二）"解释"过程与企业战略更新

组织变革过程与CEO和高层管理团队的认知过程是紧密相连的（Barr, 1998）。理论与经验研究都表明，组织变革的过程同时也是组织理念与信念体系变化的过程（Fiol & Lyles, 1985；Milliken & Lant, 1991）。同时，企业领导人对于所处环境的解释也是组织采取相关变革行动的前提与基础。根据巴尔（1998）的观点，管理者的解释过程与企业变革的关系主要集中在以下三个重要领域：（1）对总体环境特征的解释。已有研究表明，管理者对于环境特征的解释与企业战略变革类型之间存在着影响关系（Khandwalla, 1976；Anderson & Paine, 1977；Fahey & Narayanan, 1989）。例如弗伊（Fahey）和纳拉亚南（Narayanan）（1989）通过研究发现，对产业变革的战略反应类型（适应性或前摄性）与管理者对于产业成熟程度的解释相关联。（2）对特定事件的解释。已有研究表明，企业战略变革反应的特征与管理者对特定事件的解释密切相关。例如，达顿（Dutton）等（1983）认为，企业对环境事件的反应本质上是由管理者界定该事件的解释过程所形成的，特别是基于"机会"的解释与基于"威胁"的解释，其对后续反应的实质具有重大影响。后续研究者对于上述观点进行了进一步验证与拓展，总体观点是管理者基于"机会"的解释将会导致攻击型（offensive-type）反应，而管理者基于"威胁"的解释则会导致防卫型（defensive-type）反应，在极端的情况下甚至没有反应（Staw et al., 1981）。（3）对特定事件因果归因的解释。一些研究基于因果归因理论，形成了以下观点，即业绩下滑企业的管理者通常会对企业绩效下滑的原因进行归因解释，如果将其归因于外部环境的原因，则企业不大可能会通过改变战略以提升绩效，反之如果是内部归因则可能导致较高层次的战略变革（Ford，1985；Ford & Baucus，1987；Lant et al.，1992；Nottenburg & Fedor，1983；Thomas et al.，1993）。

上述研究尽管对管理者的解释过程与企业战略变革的关系进行了深入细致的考察，但存在的一个明显缺陷就是在一定程度上忽视了管理者解释的动态变化过程。正如巴尔（1998）所指出的，管理者的解释过程并非一成不变，而是会随着环境的变化进行动态调整。这种调整在很大程度上取决于管理者对环境事件的熟悉程度，进而会影响到企业战略变革的时机与内容。

（三）社会情境下的组织认知过程

管理者的认知过程并不仅仅是个体的心理认知过程，管理者个体通常嵌入在组织及更广大的社会情境之中，因而其认知同时也体现出从个体认知到集体认知的扩散过程以及受到多种社会情境因素影响的一个竞争与冲突的社会互动与政治过程。例如，焦亚（Gioia）和奇提帕蒂（Chittipeddi）（1991）对一所大学实施战略变革行为的研究中发现，高层管理者在战略变革中将发挥"意义建构"（sensemaking）和"意义给予"（sensegiving）的重要作用，具体来说，就是CEO或高层管理者团队首先识别和建构组织战略与相关事件、威胁、机会等的关系（"意义建构"），然后再将由"意义建构"所形成的认知和愿景扩散与传播到一般的组织成员及其他利益相关者，促使其理解、接受并参与到组织所发起的战略变革行动之中。这种"意义建构"与"意义给予"的过程实际上既是一个认知过程，同时也是一个社会过程（Weick，1995）。由于个体之间认知结构与认知过程的差异，管理者的认知之间会存在竞争与冲突，因而其既是一个社会互动的过程，也是一个政治冲突与协商的过程（Kaplan，2004）。目前，关于组织战略变革与更新的管理者认知研究已经不再局限于基于传统心理学视角的研究，而是呈现出两个新的发展趋势：其一是借鉴认知心理学与认知神经科学的新发现，研究管理者认知在变革情境下更为细致的心理及神经作用机理；其二就是从社会学与政治学角度关注嵌入在特定社会情境下的管理者认知过程及作用机理,包括从个体认知到集体认知的扩散、个体认知与组织与社会情境因素的相互影响等等。

第三节 企业战略更新的"能力视角"

企业战略变革与更新同样也需要企业获取或培育新的能力与之相适应,这里实际上包含着两层含义:一是与战略变革与更新相适应的新的运营能力,用以保证企业在变革后能有效适应新的环境、持续经营的能力。显然,企业原有的能力体系会随着环境变化以及战略变革与更新的推进变得不再合适,此时构建新的能力体系对于战略更新与适应的成功将十分重要。二是能够获取和培育上述适应新的环境与变革要求能力的能力。也就是说,与战略更新和适应相匹配的新能力并不会凭空产生,需要企业具有更高层次的某种能力或机制才能促进这些新能力的产生与发展(如图 3-2 所示)。因而,这种能力或机制可能更为重要,正如《组织科学》(Organization Science)在有关战略更新的专题征稿通告中所指出的:成功的战略更新和适应需要企业具有成功诊断变革机会或需求并有效反应的能力。[①] 这种能力实际上是属于更高阶层的能力或机制,它可以帮助企业识别战略变革与更新的有利时机与正确方向,并通过相关机制推动企业新的能力体系的形成与发展,进而取得变革与更新的成功。目前,企业战略变革与更新背景下推动组织能力体系转变或更新的研究观点主要集中在三个方面,即动态能力机制、能力循环机制、能力重构机制。

一 动态能力机制

企业动态能力理论实际上就是在变革的背景下提出的,用于研究

[①] 参见《组织科学》(Organization Science)战略更新专题征稿通告"Call for Paper: Organization Science—Special Issue on Strategic Renewal",2005,16(6):723。该专刊已在《组织科学》2009 年第 2 期出版。

```
┌─────────────────────────────────────┐
│    推动组织能力体系转变或更新的能力或机制    │
│    （动态能力机制、能力循环机制、能力重构机制）  │
└─────────────────────────────────────┘
                    ↓
   ┌──────────┐         ┌──────────┐
   │ 原有能力体系 │ ──────→ │ 新的能力体系 │
   └──────────┘         └──────────┘
   ────────────────────────────────→
          企业战略更新与适应过程
```

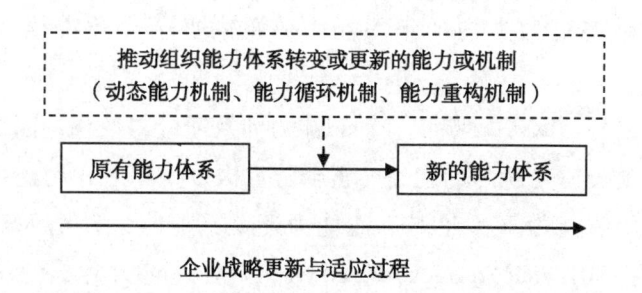

图 3-2 企业战略更新过程中组织能力体系的变化

与解释企业在动态竞争环境下如何获得和保持持续竞争优势的理论。蒂斯等（1997）将动态能力定义为：企业为应对外部环境的快速变化，构建、整合或重构内外部胜任力的能力。艾森哈特和马丁（2000）把动态能力看作是应对变革的一种组织过程或战略惯例，企业通过获取、释放、整合或重组自身的资源来配合市场变化或者通过不断调整企业的战略惯例来更新资源配置，以满足环境变化的需要。而赫尔法特等（2007）则认为，企业动态能力通过创造、拓展及调整企业资源基础进而帮助企业有效适应环境，获得战略变革与更新的成功，具体来说动态能力包括了识别变革需求或机会的能力、对变革需求或机会进行快速有效反应的能力以及采取一系列后续行动的能力。

这些研究观点尽管从不同的视角阐释了企业动态能力推动企业战略变革与更新的机理，但共同的前提假设是动态能力与企业变革和适应环境变化密不可分，正如赫尔法特等（2007）动态能力研究主流学者所指出的，由于动态能力关注战略变革，因此几乎所有有关战略变革的研究都与动态能力有关联，反之亦然。

二 能力循环机制

企业动态能力理论为解释战略变革背景下组织能力体系的变化提供了有说服力的解释。然而，动态能力本身作为一种组织能力，其同样也存在产生、发展、成熟及消亡的能力循环过程。因此，赫尔法特（2003）提出了动态资源基础理论和能力循环的观点，从而为变革背景下包括动态能力在内的组织能力体系的循环变化提供了新颖的观点。

赫尔法特(2003)指出,动态能力涉及适应与变化,因为其关注的是对其他资源与能力的构建、整合与重构,实际上我们还可以更进一步,将组织能力(无论是动态能力还是其他能力)纳入到动态资源基础观(dynamic resource-based view)——能力循环(capability lifecycle)的理论框架中来系统地探讨组织能力的循环演化过程。具体来说,能力循环包括了三个初始阶段:能力建立阶段、能力发展阶段以及能力成熟阶段,而在进入到成熟阶段之后,一系列不同的事件可能使组织能力进行到六个不同的能力循环附加阶段,分别是"退出(消亡)(retirement/death)"、"精简(retrenchment)"、"更新(renewal)"、"复制(replication)"、"再配置(redeployment)"、"重组(recombination)",如图3-3所示。

能力循环机制揭示了组织能力从产生、发展到成熟的演化历程,尽管并不是所有的能力都完整体现上述过程,但这一机制为我们明确企业变革背景下组织能力体系的转变与更新过程提供了新的研究视角与思路。

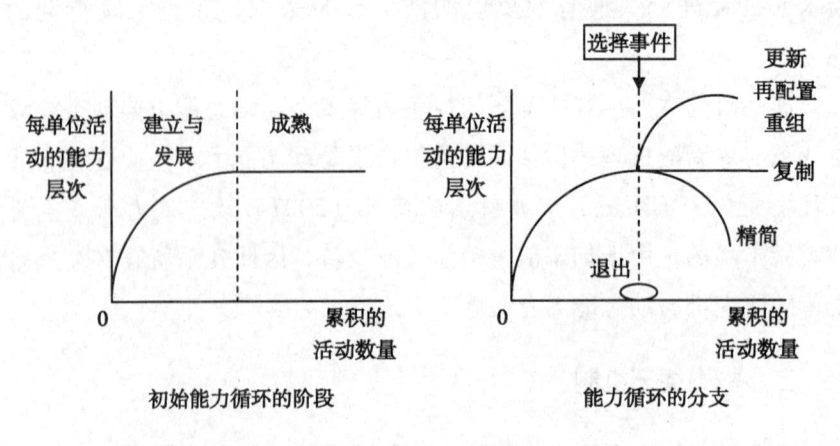

资料来源:赫尔法特(2003)。

图3-3 能力循环机制

三 能力重构机制

针对企业应对技术变革这一背景，拉维（Lavie）（2006）提出了能力重构机制。这一机制将基于内向（inward-looking）视角的动态能力理论与基于外向（outward-looking）视角的技术非连续性观点整合起来，并将其纳入到能力重构机制连续统一体的两个端点。Lavie（2006）将能力重构机制划分为三种类型，分别是能力替代机制、能力演化机制和能力转型机制。

能力替代（capability substitution）是能力变化最为剧烈的一种形式，它处于能力重构机制连续体的一端。这一机制基于这一前提，即某些组织能力对于技术变革是不可变的，此时，能力替代机制提供了对已有能力组合进行调整的三种选择：保留已有能力、放弃已有能力、获取新的能力。也就是说，能力替代机制认为，某些组织能力是固化在以往特定的背景下的，在技术变革的条件下，对这些能力尝试进行调整是困难的，因而要么选择保留这些能力，要么选择放弃这些能力并通过获取新的能力以胜任变革需求。新能力的获取可以通过合并具有相关能力的企业，向行业协会或其他企业学习，以及利用合资企业及其他形式的企业间联盟，或者通过雇用具备新知识和新技能的员工来实现。能力替代机制针对的实际上是组织的能力组合层次，通过能力组合中特定能力的替代以调整能力组合方式，进而使能力组合达到对技术变革匹配的最优组合状态。

与能力替代不同的是，能力演化机制（capability evolution）更为重视动态能力在促进已有能力不断适应变革方面的重要作用，因而处于能力重构机制连续统一体的另一个端点。能力演化机制认为，动态能力通过试验或试错等演化方式提供了对已有能力进行调整的可能，从而促进了已有能力对技术变革的适应，而此时并不必要对已有能力进行替代，而是可以进行演化发展以促使能力进行更新和适应。能力演化机制针对的实际上是组织中特定惯例，通过对惯例的调整以促进能力对技术变革的适应。

能力转型（capability transformation）处于能力重构机制连续体的

中间位置,其涉及目标驱动性的能力转型。在能力转型机制下,新技术开发要求改进或放弃一些旧惯例,并且获取利用和开发新技术所需的新惯例,结果形成了包括现有知识和新知识的转型能力。区别于演化能力是反复试错的结果,转型能力建立在同步定向行为的基础之上,其变革架构依赖于原有知识和技能与新获得的知识和技能之间的有效整合。因此,能力转型机制实际上针对的是特定的能力,通过对构成特定能力的惯例进行获取、放弃及调整以对技术变革进行适应。

有关能力重构三种机制的比较,参见表3-1。

表3-1　　　　　　　　能力重构机制的比较

	能力替代	能力转型	能力演化
变化轨迹	能力组合	特定的能力	特定的惯例
行动	获取、放弃或保留能力	获取、放弃和调整惯例	调整惯例
过程	剧烈的即时反应	同步定向反应	持续试验
持续期间	即时的	渐进但受限制的	无限的
学习来源	外部环境	内外部来源的结合	企业内部
主要影响	对技术变革属性的强烈反应	将新惯例与遗留的现存惯例进行整合	强烈路径依赖于先前配置

资料来源:Lavie(2006)。

第四节　"能力视角"与"认知视角"的比较与整合

通过对企业战略变革与更新的"认知视角"与"能力视角"的回顾,我们可以发现,管理者或组织认知和组织能力对于企业战略变革与更新具有重要影响。通俗地说,"认知"可以帮忙我们明确战略变革与更新的方向,进而通过帮助我们进行正确的决策以推动相关组织能力的发展以及企业战略变革与更新的成功;而战略变革与更新则需要具有一定的能力与之相适应,这既包括与变革要求相适应的新的运营能力,同时也包括推动新的能力体系形成的动态能力或相关能力重构机制。因此,企业战略变革与更新的"认知视角"与"能力视角"需要加以整合,才能更好地把握企业战略变革与更新的过程机理。

基于此,本书提出了企业战略变革与更新背景下管理者或组织认知与组织能力的整合研究框架,如图3-4所示。这一研究框架说明,管理者或组织认知、组织能力、企业战略变革与更新是随着时间推移共同演化的过程,在这一过程中,认知与能力相互作用,并共同影响企业战略变革与更新过程,而企业战略变革与更新的推进也会反作用于管理者或组织认知以及组织能力体系,进而三者之间产生复杂的相互作用。因此,将认知、能力以及企业战略变革与更新纳入一个整合的研究框架对于相关研究具有十分重要的意义。本书后续章节所展开的相关实证研究正是基于这一观点所进行的探索与尝试。

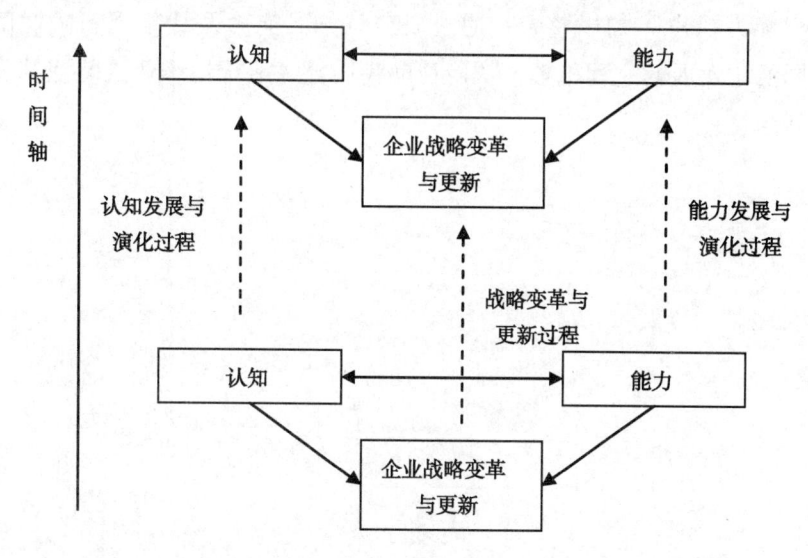

图3-4 企业战略更新"能力视角"与"认知视角"的整合

第五节 结论与启示

本章对企业战略变革与更新的"认知视角"及"能力视角"进行了系统的回顾。企业战略变革与更新的"认知视角"强调了管理者的认知结构和认知过程的重要影响:一方面,管理者的认知结构决定了管理者所关注的特定领域,因而战略变革与更新就要求管理者的认知结构与之相适应,与战略变革不相适应的管理者认知结构将会导致管理者在新的环境下难以准确感知问题,进而出现决策延迟或采取在新环境下无效的行动;另一方面,管理者的认知过程通过对注意力配置的调整以及对特定信息的解释进而会对管理者的后续决策和行为产生重要影响,在很大程度上也会影响到企业战略变革的发起、实施与推进。

企业战略变革与更新的"能力视角"则强调组织需要具有与变革要求相适应的新的能力体系,这不仅包括适应于新环境的运营能力,还包括获取、调整或重构新的能力体系的动态能力或能力重构机制。因此,本章的主要结论是需要将企业战略变革与更新的"认知视角"和"能力视角"加以整合,通过研究认知、能力及战略更新随时间共同演化发展的过程机理,从而帮助我们更好地认识企业战略变革与更新的过程。

第四章

企业动态能力演化微观认知
机制案例研究

第一节 引言

本章针对的研究背景是企业转型升级过程中组织动态能力的演化过程。与以往转型升级研究大多集中于中小企业或民营企业不同的是，本章的研究聚焦于一家国有大中型企业的转型升级过程。实际上，2008年国际金融危机爆发后，中央和地方国有企业的经营形势同样也十分严峻。据国资委统计，2008年中央企业的营业收入增长17.9%，利润则下降了34.1%；地方国有控股的企业营业收入增长18.9%，利润总额下降24%。而从2009年1月到4月份，中央企业营业收入下降9.2%，利润下降36%；地方国有控股的企业营业收入下降8.4%，实现利润下降58.1%。[①] 尽管与民营企业和中小企业相比，国有大中型企业普遍具有体制与规模优势，但无论是在国内还是国际市场，都面临着来自跨国公司的强有力竞争。一些民营经济比较发达的地区，新兴的处于高速成长中的民营企业对于国有企业带来的竞争压力也不容小觑。而国际金融危机的爆发则使得国有企业长期存在的诸如公司治理不完善、自主创新能力弱、产品附加值低、对国外高附加值产品和技术依存度高、长期徘徊在国际产业链中低端等问题更加突出。因此，国有企业同样需要进行转型与升级，以克服长期困

[①] 王婷、韩晓东：《国企发展拐点已现 转型升级迫在眉睫》，《中国证券报》2009年6月9日A02版。

扰企业发展的难题，实现企业持续发展，更好地在国民经济中发挥应有的作用。抓住契机积极推进国有企业的转型升级，已经逐步成为普遍共识。

本章的研究目的是基于一家国有大中型生产资料流通企业转型升级的案例，分析高层管理者认知对于企业动态能力演化的影响并进而推动企业转型升级的过程机理。本章关注的研究问题是：（1）转型升级背景下企业动态能力演化的微观层面认知机制是怎样的？也就是说，高层管理者认知如何影响企业动态能力的演化路径与演化过程？（2）上述过程受到哪些因素的影响，特别是在中国企业转型升级的背景下，是否存在中国企业所独特的影响因素和影响机制？

本章的结构如下：首先，在前面文献回顾的基础上构建初步的模型框架和研究命题。其次，在此基础上采用具有时间跨度的纵向案例研究方法以实现以下目的：（1）对上述模型和命题进行验证和检验；（2）通过案例研究所掌握的具有时间跨度的丰富信息更进一步探析上述模型和框架所蕴含的更为细致的过程机理；（3）结合案例寻求对模型进行修正和完善，特别是结合本土化企业实践把握模型中的本土化影响因素和影响机理。最后，对研究进行总结和讨论。

第二节 理论基础与模型构建

按照殷（Yin）（1994）的观点，案例研究应该始于一定的理论建构，尽管案例研究者应努力避免已有理论对案例研究可能产生的新发现带来约束，但事先所具有的理论基础对于后续案例研究的顺利展开将会具有十分重要的导向作用。基于上述观点，并参考了严（Yan）和格雷（Gray）（1994）所进行的验证性案例研究逻辑，本节将在前文文献回顾的基础上提出初步的理论模型，通过从理论层面阐述其基本的机理从而为后续案例研究奠定理论基础。

如前所述，管理者认知可以从认知结构与认知过程两方面进行理解。迈因德尔等（1994）在总结组织认知研究应关注的几个核心问题时也专门提到了两者相结合进行研究的重要性，并指出认知过程与

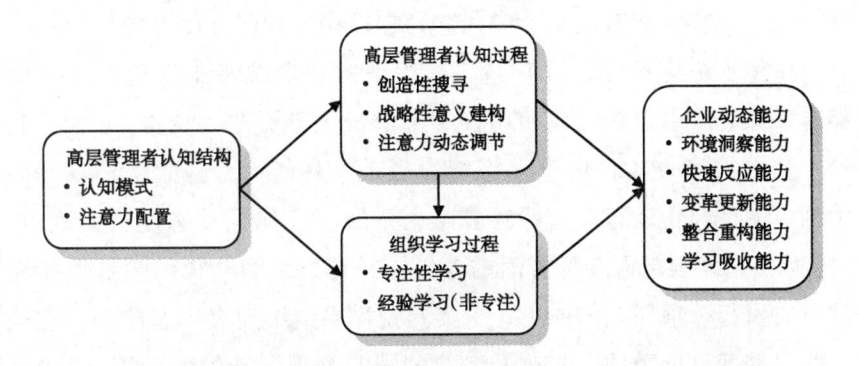

图 4-1　企业动态能力演化的微观认知机制——初始概念模型

认知结构的整合将是未来组织认知研究的重要方向。由于以往管理者认知与企业动态能力演化的相关研究要么把认知视为一种知识结构，要么把认知视为一个信息处理过程，在一定程度上割裂了认知结构与认知过程的密切关系，因而难以全面完整地把握企业动态能力演化的微观认知机理。本章的研究将把认知结构与认知过程有机结合起来，提出了企业动态能力演化的微观认知机制模型，如图4-1所示。需要说明的是，该模型中高层管理者的认知结构与认知过程，不仅反映在高层管理者个体层次，还体现在高层管理者团队层次。高管团队成员的认知结构与认知过程不可避免地会相互影响，由此形成团队集体层面的认知结构与认知过程，对于企业动态能力的影响更为直接。

一　转型升级背景下企业动态能力的内涵与维度

如前所述，在蒂斯等人（1994，1997）开创性研究基础上，随后有许多学者从自身研究的视角出发，对动态能力进行了定义，从多个角度阐述了动态能力的内涵与特征。比较有代表性的观点包括：艾森哈特和马丁（2000），佐罗和温特（2002），扎赫拉（Zahra）等（2006）。赫尔法特等（2007）动态能力研究的主要贡献者在总结这些以往研究的基础上，提出了一个简练而全面的定义，认为动态能力是组织有目的地创造、拓展或改变资源基础的能力。他们认为这一概念能够抓住动态能力的众多关键特征，并对定义中的若干关键词包括"资源基础""能力""目的性"等都进行了详细说明，以此来进一步澄清以往一些学者对动态能力概念存在模糊性和同义反复的质疑。

在赫尔法特等（2007）看来，组织的"资源基础"包括了组织拥有、控制或者取得优先使用权的有形及无形资产（资源）、人力资产（资源）和能力，由于动态能力也是一种能力，因此上述动态能力的定义也包含动态能力能够调整、拓展（其他）动态能力的观点。"能力"一词则包含两个方面的含义：一是指组织至少以最低可接受的方式执行一项任务的能力，也就是说如果组织拥有动态能力，它至少能以最低可接受的方式改变组织的资源基础。赫尔法特等（2007）认为这样定义可以避免同义反复的指责。是指动态能力所执行的功能是可重复的，至少在一定程度上能够被可靠的执行。也就是说，动态能力是由程式化和惯例性的活动构成，它不同于即兴问题解决。赫尔法特等（2007）认为这样可以把动态能力与组织对资源基础一次性的特殊改变及组织与生俱来的"天赋"相区别。"有目的地"在动态能力的定义中也被赋予特定的含义，也即动态能力反映出一定程度的意图或目的，即使是并不明确。赫尔法特等（2007）认为这一界定可以把动态能力或其他的能力与组织惯例区分开来，因为组织惯例通常由重复性、缺乏目的的组织活动构成（Dosi et al., 2000）。此外，这样的界定也可以使动态能力与"意外"或"幸运"有所区别。赫尔法特等（2007）进一步指出，"能力"与"目的性"不仅可以用于动态能力，而且对于组织维持运转所需的运营能力也同样适用，而定义中"创造、拓展或改变"的界定才是动态能力区别于运营能力的关键，它们并不适用于运营能力。

本章将采用赫尔法特等（2007）学者对于动态能力内涵与特征的基本定义。同时，这些学者也普遍认为动态能力是一个含义较为广泛的多维构念，其具有多种表现形式，可以体现在组织很多不同的领域（如新产品开发、并购、联盟、变革与成长等），并且具有较高的情境依赖性。正如艾森哈特和马丁（2000）所指出的，除非对动态能力进行具体的界定，否则动态能力就是模糊和同义反复的，对于我们理解组织适应除了提供新的术语之外别无他用。因此，动态能力的研究需要在上述赫尔法特等（2007）提出的较为宽泛的一般性定义基础之上，针对具体的研究情境对动态能力进行更为具体和精确的界定，才能更好地理解其在特定情境下发生作用的机理。

基于上述认识，本书结合中国企业转型升级的研究背景，提出了与企业转型升级相关的动态能力的概念，并认为，与企业转型升级相关的动态能力除了具有动态能力的一般属性和特征外，如何在企业转型升级的背景下帮助企业有目的地创造、拓展或改变资源基础，从而推动企业转型升级的实施并取得成功是这种动态能力最为典型的属性特征。同时，本书认为，企业具有上述创造、拓展或改变资源基础的能力也意味着企业需要具有与之相配合的一系列相关能力，这些能力共同组成动态能力的构成维度。在以动态能力理论创始人蒂斯（2007）的观点为核心并参考以往研究者对于动态能力构成维度的相关观点的基础上（如表 4–1 所示），本书针对转型升级研究背景提出了以下动态能力的构成维度及其关系机理的观点，即认为动态能力可由环境洞察能力、快速反应能力、变革更新能力、整合重构能力和学习吸收能力构成。其具体的内涵体现在：

• 环境洞察能力是指企业对变化环境的敏感程度和识别机会与威胁的能力。这一能力与蒂斯（2007）所强调的感知能力的内涵是一致的，即企业在转型升级的过程中通过对环境的持续扫描、解释和学习以识别相关机会与威胁的能力。很多企业在转型升级实践中难以取得成功，很大一部分原因是这些企业缺乏环境洞察能力，无法准确把握转型升级的方向、时机及相关机会，对于环境中的威胁也缺乏足够的敏感性。

• 快速反应能力是指企业快速做出高质量的投资决策并推动企业投入资源迅速行动的能力。这一能力与蒂斯（2007）所强调的抓住机会能力（seizing capabilities）的内涵相一致，即企业在转型升级过程中，一旦准确识别了环境中的发展机会或可能的威胁，就必须快速进行反应，迅速作出高质量的投资决策并有效执行。在企业转型升级实践中，不少企业尽管识别出了机会与威胁，但由于不能及时进行有效的反应（决策与执行），往往也难以取得成功。

• 变革更新能力是指企业进行创新与变革的能力，包括组织中个人心智模式与观念的调整、组织惯例与结构的变革以及企业文化的重塑等。这一能力在蒂斯（2007）提到的三个动态能力构成维度中并未直接提及，但其所蕴含的机理实际上在其所提到的能力维度中已有体现，如抓住机会的能力实际上就要求企业高层管理团队转变观念与心智模式，在企业中营造新的推动其快速有效反应的文化氛围等；而蒂斯（2007）提到的重构能力实际上也包含了对组织结构进行变革的观点。

● 整合重构能力是指企业对资源与能力进行整合与重构以适应转型与变革要求的能力。这一能力与蒂斯（2007）的重构能力的内涵基本一致，主要是更为强调对企业内外有形及无形资源进行整合与重构的能力，而蒂斯（2007）对组织结构进行重构的方面则被本研究纳入变革更新能力的范畴。

● 学习吸收能力是指企业不断学习，对知识进行获取、消化与利用以产生新知识的能力。动态能力的其他构成维度，如环境洞察能力、快速反应能力、变革更新能力和整合重构能力的获得及持续更新需要企业具有学习吸收能力。这就是说，组织学习与知识吸收的能力不仅是动态能力形成的重要来源，其本身也构成了动态能力的重要组成部分。

表 4-1　　　　　　　　动态能力构成的主要研究观点

研究者	动态能力构成维度
蒂斯（2007）	感知机会与威胁及创造机会的能力、抓住机会的能力、管理威胁及重构的能力
王和艾哈迈德（2007）	适应能力、吸收能力、创新能力
张（Zhang）（2007）	快速反应能力、心智模式构建能力（针对高层管理者层次）
罗（Luo）（2000）	能力获取（的能力）、能力配置（的能力）、能力升级（的能力）
李兴旺（2006）	环境洞察能力、价值链配置与整合能力、资源配置和整合能力
侯嘉政（2008）	市场导向之感应能力、组织学习之吸收能力、社会网络之关系能力、沟通协调之整合能力
焦豪等（2008）	环境洞察能力、变革更新能力、技术柔性能力、组织柔性能力

基于上述分析，本书认为转型相关动态能力的构成维度之间实际上是紧密联系的有机整体（如图4-2所示）。整合重构能力是各维度中最为直接反映动态能力基本内涵的部分，其核心是资源的整合与重新配置。快速反应能力则体现为企业对资产进行投资决策并迅速做出组织承诺和付诸行动的能力，其与整合重构能力共同构成动态能力维度中最为核心的环节。环境洞察能力则是快速反应能力的前提，只有准确把握了环境中的机会与威胁，才有可能做出快速而有效的反应。变革更新能力和学习吸收能力是其他能力维度获得与更新的保障与重要支撑，没有持续的学习与知识吸收、观念的转变和一系列的变革就难以保障其他能力维度具有足够的活性和发挥应有的效果。因此，动态能力的五个构成维度之间构成了相互联系和辩证统一的有机整体，从而帮助企业更好地进行战略更新、实施转型升级和获得持续发展。

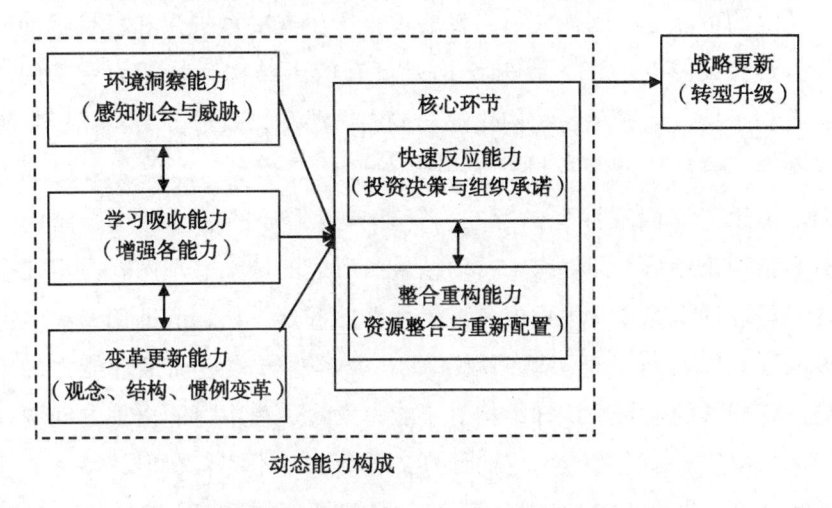

图4-2 转型升级背景下企业动态能力的构成维度

二 认知结构与动态能力演化

认知结构即管理者的认知模式或心智模式，反映了管理者所具有的一种知识结构。从企业战略更新和转型升级的过程来看，高层管理者的认知结构对于企业动态能力演化的影响主要体现在以下几个方面：

(一) 前摄性认知结构在动态能力演化中的基础性作用

高层管理者在做出与能力发展相关决策之前一般都会形成一个前摄性 (proactive) 的认知结构,这种认知结构通常是源于管理者的经验、直觉和远见,在组织能力发展中将起到基础性的作用,这种作用对于动态能力的发展与演化同样适用。参照宾厄姆和黑伯利里安 (2008) 的观点并结合企业战略更新与转型升级的实践,高层管理者所具有的认知结构在动态能力演化中所起到的基础性作用主要体现在以下几个方面:(1) 为推动能力发展的经验学习创造了有利的开端,事先的心理准备以及对即将获得经验的预期降低了领导者在经验产生后冲动性或反应式行事的可能性,因而能够减少能力学习的代价。也就是说,高层管理者在发起战略更新之前根据自己以往的经验进行思考后所形成的一个前摄性认知模式将有助于降低其冲动性决策或被动式反应的可能性,因而在能力发展过程中出现决策失误和盲目行动的代价会大大减少。(2) 认知结构所具有的半结构化特征为变革创造了有利条件,它避免了结构化缺失造成的混乱以及过分结构化所带来的刚性,有助于组织成员达成一致意见从而明确组织能力发展的方向。由于"有限理性"的存在,管理者所形成的前摄性认知结构具有半结构化特征,即对未来行动结果所形成的认知心理图式是不完全的,但这种不完全性很可能具有灵活性的好处,从而有助于避免混乱或刚性。(3) 有助于明确问题的所在及解决方式进而推动能力的发展。管理者的前摄性认知结构对于能力发展过程中可能出现的问题和相应的解决方式会形成一定的预判,尽管其并不完善,但其存在的确能预期到一些问题的出现从而更有可能及时采取相应的解决措施。(4) 能够鼓舞管理者,为其明确方向,从而为管理者在不确定环境下采取行动带来信心。企业的战略更新与转型升级一般伴随着环境的高度不确定性,在这样的环境下进行决策通常面临着很大的风险,事先所具有的前摄性认知结构将会为管理者明确方向,起到"导航图"的作用,从而增强其决策及行动的信心与勇气。

上述正向作用的实际效果在很大程度上取决于管理者所形成的前摄性认知结构的质量。这一般与管理者的经验、认知能力等个体特征及所处的社会网络中的人际互动有密切关系。从高层管理者团队来说，高管团队成员之间的认知结构会相互影响，从而形成一个团队集体层面的认知结构，这种认知结构对于后续能力发展的影响将更为直接。同时，在能力发展过程中，管理者的认知结构也可能会发生相应的变化，其间伴随着管理者在特定的社会环境和人际网络中进行的一系列认知与学习活动。这些活动实际上可以看作是管理者对其认知结构的不断调整与完善的过程。

（二）与动态能力演化相匹配的认知模式——柔性与复杂性

高层管理者的决策在组织能力发展中具有重要的导向与推动作用，而高层管理者的决策又受到其认知的影响，因而动态能力的发展就相应地要求企业高层管理者具有与之相匹配的认知模式。通过对已有研究的梳理和总结，本书认为高层管理者的两种认知模式特征对于动态能力的发展具有关键影响，即认知柔性与认知复杂性。

认知柔性是指"人们将认知处理策略与环境中新颖和意外情况相适应的能力"（Cañas et al.，2003）。具有认知柔性的管理者能够使自己的认知模式与环境变化需求相匹配，而与之相对的则是认知刚性或认知惯性，表明管理者的认知模式已经固化，因而难以有效适应环境变化的要求。按照马丁和鲁宾（Rubin）（1995）的观点，认知柔性涉及三个关键组成部分，包括：（1）个体需要认识到不同选择方案的存在。由这些认识所形成的行动思路越多，信息处理越复杂，个体的认知柔性就越高。（2）在认识到不同的选择方案之后，个体必须愿意进行相应的调整。调整的动机越强烈，个体的认知柔性越高。（3）个体需要对自身采取有效行动的能力感到自信，也就是说个体在产生期望行动方面需要具有自我效能感（self-efficacy）。这种自我效能感反映了个体对自身为达到特定目的而采取行动能力的信念（belief）。从认知柔性的上述特性可以看出，其很可能就是企业进行调整以适应环境能力的基础，是企业发展动态能力以克服核心刚性的第一步（Laureiro-Martínez et al.，2009），因而认知柔性对于动态能力的发展演化具有重要的影响。从企业战略更新与转型升级过程来看，高层管理者形成认知刚性或惯性是很多企业难以发起有效变革的症结所在，因此在转型升级背景下发展动态能力，首先就要求高层管理者发展认知柔性，这种认知柔性将帮助高层管理者更好地感知环境的变革需求，更有效地开展学习并意识到变革更新的紧迫性，从而为快速做出反应，对资源进行整合与重构以实现对环境的动态适应奠定基础。

认知复杂性反映了认知模式的分化（differentiation）与整合（integration）状况（Walsh，1995）。分化（或差异化）是指嵌入在认知模式中的诸如环境、战略、组织等概念的幅度与多样性，而整合则是指上述这些概念之间相互关联的程度，因而复杂的认知模式在战略决策中可以容纳多样化的备选方案集合（Nadkarni & Narayanan，2007）。认知的高度复杂性可以使企业对更多的刺激引起注意和进行反应，从而增强了这些企业的适应能力（Ashby，1956；Stabell，1978；Weick，1995）。这也说明认知复杂性对于强调适应环境的动态能力来说具有重要影响。从企业战略更新和转型升级过程来看，高层管理者具有相对复杂的认知结构，一方面会帮助其吸纳更加多样化的信息与知识从而可能使其对环境变化更为敏感，更有可能把握转型与升级的有利时机与正确方向并提出创新性的战略方案；另一方面，企业在战略更新与转型升级过程中通常面临适应性与稳定性的平衡问题，也即在推进转型与变革、不断适应环境和追求未来长期竞争优势的同时，也需要考虑当前运营的稳定性。而高层管理者认知的复杂性所体现的对竞争性或矛盾性认知（如探索与挖掘、适应性与稳定性等）的包容是企业具有在特定时间同时处理相互冲突目标的双元能力的重要认知性前提。这在史密斯和塔辛曼（2005）以及吉尔伯特（2006）的研究观点中已经得到了有力的论证。

（三）与动态能力演化相匹配的注意力配置

自从西蒙（1947）把注意力这一概念引入管理学以来，注意力对决策的影响就一直是组织行为学和管理学研究的核心问题之一。由于管理者的有限理性，而与管理决策相关的信息却纷繁复杂，因此在决策过程中，管理者通常只会有选择地关注某些信息而忽视一些认为不重要或不相关的信息。在这种情况下，如何有效配置管理者的注意力就成为进行正确与有效决策的关键，这也是奥卡索（Ocasio）（1997）提出的企业注意力基础观（attention-based view of the firm）所关注的核心问题。如同认知可以分成认知结构与认知过程一样，属于认知范畴的注意力配置这一概念同样可以从结构和过程两个方面进行界定。从结构方面来看，注意力配置是指管理者注意力配置的一种结构状态，反映了在与决策相关的众多刺激因素中占据管理者意识的那些因素（Fiske & Taylor, 1991）。从过程来看，注意力配置是指管理者把自己有限的注意力和信息处理能力配置给决策相关的特定刺激因素的过程，包括对刺激因素的关注、编码、解释和聚焦（Sproull, 1984）。本节主要阐述与动态能力演化相匹配的注意力配置结构，关于注意力配置过程的内容，将放在下一节认知过程部分进行论述。

动态能力强调企业要识别机会、抓住机会以及相应地对资产进行重构以更好地适应环境并获得持续竞争优势（Teece, 2007）。这实际上体现了企业探索（exploration）活动与挖掘（exploitation）活动平衡的双元性思想，因而双元性也被视为是一种动态能力（双元能力）（O'Reilly & Tushman, 2008）。奥莱利和塔辛曼（2004）认为，双元性的组织需要具有双元性的高管团队及管理者。根据上述注意力配置的观点，管理者的决策与行为受到其注意力配置的影响，因而在决策与行为上具有双元性（探索与挖掘平衡）的高管团队和管理者需要在其注意力配置上实现探索与挖掘的动态平衡。从高管团队来说，这种动态平衡表现在其注意力并非单一集中于探索或挖掘方面，而是可能在时间上实现注意力在探索与挖掘上的交替配置，或者在团队结构上进行一定的分工，部分管理者注意力更多地集中于探索方面而另一些管理者则集中于挖掘方面，通过团队的整合以体现团队的双元性。

在实践中，由于企业及其高管团队通常面临短期最大化盈利的压力，因而通常会把其注意力和相关资源更多地集中于与挖掘相关的活动中，这些活动在实现短期盈利目标上越成功，获得的关注和资源也就越多，从而使企业在很大程度上忽视与未来发展密切相关的探索性活动，由此形成的运营刚性恰恰就是动态能力需要努力克服的问题。因此，高管团队及管理者的注意力配置在探索与挖掘上实现动态平衡是组织具有双元性动态能力的重要前提。从企业战略更新与转型升级过程来看,高层管理者在企业需要更多地从事探索性活动时,应该把注意力更多地聚焦于环境扫描、机会搜寻、对新知识的学习与吸收,这是形成企业环境洞察能力、学习吸收能力及快速反应能力等的前提与基础;而当企业更多地需要从事挖掘性活动时,应把注意力更多地聚焦于对机会的利用,通过资源的配置与整合,推动能力形成并转化为新的竞争优势。

三 认知过程与动态能力演化

认知不仅可以理解为一种结构也可以理解为一个过程,把相对静态的认知结构与动态发展的认知过程结合起来,对于全面而深入地理解企业动态能力演化的认知机制具有重要作用。从企业战略更新和转型升级的过程来看,高层管理者的认知过程对于企业动态能力演化的影响主要体现在以下几个方面:

(一) 创造性搜寻与动态能力演化

潘德扎和索普 (2009) 把创造性搜寻 (creative search) 视为是具有未来导向、不确定性增加和打破以往约束的认知过程,目的是有意识地搜寻机会、识别机会和进一步的探索机会。创造性搜寻体现了加韦蒂和利文索尔 (2000) 所提到的一种"向前看"的认知逻辑。潘德扎和索普 (2009) 认为,动态能力关注新知识的创造,这就需要组织及管理者具有创造性 (creativity)。创造性可以被定义为一种心智事件,据此行动者有意识地超越其以往的经验从而产生新颖和适当的结果 (Lumsden, 1999)。由于创造性认知通常是非结构化的、不完全的和更具流动性的 (Hodgkinson & Sparrow, 2002),因而创造性较少受到已经存在心智模式的约束 (Greve & Taylor, 2000)。从企业战略更新及转型升级过程来看,高层管理者通过创造性搜寻的认知过程,可以摆脱路径依赖所造成的认知惯性,产生新的知识,进而有助于企业更好地识别环境中的机会、把握转型的方向与时机,提出创造性的战略方案。因此,创造性搜寻对于环境洞察能力、学习吸收能力和快速反应能力等的发展具有重要作用。

（二）战略性意义建构与动态能力演化

伴随创造性搜寻的另外一种认知过程是战略性意义建构（strategic sense-making），潘德扎和索普（2009）将其定义为一种对初始意义建构（initial sense-making）不确定性减少的认知过程，以激发有意识的行动和追溯性意义建构，从而使管理者能够理解新知识发展及其与商业机会匹配的合适性与有用性。这种具有追溯性的意义建构维度在动态能力情境下具有重要作用，是因为其不仅是解释外部变化适应性的一种手段，也是驱使管理者理解新能力发展内部过程的一种方式。从企业战略更新与转型升级过程来看，高层管理者在进行有关动态能力发展的相关决策时通常面临着很大的不确定性和因果模糊性，如果无法对能力发展过程中的一系列事件进行合理的解释，那么管理者会倾向于减少对这些事件的关注而偏离应有的决策方向。因此，高层管理者所进行的战略性意义建构，是对创造性搜寻过程中产生的新知识进行解释、挖掘与利用的认知过程，它有助于推动适合转型升级要求的动态能力的产生与发展。

（三）注意力动态调节与动态能力演化

基于注意力基础观，无论是创造性搜寻还是战略性意义建构，这些认知过程都涉及注意力的配置问题。正如前述，注意力配置除了可以理解为一种注意力配置的结构状态之外，还可以视为一种注意力配置与调节的动态过程。从马奇（1991）对"探索"与"挖掘"的定义来看，创造性搜寻实际上是一种认知探索过程，而战略性意义建构则可以看作是一种认知挖掘过程，注意力过分集中于探索或集中于挖掘都会出现问题。因此，在企业战略更新及动态能力演化过程中，高层管理者的注意力需要在探索与挖掘方面进行合理配置及动态调节，而能否实现上述目标则要求高层管理者具有足够的认知柔性和认知控制力（Laureiro-Martínez et al., 2009）。

四 能力演化过程中管理者认知与组织学习的相互作用

利文索尔和莱卢普（2006）将组织学习分为"专注性学习"（mindful learning）与"非专注性学习"（less-mindful learning），其中专注性学习反映了专注性认知和行为对组织学习的影响,其与佐罗和温特(2002)提出的"深思熟虑的学习"(deliberate learning)相类似,都体现了管理者认知对于组织学习过程的重要影响;而非专注性学习则表示传统的基于经验和惯例的组织学习行为。利文索尔和莱卢普(2006)认为,在组织学习过程中,专注性认知与行为与惯例主导的、基于经验的非专注性学习存在相互影响。这实际上反映了管理者认知与组织经验学习之间的相互作用关系。因此,组织能力演化的"惯例视角"与"认知视角"需要加以整合,充分考虑管理者认知与经验学习的相互作用,才能全面完整地解释组织能力(包括动态能力)的演化机理。

(一) 管理者认知对于经验学习的作用

基于以往研究者的观点(Levinthal & Rerup, 2006; Bingham & Haleblian, 2008; Pandza & Thorpe, 2009),本书认为,在动态能力演化过程中,管理者认知对于组织经验学习的作用主要体现在以下几个方面:(1) 管理者前摄性的认知结构将为基于能力发展的经验学习提供必要的心理准备与认知基础,从而避免管理者冲动性与反应式决策的可能,因而能够降低能力学习的代价。(2) 创造性的认知过程通过对以往经验学习路径有意识的"偏离",促进新知识的产生,为"经验"提供新的知识内涵。通过将这些新的知识编码后形成一种新的惯例,进而使组织经验学习进入到更高层次的发展路径,组织能力则在此过程中得到相应的发展与提升。(3) 通过对经验学习的结果进行正确解释与评估,管理者认知将有助于明确经验学习和能力发展的方向。基于反馈的经验学习需要对学习的结果进行评估,即正向的结果将强化相关学习行为,而负向的结果则减弱甚至消除相关学习行为。但是,由于环境的不确定及个体信息处理能力的限制,很多学习结果是模糊和不明确的,这就需要管理者进行持续的认知与解释。那些具有完善心智模式及更高信息处理能力的管理者,在对经验学习结果的认知与评估方面会更加有效,通过对相关信息的归纳、提炼与解释,将有助于更好地把握经验学习与能力发展的正确方向。

除了上述正向作用之外,管理者不恰当的认知结构、与认知要求不匹配的认知能力以及存在较大缺陷的认知过程都有可能导致上述正向效应转变为相反的负向效果。因此，改善管理者的心智模式、提升其认知能力、引导其认知过程对于组织经验学习取得良好效果及推动组织相关能力的发展具有重要作用。

（二）经验学习对于管理者认知的作用

基于以往研究者的观点（Levinthal & Rerup, 2006; Bingham & Haleblian, 2008; Pandza & Thorpe, 2009），本书认为，组织经验学习对于管理者认知同样也具有重要作用，主要体现在以下几个方面：（1）惯例主导的经验学习有助于管理者经验的积累，进而有助于管理者特定领域认知结构（知识结构）的改善与认知能力的提高。当然，由此提升的认知结构与认知能力还需要与环境要求相匹配，才能产生积极的结果。否则，就会像宝丽来公司转型的案例那样（Tripsas & Gavetti, 2000），管理者的认知促进了与环境变化要求不匹配的能力发展，而在急需提升的有关能力方面却缺乏关注与投入，这也是导致该公司转型失败的重要原因。（2）惯例主导的经验学习通过提供可靠的惯例或行动集合，为管理者以及组织的专注性认知和行为奠定了基础。利文索尔和莱卢普（2006）认为持续性的专注需要"关注情境"和"具有对情境中意外的线索和信号进行反应的能力"。由于专注性认知与行动通常是局部性（local）和情境化（situated）的，涉及即时的思考与同时的行动，因而需要花费较长时间的"理性计算"（computation）与"表征"（representation）的作用比较有限，此时经验学习所提供的一系列可供选择的惯例及行动集合将为专注性认知与行动提供充分的素材，组织很多创新性想法与行为往往就是来自于这些以往经验学习所形成的一系列惯例与行动集合之中，它们可以帮助组织迅速地对环境变化做出反应。（3）惯例主导的经验学习可以帮助组织系统地扫描环境、进行任务结构的分配与整合等，从而有助于高层管理者之间在专注性认知与行为方面进行合理的分配与整合以提高认知的有效性，同时也有助于在组织层面跨时间和跨部门保持专注性认知与行为。也就是说，组织经验学习将有助于保持高层管理团队以及整个组织的专注性认知与行为的持续性。如前所述，专注性认知与行为有助于高层管理者、高层管理团队直至整个组织保持对环境变化的敏感与关注，从而提高个体、团队以及组织的适应性。但长期保持高度专注的认知和行为无论对于个人、团队还是对于组织特定部门来说都将耗费大量的精力而难以为继。如果没有组织特定的流程与惯例进行保障，那么上述专注性认知与行为将会在组织中逐渐减少甚至消失。而建立对环境持续扫描与监控的组织惯例，在组织个人、团队或部门间进行差异化任务结构的分配和构建相应的整合机制等，可以使组织从整体上保持专注性认知与行为的持续性与有效性，从而在不损害组织运作效率的同时也保持了其对环境变化的持续适应能力。

同样，经验学习除了具有上述正向作用之外，也可能对管理者认知产生一定的负面影响。由于经验学习是基于惯例的路径依赖过程，因此很容易对以往的成功经验不断强化，进而造成组织运营上的刚性与管理者认知上的惯性。这时，就需要创造性的管理者认知与干预行动对以往导致刚性或惯性的经验学习过程与惯例进行调整和提升，使之进入到与环境更为匹配的更高层次发展路径之中。

第三节　研究方法

一　选择案例研究方法的理由

案例研究方法是组织管理学研究的基本方法之一，也是构建和验证管理理论的有效方法（Eisenhardt，1989）。案例研究比较适合研究"为什么"和"怎么样"之类的问题，尤其适用于对现象的理解，寻找新的概念和思路，乃至理论创建，并且组织理论的研究学者们已经在案例研究方法的一整套原则、步骤和方法方面取得了共识（Yin，1994；周长辉，2005）。

近年来，基于案例的研究在国内外都受到了广泛的关注（Eisenhardt & Graebner，2007；Siggelkow，2007；叶康涛，2006；张丽华、刘松博，2006；毛基业、张霞，2008）。例如，国际上管理学顶级期刊之一《管理学会学报》(Academy of Management Journal, AMJ) 的主编及编委都一再强调包括案例研究在内的定性研究很重要，而 AMJ 也一直寻求并支持这样的研究（Lee，2001；Gephart，2004）。该刊 2005—2007 年的最佳论文均为理论构建型案例研究（潘绵臻、毛基业，2009）。这一现象绝非偶然，它一方面证实了高水平国际期刊对案例研究的重视，另一方面也说明案例研究的独特魅力，能产生"有趣"且有影响力的研究（Bartunek et al.，2006）。对于本章的研究来说，采用案例研究方法的理由及其匹配性主要体现在以下几个方面：

（一）个案纵向研究方法与本研究的匹配性

本章采用了具有时间跨度的个案纵向研究的方法。采用单个案例研究的方法有助于捕捉和追踪管理实践中涌现出来的新现象和新问题，同时通过对案例的深入剖析，能够更好地检视研究框架中提出的问题（Pettigrew，1990；Chakravarthy & Doz，1992）。而纵向案例研究则是一种非常重要的单案例研究方法，即在两个或两个以上的不同时间点研究同样的研究对象（Yin，1994），因而其特别适合用来观察和研究企业发生的系列性变革（Pettigrew，1990）。由于针对企业战略更新与转型升级过程的研究通常涉及的范围广、时间跨度大、具有较高的情境依赖性且样本难以大量获取，因而国内外学者在研究管理者认知、组织能力与企业转型的关系时，普遍采用了案例研究方法，如特里普沙和加韦蒂（2000）对宝丽来公司转型的研究，Rindova 和 Kotha（2001）对埃克塞特和雅虎两家互联网公司转型的研究，毛蕴诗（2009）等对中国 OEM 企业转型升级的研究等。

伊斯特比－史密斯等（2009）在《英国管理杂志》有关动态能力专刊的综述性文章中也提到了动态能力的研究方法问题，他们认为在动态能力研究中采用以案例研究方法为主导的质性研究，其长处就是它们能提供有关过程的详细描述，可以更好地把握管理层的角色/作用、动态能力的重构以及动态能力与环境的相互作用等；同时他们还强调在所有讨论方法论的作者之间，无论是质性研究还是量化研究，普遍达成一致的观点就是需要进行更多的纵向研究以对动态能力的实践产生更多的洞见。

基于上述认识，本书认为对于本章的研究问题来说，采用案例研究方法进行研究是恰当的。采用案例研究方法能够通过对具有时间跨度的丰富、大量信息的考察，帮助我们更深刻地理解管理者认知、动态能力演化与企业转型升级的关系机理。同时，本书也注意到单案例研究尽管具有"能更加深入地进行案例调研与分析"的优点（周长辉，2005），但与跨案例研究相比其"外部效度"不高，研究结论的可推广性受到较大限制等问题仍然值得关注。为降低上述负面影响，本书参照王凤彬（2009）、艾森哈特（1989）的观点，采取了以下几个方面措施：一是加强单案例研究中的理论指导；二是采用具有时间跨度的纵向研究，对企业进行"跨时期""跨情形"比较。

（二）本土化理论构建与案例研究方法的匹配性

由于中西方在经济环境、政治制度、文化背景等方面存在较大的差异，西方现有的理论体系不能完全照搬过来指导中国企业的管理实践。近年来，国内已有不少学者采用了案例研究的方法来深入剖析中国情境下管理实践的新现象和新问题，如周长辉（2005）的五矿战略变革过程案例、于开乐等（2008）的南汽并购罗孚案例与王凤彬等（2008）的海尔模块化组织模式案例。国内管理研究领域的权威期刊《管理世界》杂志每年主办的"中国企业管理案例论坛"也在积极推动关注中国企业管理问题的案例研究水平不断提升，并且也非常支持案例研究成果的发表（潘绵臻、毛基业，2009）。

正如前述，本书所关注的管理者认知、企业能力发展决策以及企业转型升级过程都具有较高的情境依赖性，产生于西方的管理理论与观点能否适用于中国，是否存在本土化的影响因素与影响机理还有待进一步地深入研究。虽然本章所采用的案例研究方法并非纯粹的基于归纳逻辑的探索性案例研究，而是在基于西方现有文献观点的基础上通过逻辑演绎来构建初步的理论模型，再通过案例研究采用分析性归纳逻辑进行验证与发展。但仍然对与中国情境相关的现象识别、问题发现及相应地本土化理论构建方面给予了高度关注。如同严和格雷（1994）所进行的研究一样，这种在理论验证基础上进一步发展理论的研究逻辑对于中国特色的理论构建同样具有重要意义，它不仅有助于中西方研究者在相关研究领域上形成更多的共同语言,同时也使得中国学者的研究成果更容易被西方管理学界所接纳。因此,基于上述认识以及案例研究方法的优势,本书认为本章所关注的研究问题采用案例研究方法进行研究是合适和恰当的,其不仅有助于验证理论研究模型的有效性,对于中国本土化的理论创建也具有重要意义。

二 案例选择的依据

本章研究选取的案例企业是浙江物产集团。选取典型案例是基于案例研究方法研究的常见做法(Eisenhardt,1989)。艾森哈特(1989)指出,对案例研究方法来说,随机样本不仅是不必要的,一般还是不可取的。佩蒂格鲁(Pettigrew)(1990)甚至一再强调案例研究要选取典型和极端的情形才更为合适。殷(1994)也有同样的看法,认为案例研究要求样本选择具有重要性或极端性。本书认为,研究企业转型升级背景下高层管理者认知对于企业动态能力演化的影响机制,浙江物产集团是较为理想的典型案例,具体原因如下:

(一)案例企业的转型过程清晰

浙江物产集团经历了从政府行政机关到企业经济实体①、从传统流通企业到现代流通企业的两阶段转型,转型过程清晰,便于研究者把握转型的阶段性背景与特征。

(二)复杂动态环境下企业实施转型升级的典型案例

浙江物产集团实施转型所面临的外部环境具备复杂动态环境的特征。一方面,企业从政府行政机关到经济实体的转型改制过程中,面

---

① 需要说明的是,案例企业浙江物产集团在第一阶段转型改制的过程中,并非是从一个纯粹的政府行政机关改制为一个企业实体,而是根据当时国有物资系统的现实状况,从一个兼具政府行业管理职能(物资局)以及企业经营职能(物资局下属物资企业)的实体,通过将政府行政职能予以剥离,进而转型改制为一个企业经济实体的过程。由于当前动态能力研究已经开始关注转型经济国家具有类似浙江物产集团这样背景的企业的转型改制过程,如迪克森 et al.(2009)的研究,因此本书认为案例企业第一阶段转型改制过程同样适用于动态能力的研究;此外,案例企业两个阶段的转型升级过程为我们在转型经济背景下研究动态能力提供了较好的研究素材,因而采用这一案例进行研究是合适的。

临着外部制度环境的剧变;另一方面,企业在从传统流通企业向现代流通企业转型升级的过程中,又面临着来自外部环境的发展机遇与挑战。从发展机遇来看包括:全球经济一体化所带来的国际化经营机遇;中国经济快速发展所带来的市场扩张机遇;现代流通产业新发展带来商业模式创新提升的机遇;需求链与供应链的整合,带来生产服务的集成化需求机遇;经营模式领先一步,带来先发优势的巨大效益机遇等。来自外部环境的威胁包括:大型制造商的自销体系建设对于流通业市场空间的压缩;来自国内外大型生产资料流通企业的竞争;电子商务等新型流通方式的冲击;民营流通企业的竞争以及国际金融危机对贸易流通企业的影响加剧等。环境中的机遇与威胁错综复杂地交织在一起,对企业经营提出了更高的要求。因此,抓住环境中的发展机遇,应对威胁,实现企业的持续发展就成为浙江物产集团实施转型升级的主要出发点。尽管动态能力在稳态环境下仍然能发挥作用,但其在复杂动态环境下能够体现更为明显的优势,其发挥的作用将会更大,这一点已经在动态能力理论研究学者中普遍达成了共识。因此,浙江物产集团在复杂动态环境下实施的转型升级为动态能力演化过程研究提供了较好的研究平台。

(三)企业转型升级取得阶段性成功

浙江物产集团实施的转型升级已取得阶段性成功,自2002年实施转型以来,其经营规模、经济效益、综合实力等主要经济指标一直名列全国同行前茅。2008年面对国际金融危机对于实体经济的影响逐步显现,国内外经济不确定因素增多等严峻形势下仍然保持平稳增长势头,经营业绩稳步增长。通过研究发现,企业在复杂动态环境下取得转型的阶段性成功在很大程度上得益于企业所具有的与转型相关的动态能力。这为本书更好地把握转型升级背景下企业动态能力的演化过程与微观认知机理奠定了良好的研究基础。

(四)基于对案例企业的长期持续跟踪研究

笔者所在的研究团队对浙江物产集团进行了长期持续跟踪研究,掌握了大量翔实的第一手资料,对案例企业转型升级的过程有比较充分的了解。这有助于确保研究的信度与效度,增强研究结论的说服力。

三 案例资料的来源及收集方法

格拉瑟（Glasser）和施特劳斯（Strauss）（1967）建议使用多样化的数据来源以使案例研究基础更加坚实有效。因此，本书采用了多种信息来源以获取案例资料，并按照迈尔斯（Mile）和胡伯曼（Huberman）（1984）所描述的三角测量的方法，对多种来源的信息与资料进行分析、比较与相互印证。本研究的主要信息来源如下：

（一）档案资料

具体包括两类：一是公司原始文件，如历年浙江物产集团及其下属子公司转型变革和管理体系规划的文件、工作会议记录、年度工作总结、公司高管的讲话、公司网页资料等；二是公开报道和其他公开发表的二手资料，如媒介对浙江物产集团的报道、行业组织（如中国物流与采购联合会）的相关调研分析及公司高管访谈报告等。

（二）直接观察

2007年12月—2008年9月，笔者所在的研究团队对浙江物产集团的参观考察以及多次参加和旁听浙江物产集团及其下属子公司有关战略规划的高管会议。观察与记录的重点是公司高管对企业战略更新和转型升级的认识与看法。

（三）深度访谈

2007年12月—2008年9月，笔者所在研究团队对浙江物产集团及其下属子公司战略变革工作成员、管理人员以及参加企业战略制定与修订工作的咨询团队成员等进行的访谈。具体分为三个阶段：（1）第一阶段（2007年12月—2008年1月）。研究团队对参与过浙江物产集团历次战略规划制定与修订的外部咨询团队成员进行初步的访谈与交流，重点是获取浙江物产集团各阶段转型升级的相关背景信息。（2）第二阶段（2008年1—3月）。研究团队参与集团下属子公司的战略规划修订工作，该工作的目的是实现子公司战略与集团战略的对接，从而推动整个集团转型升级的顺利实施。在此阶段，研究团队对集团及子公司有关高层及中层管理者进行了第一轮访谈与交流，其中正式访谈次数约 12 次，每次访谈时间为 1—3 小时。访谈重点是管理者对企业战略更新与转型升级的认知与看法。（3）第三阶段（2008 年 4—7 月）。研究者对集团及相关子公司进行了第二轮访谈与交流以进一步补充相关信息，其中正式访谈约 5 次，每次时间 1—2 小时。

（四）问卷调查

2008 年 2—5 月，作者所在的研究团队对集团及相关子公司中高层管理人员进行了有关公司战略的问卷调查。问卷调查的核心问题包括：对企业战略实施现状的认识与看法；对企业继续推动转型升级必要性的认识及建议；与转型升级相配套的企业战略支撑体系（包括公司治理、激励机制、人力资源状况、企业文化、资源平台等）的运作评价及改进建议；对企业现有能力的评价及提升建议等。

四 数据分析

对于从多种来源获取的数据，本研究采用的具体分析程序如下（参见图 4-3）：

构建个案历程 → 识别企业动态能力发展及转型升级相关行动证据 → 分析高层管理者认知 → 检验与分析认知、能力发展与转型升级的关系

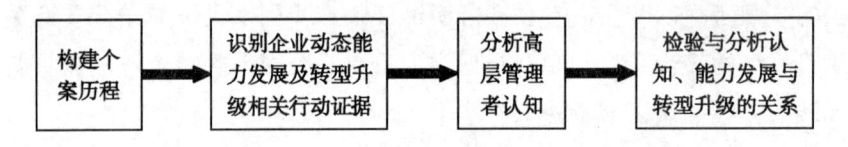

图 4-3 案例资料与数据分析程序

首先，构建个案历程（case histories）。按照基于归纳逻辑案例研究的通常做法，一般是首先构建个案的历程（Brown & Eisenhardt, 1997; Rindova & Kotha, 2001; Laamanen & Wallin, 2009）。因此，本书基于案例企业不同时点的数据构建了其个案发展及演化历程，以便于把握企业转型升级的过程。

其次，识别企业动态能力发展及转型升级的相关行动。本书对收集的企业档案资料（包括公开发布资料和内部资料）、访谈与观察资料和问卷调查资料进行了分析，这些资料包含了研究周期内案例企业绝大部分的活动信息。分析的目的是识别不同时期内与企业动态能力

发展及转型升级相关的活动信息，从而把握案例企业转型升级各个阶段所对应的企业动态能力演化路径与过程。考虑到能力这一概念的抽象性、动态能力与转型升级含义的广泛性，本书基于前文提出的理论框架对数据进行了筛选与归类，这种做法即使是在完全基于理论构建的探索性案例研究中也得到了采用，例如拉马宁和瓦林（2009）认为，虽然文献观点建议最好依据观察事例进行完全开放式编码，但基于能力概念的抽象性，事先对能力进行一定的初始分类还是很有必要的。基于上述观点以及本章所采用的验证性案例研究方法，本书基于以下类别对数据进行分类和编码：（1）企业动态能力维度，包括环境感知、组织学习、战略反应与决策、组织变革与更新、资源调整与整合五个子类别；（2）企业战略更新和转型升级维度，包括转型关键要素与转型成效两个子类别。

再次，基于高层管理者的相关工作报告及讲话稿进行文本分析，把握其认知的演化路径与过程。

最后，结合企业转型升级的阶段性背景与特征，以及相对应的企业动态能力和高层管理者认知的演化路径与过程，并根据本研究初步构建的模型框架分析高层管理者认知、企业动态能力演化与企业转型升级过程的关系并检验其与模型的匹配性。对于初始模型框架没有涵盖的新现象与新信息进一步返回案例实践寻找更多的信息，进而决定是否需要对模型进行补充与修正。

为保证上述研究工作的有效性，最大限度降低个人主观偏差所造成的影响，本书进行了一定的工作分工。在数据分析与编码中，首先由笔者先行编码，再由两位管理学博士生在互不干扰的前提下分别对编码方案进行复核，复核的结果由笔者和参与编码的两位博士生进行反复讨论及确认。同时，研究过程中所形成的相关概念之间的初步关系结论及观点也反馈到了解该企业的有关业内专家及物产集团相关研究部门，通过不断交流、进一步收集证据等在案例数据的收集与分析中反复迭代，从而保证最终模型关系的有效性。

五 基于文本内容分析的高层管理者认知测度方法

内容分析（content analysis）或文本分析（text analysis）作为定性和定量传统相交叉的一类方法，为管理研究者研究许多重要而过去难以研究的问题带来了希望（Carley, 1993; Morris, 1994; Woodrum, 1984）。这一方法最初产生于传播学，目前已经在社会科学各领域得到了日益广泛的应用。按照夏皮罗和马尔科夫（1997, P14）的观点，内容分析是指"基于社会科学目的，任何应用于文本（或其他符号材料）上的方法学上的度量"。内容分析作为一种研究方法，其核心价值在于承认语言在人类认知上的重要性（Sapir, 1944; Whorf, 1956），主要原理及出发点在于：（1）对文本内容的分析可以让研究者理解他人的认知模式，例如，对文献中某些关键词的词频统计可以作为认知集中度或重要性的指示器（Huff, 1990; Abrahamson & Hambrick, 1997）。（2）文献中一些词汇使用的变化即使不能说明人们认知模式的变化，至少也反映出其注意力的变化（Namenwirth & Weber, 1990）。（3）文献中一些词汇组合能够揭示潜在的主题，如某些关键词的共同出现可以被解释为潜在主题之间存在着联系（Huff, 1990; Weber, 1990）。

按照迪里奥（Duriau）等（2007）的观点，内容分析目前在管理及组织研究中得到日益广泛的应用主要是其具有以下优点：（1）内容分析为管理者个体或集体心智结构（如价值观、意图、态度和认知）的深入研究提供了可复制的方法，其在管理研究中的一些应用主题包括企业社会责任、产业意外事件和管理者认知等，这些主题采用传统的定量方法进行研究通常十分困难。（2）内容分析提供了分析上的灵活性。例如，从层次上来说，既可以聚焦于文本表面内容的抓取和文本量上的统计，也可以通过深入解释聚焦于文本中潜在内容及深刻含义的分析。此外，该方法既可以用于演绎性研究，也可以用于归纳性研究。（3）由于可获得跨时间进行比较的企业信息（如年度报告、行业杂志等），因此纵向研究设计在内容分析方法中可以得到充分的体现。（4）内容分析通常是非介入性的，因而不容易受到研究者需求偏差（demand bias）的影响。这一优势一般仅仅在应用于已存在的文本或其他来源材料而非访谈或开放式问卷调查时才能体现出来。同时，这种非介入性研究，也为针对企业高级管理人员的研究提供了有效的途径，而采用其他方法对这些人员进行研究通常较为困难。(5) 随着计算机辅助文本分析（computer-aided text analysis, CATA）技术的发展，基于文本的内容分析方法的可靠性及效度将会进一步提高。

基于上述观点，本章采用了基于文本的内容分析方法对案例企业高层管理者的认知进行测度，分析的材料主要是案例企业高层管理者（主要是董事长与总经理）历年讲话文本材料（主要包括：年度工作会议讲话文本、年中工作会议讲话文本、专题讲话文本、省领导汇报文本、媒体访谈文本等）。主要包含了两个层次的分析：一是基于文本中关键词的统计；二是对文本内容的语意及上下文关系进行深入分析和解释，把握其内在含义。其中以第二个层次的分析为主，词频统计作为辅助分析手段主要是进一步提供语意分析的支撑性证据。

第四节 案例分析与讨论

一 案例企业基本情况

浙江物产集团是 1996 年由原浙江省物资局成建制转体组建的特大型国有流通企业集团，是中国最大的大宗商品流通服务集成商之一，已连续三年入围世界 500 强企业，连续六年位居浙江省百强企业首位。集团以大宗商品流通与生产性服务业为主业，经营范围涉及国内外贸易、现代物流、制造业、房地产、金融、投资"六大领域"，旗下拥有 400 余家成员企业，两家上市公司（物产中大、物产中拓），一所全日制高等职业技术学院和一所物产管理学院。集团业务遍布全球 70 多个国家和地区，员工近两万人。①

---

① 本段案例企业基本情况数据来自浙江物产集团公司网站。

二 管理者认知、动态能力演化与企业转型升级过程分析

案例企业转型升级的过程同时也伴随着企业高层管理者认知与企业动态能力的共同演化。因此,下面将从案例企业转型升级的路径及过程着手,分析在这一过程中企业动态能力的演化路径与过程,以及高层管理者认知在上述过程中所表现的特征及发挥的作用,从而验证高层管理者认知、企业动态能力演化与企业转型升级过程之间的关系。

(一) 案例企业转型升级路径及过程

浙江物产集团的转型升级过程主要分为两个阶段。第一个阶段是1996年开始从政府序列的浙江省物资局转体改制为企业性质的浙江省物产集团公司。第二个阶段从2003年开始,企业积极寻求从传统流通企业向现代流通企业转型,这一阶段又可以进一步分为三个子阶段(如表4-2所示)。

表4-2 案例企业转型背景及过程①

转型阶段	阶段一: 从"政府部门" 到"企业" (1996—2002年)	阶段二: 从"传统流通企业"到"现代流通企业"		
		子阶段 I (2003—2005年)	子阶段 II (2006—2008年)	子阶段 III (2009年之后)
阶段转型背景	·政府实施"抓大放小"的国有企业改革战略 ·物资与流通行业从计划体制全面走向市场体制 ·全国物资系统持续全行业亏损 ·物资系统面临转制	·政府实施扩大内需的政策 ·中国经济发展及浙江省政府建设"先进制造业基地方略"对流通企业带来机遇 ·传统流通产业与模式面临转型 ·中国加入世贸组织,为企业带来跨国经营的机遇以及跨国企业竞争的挑战 ·民营流通企业的竞争加剧 ·生产企业自销体系的建立以及电子商务等新型流通方式对流通企业带来不利影响 ·企业业绩提升遭遇"瓶颈" ·公司治理结构亟待完善	·政府宏观调控效应显现 ·前一阶段的环境影响进一步加剧 ·企业增长出现波动 ·企业增长方式、商业模式、核心能力与现代流通企业的要求还存在不匹配	·国际金融危机对贸易流通企业影响加剧 ·宏观经济形势严峻 ·企业战略规划目标提前完成

---

① 阶段一案例企业并非是从一个纯粹的政府部门转型改制为一个企业,而是在以往兼具政府行政管理职能的背景下,通过对政府行政职能的剥离,进而转变为一个纯粹的企业经济实体的过程。

需要说明的是,案例企业转型各阶段的时间节点并非刚性的分界点,阶段之间也并不存在绝对的界限。也就是说,虽然本书按照一些标志性事件作为阶段划分依据(1996年浙江省物资局整体转型改制为浙江省物产集团公司;2003年集团董事长更替,企业制定新的十年发展战略规划;2006年和2009年企业两次对战略规划进行修订),但实际上某个阶段所涉及的转型动因和主题可能已提早显现,例如从政府部门向企业的转型改制实际上1993年就已经通过"双轨运行"的方式开始;而中国加入WTO以及电子商务对流通企业的影响实际上在2000年前后就已经逐步显现。

1. 阶段一:从"政府部门"到"企业"的转型

20世纪90年代,随着社会主义市场经济体制的逐步建立以及生产资料流通体制改革的不断深入,国内生产资料流通领域发生了巨大的变化:一是生产资料从过去的"卖方市场"转变为"买方市场";二是生产资料流通体制从计划全面走向市场,多种经济成分不断进入,使得市场竞争日趋激烈;三是生产企业直销的比重在加大;四是国有物资企业被彻底推向市场,但大部分却难以适应新的市场竞争环境。1994年起,全国物资系统已持续四年出现全行业亏损,国有物资企业的经营举步维艰,一些实力薄弱的中小物资企业濒临破产倒闭。在这样严峻的形势下,浙江物产集团的前身浙江省物资局及时进行调整,在1993年就向浙江省政府主动申请在物资局下增挂"浙江省物资产业(集团)总公司"的牌子实施"双轨运行",积极从行政机关向企业经济实体进行转制(参见图4-4)。

在这一阶段的转型过程当中,浙江物产集团主要采取了以下措施:(1)积极转变领导干部及员工的思想观念,主动适应形势变化;(2)针对当时国家实施"抓大放小"的国有企业改革战略以及鼓励和扶持发展大型企业集团的良好机遇,积极争取省及国家的大企业集团试点;(3)以企业内部管理体制、经营机制及营销方式等为重点,全面实施改革;(4)加强政府资源、人才资源的整合,为改革保驾护航;(5)坚持生产资料流通主业不动摇。经过多年的持续努力，浙江物产集团初步实现了企业转制的成功，在与全国其他国有物资企业面临相似的严峻环境下却取得了更为突出的经营业绩和发展成绩。

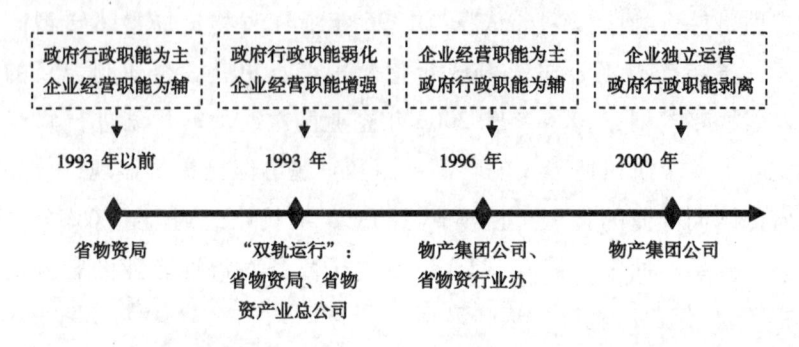

```
政府行政职能为主        政府行政职能弱化      企业经营职能为主      企业独立运营
企业经营职能为辅        企业经营职能增强      政府行政职能为辅      政府行政职能剥离
      ↓                      ↓                    ↓                    ↓
   1993年以前              1993年               1996年               2000年
──────◆──────────────────◆────────────────────◆────────────────────◆──────→
      ↓                      ↓                    ↓                    ↓
   省物资局              "双轨运行"：          物产集团公司、         物产集团公司
                        省物资局、省物        省物资行业办
                        资产业总公司
```

图 4-4 案例企业从"政府部门"到"企业"的角色转变过程

2. 阶段二：从"传统流通企业"到"现代流通企业"的转型

浙江物产集团从政府行政机关转制为企业之后，通过一系列的改革取得了令人瞩目的发展成绩。但是进入 2000 年之后，企业业绩提升遭遇"瓶颈"，难以取得突破。同时，外部环境的动态变化给企业带来新的发展机遇的同时也带来了新的严峻挑战，如果企业继续依赖"搬箱子"式的传统流通商务模式将难以为继。为此，浙江物产集团开始着手实施从"传统流通企业"向"现代流通企业"的转型升级，并在 2003 年聘请专业咨询机构专门制定了 2003—2012 年集团发展战略规划，力争把浙江物产集团打造成"具有国际竞争力的一流的大型现代流通企业集团"。企业的转型升级以及新的战略规划方案的实施取得了明显成效：企业业绩突破"瓶颈"，稳步提升；公司治理结构日趋完善；逐步锻造形成了一支高素质的高管团队；"上控资源、下控网络"的战略思路初见成效；"金融、物流、信息"三大平台顺利启动；"管理、组织、文化"三大战略实施保障体系逐步形成。

随着转型的推进及战略规划实施的不断深入，新情况新问题相继显现。例如，企业的增长方式、商业模式与核心能力正处在转型过程之中，原有的机制被打破，但新的机制与现代流通企业的发展要求还存在着较大的距离,从而在转型过程中出现了诸如增长速度呈现波动性、结构矛盾凸显等一系列问题。同时,外部环境的变化也使浙江物产集团面临着新的挑战与机遇。为此,浙江物产集团在2006年和2009年对原有的战略规划方案进行了两次修订和完善,以确保战略目标的实现和转型的最终成功。

(二) 案例企业动态能力演化路径及过程

浙江物产集团能够在转型升级的不同阶段适应环境变化的要求进而取得转型升级的阶段性成功,这很大程度上得益于企业具有与转型升级相匹配的动态能力。下面将对案例企业转型升级不同阶段所表现出的动态能力特征及演化过程进行分析,并展示相关证据(如表4-3、表4-4所示)。

表4-3　　　　　阶段一案例企业动态能力的相关原始证据

动态能力维度	原始证据举例
环境洞察能力: 企业感知并准确把握国家宏观政策变化、行业发展趋势及部门改革走向的能力	1. 在1993年初,当全国物资系统大多数同行还在为"会不会转体"而争论不休的时候,<u>我们意识到专业经济厅局向经济实体转变已是大势所趋</u>,与其到时候被"赶着转",不如自己"<u>主动转</u>"。(物产集团时任董事长王玉娣) 2. 1996年前后,随着经济体制改革的不断深入,国家提出"抓大放小、扶优扶强"政策,<u>我们意识到走大集团发展道路已是大型国有企业的必然选择</u>。(物产集团时任董事长王玉娣)
快速反应能力: 企业在感知到环境变化中存在的机遇与威胁后,迅速做出积极有效反应,进行相应的决策并付诸行动的能力	1. (我们)一面主动向省政府写报告要求转体,一面在干部职工中大张旗鼓地宣传"<u>早转早主动</u>",教育和引导干部职工主动顺应形势,积极支持和适应转变。由于我们超前运作、<u>双轨运行</u>,到1996年初省政府正式批准我们转为集团公司的时候,已基本实现了从行政机关向经济实体的平稳过渡,减少了震荡,保证了各项工作的顺利进行。(物产集团时任董事长王玉娣) 2. ……力争改革"快半拍"并取得先发优势,是集团不断发展的重要保证。该集团改革改得早、改得快、抓得实,效果好。1993年初,他们就<u>主动向省政府提出了由行政机关改组为经济实体的要求</u>,并<u>积极主动地进行了机关人员精简与职能调整</u>,既为总部员工转变观念、适应竞争取了时间,也为下一步成立集团、促进集团发展打下了思想基础和组织基础。(原国内贸易局局长杨树德)

续表

动态能力维度	原始证据举例
变革更新能力：企业为适应环境及形势变化要求而进行创新与变革的能力	1. 针对严峻的形势，我们狠抓思想政治工作，教育和引导大家认清形势，<u>主动自觉地进行"六个转变"（转变经营思想、经营机制、经营方式、经营作风、经营方向及经营组织机构）</u>。（物产集团时任董事长王玉娣） 2. 这两年（1998、1999）我们<u>在推进改革方面主要抓了以下几项工作：调整组织结构，提高企业组织化程度；实施"三定"方案（定员、定岗、定职责）……按照建立现代企业制度的要求，加快成员企业公司制改制步伐；加强企业管理，转换经营机制；创新流通新业态，推进营销方式改革</u>。（物产集团时任董事长王玉娣）
整合重构能力：企业所具有的整合重构能力主要表现在企业对资源及能力进行整合与重构以适应环境与形势变化要求的能力	1. 回顾几年来的工作，我们所以能取得一点成绩，主要是<u>由于省委省政府的正确领导和省级各有关部门的大力支持以及全体员工的共同努力，同时也跟我们主动适应形势和坚持以人为本，着力建设一支高素质的干部职工队伍，特别是注重建设一支善经营、会管理，开拓进取、团结协作的企业领导干部队伍是分不开的</u>。（物产集团时任董事长王玉娣） 2. 各级领导的关心是推进改革的关键。省物产集团公司作为全省物流流通行业的龙头骨干企业，<u>一直得到了省委、省政府关心重视和有关部门的理解支持</u>，特别是浙江物产集团被列为全国120家大型企业集团试点单位和省政府重点培育发展的15家大企业集团以及"五个一批"企业，为浙江物产的可持续发展创造了好的外部环境。（物产集团时任董事长王玉娣）
学习吸收能力：企业所具有的学习吸收能力主要表现在企业不断学习，对知识进行获取、消化与利用以产生新知识的能力	1. 在<u>企业工作的干部，往往会有这样的一个认识误区：认为企业主要是搞经营管理、创造效益，没有必要也没有时间去抓学习这类比较"虚"的工作，因而对学习抱有一种可有可无、消极应付的态度。针对这种认识的误区，我们集团公司党委利用各种不同的场合，反复强调学习的重要性，并以身作则</u>，从而在集团公司干部队伍中形成了重视学习的良好风气。在学习中，我们针对企业领导干部工作繁忙、"坐不下来"的情况，<u>采取了个人自学、班子共同学、专题讨论和组织培训等办法，重点抓好中层以上干部的学习……还邀请有关方面的专家进行专题辅导、讲解，并理论联系实际，结合各个时期的工作重点加以分析研讨，帮助企业领导干部掌握理论，关注形势，更好地指导实际工作</u>。（物产集团时任董事长王玉娣） 2. 企业的一些行动表现：（1）集团每年举办中层干部培训班，提高团队整体素质；（2）集团公司邀请知名学者教授给管理团队进行培训讲课，打造"学习型"组织；（3）集团召开科以上干部队伍大会，以"三讲"为主题，加强队伍建设。（根据企业内外相关信息归纳）

表 4-4　　　　　　阶段二案例企业动态能力的相关原始证据

动态能力维度	原始证据举例
环境洞察能力：企业感知并准确把握外部环境变化、行业发展趋势及企业转型方向的能力	1. 随着中国加入世贸组织脚步的临近和网络时代"电子商务"的兴起，国内生产资料流通企业，无论是国有的还是其他经济成分的企业，都面临着来自国际市场、跨国企业和以现代高新科技为支撑的新型营销方式的竞争与冲击……浙江物产的领导层也感受到了新的压力，他们清醒地认识到，虽然经过几年的改革与发展……综合竞争力有了明显提高……但是同国际上的流通业跨国集团相比，还有很大差距，中国即将加入WTO，集团的位置如何，路子怎样走，是萎缩还是发展，都是不能回避的。（原国内贸易局局长杨树德） 2. 企业层面与环境洞察能力相关的表现：（1）企业定期召开经营形势分析会；（2）成立专业研究机构——流通产业研究中心研究产业发展趋势；（3）在企业战略规划制定及修订过程中进行深入细致的环境分析。（综合企业内外活动信息的归纳）
快速反应能力：企业在感知到环境变化中存在的机遇与威胁后，迅速做出积极有效反应，进行相应的决策并付诸行动的能力。	1. 随着中国加入世贸组织脚步的临近和网络时代"电子商务"的兴起……这都进一步加大了集团发展的危机感和紧迫感。因此，在迎接新的挑战方面，他们早作准备，又先走一步，突出表现在以下方面：第一，抓紧积蓄与培养人才……第二，加大组织结构和商品结构的调整与发展力度……第三，以联合、连锁、代理、配色重新构筑营销网络体系……第四，积极与国外大型先进企业合资合作……（原国内贸易局局长杨树德） 2. 及时提出应对宏观调控的相关对策措施。随着国家宏观调控政策措施的逐步到位，用地控紧、银根收紧、能源趋紧、审批从紧的"四紧"环境日趋突出……面对上述形势，经集团公司经理层调查，董事会研究提出了四方面清理和应对宏观调控的六条措施，及时指导了面上经营工作，应对宏观调控取得了良好的效果。（物产集团时任董事长胡江潮）
变革更新能力：企业为适应环境及形势变化要求而进行创新与变革的能力	1. 着眼于上新台阶，切实推进战略性调整。……推进战略性调整是集团公司内在发展的客观要求，是外部迎接挑战，打造成为具有国际竞争力的大型现代流通企业集团的必然选择。集团的战略性调整主要反映在四方面：一是业态调整……二是业务结构调整……三是职能调整……四是管理方式调整……（物产集团时任董事长胡江潮） 2. 深化企业改革，建立现代企业制度不仅是贯彻省委、省政府关于加快推进省属国有企业改革和发展的总体部署和要求，也是实施集团公司发展战略规划，打造具有国际竞争力的大型流通企业的内在需要。按照建立现代企业制度和适应市场的运行机制要求，着力推进集团公司现代企业制度改革，（包括：）积极稳妥推进集团母公司产权制度改革……深化成员企业"二次改制"……进一步转换企业经营机制……（物产集团时任总经理孟伟林） 3. （中国物流与采购联合会）陆江会长指出，浙江物产之所以能有今天这样的业绩，主要有以下几个原因：一是坚持改革创新。积极推进转变观念，转换机制，理顺产权关系，强化公司治理，形成了强大的发展动力和活力，增强了企业应对市场变化的能力……（物产集团公司网页新闻）

续表

动态能力维度	原始证据举例
整合重构能力：企业所具有的整合重构能力主要表现在企业对资源及能力进行整合与重构以适应环境与形势变化要求的能力	1. 省委决定赵洪祝书记亲自联系物产集团，这是对物产集团的厚爱和关心，是对过去物产团队作出业绩的肯定和进一步做好现代流通产业化事业与发展现代服务业特别是生产性服务业方面工作的鞭策。赵书记联系浙江物产，为物产的进一步发展创造了良好的外部环境，增强了推进发展的外在动力，对扩大物产集团经营业绩、声誉和影响力，对今后开展工作将产生深远的影响，同时也进一步增强了物产集团的荣誉感、责任感和使命感。（物产集团时任董事长胡江潮） 2. 重塑资源要素的配置方式见成效。缺乏要素资源支撑的发展是乏力的，难以为继的。物产集团通过制定战略规划，设计合理、有效的管理体制及监控管理模式，提供规范化的管理和灵活的机制保障，合理配置集团资源，保障了战略发展的协同集成，提高了集团整体的经营规模和效益。（物产集团时任董事长胡江潮）
学习吸收能力：企业所具有的学习吸收能力主要表现在企业不断学习，对知识进行获取、消化与利用以产生新知识的能力	为期三天的"……年浙江物产集团高管团队培训"就要结束了。这次培训以专家授课和成员单位、总部职能部门交流的形式，旨在通过培训，提高集团高管团队领悟培训主题、意图和解决问题的能力。这次培训请来了在国内经济界、学术界具有很高知名度的专家、教授，培训对象也扩大到了成员单位的中层干部，共300多人，举行这么高层次、大规模的培训，是很有必要的。……通过培训可以让我们的观念、理念继续创新。（物产集团时任董事长胡江潮） 集团要深入弘扬学习型组织、知识型企业，个人、团队勤学、深悟、交流、共享的氛围，提炼企业知识、文化；要通过信息管理和组织学习、内部的常态培训，外部的 EMBA 等深造，物产产业研究中心，引进博士后流动站，集聚各类专家、学者等不断提高整个组织的知识水准和运用水平。知识的有效管理将促进企业全面持续发展。（物产集团时任董事长胡江潮） 企业的一些行动表现：（1）企业定期举行经营形势分析会，推动管理团队对环境的研究与学习；（2）企业每年定期举办高管团队集中培训，采用专家授课、成员单位和总部职能部门交流等多种形式；（3）建立新员工入职培训及部门内训制度；（4）集团所属浙江经济职业技术学院与集团开展全方位的产学研活动，促进学习与交流；（5）企业高管进行外部考察学习，如信息化、物流等。（6）成立专业研究机构。（综合企业内外活动信息的归纳）

1. 阶段一的企业动态能力特征及表现

浙江物产集团从政府行政机关向企业转制的过程中所表现出的动态能力具有以下特征及表现：

（1）环境洞察能力

企业所具有的环境洞察能力主要表现为企业感知并准确把握国家

宏观政策变化、行业发展趋势及部门改革走向的能力。从宏观政策来看，当时国家对国有企业改革实行"抓大放小"的战略，一大批中小型国有物资企业因为难以适应市场经济环境而举步维艰，濒临破产倒闭。浙江物产集团意识到只有做大规模，积极进入国家及本省大企业集团试点，才能得到政府政策的扶持，获得持续发展。从行业发展趋势及部门改革走向来看，物资行业从计划体制全面走向市场体制，过去属于政府行政机关的物资系统也面临改制，转变为企业经济实体参与市场竞争。浙江物产集团准确把握了这一形势，在1993年初全国物资系统大多数同行还在犹豫徘徊的时候，就果断采取有力措施以积极适应形势变化的要求。

（2）快速反应能力

企业所具有的快速反应能力主要表现为企业在感知到环境变化中存在的机遇与威胁后，能够迅速做出积极有效反应，进行相应的决策并付诸行动的能力。浙江物产集团在把握了宏观环境的变化、行业发展趋势及部门改革走向之后就迅速行动，主动向省政府申请要求转体，从而获得了改革的先发优势。同时，针对国家"抓大放小"的国有企业改革战略，一方面加大了对企业部分"散、小、差"成员企业的组织机构调整力度，另一方面也主动加压，积极争取进入国家级大企业集团试点。

（3）变革更新能力

企业所具有的变革更新能力主要表现为企业为适应环境及形势变化要求而进行创新与变革的能力，包括组织成员心智模式与观念的调整、组织惯例与结构的变革以及企业文化的重塑等。浙江物产集团在面临机构转制、国有企业改革、物资行业市场化等严峻形势下，积极推行"六个转变"，转变经营思想、转变经营机制、转变经营方式、转变经营作风、转变经营方向及转变经营组织机构，使企业顺利实现了转型改制，获得了持续发展。

（4）整合重构能力

企业所具有的整合重构能力主要表现在企业对资源及能力进行整合与重构以适应环境与形势变化要求的能力。浙江物产集团这一阶段的整合重构能力主要体现在企业对人力资源、政府资源的整合以及集团公司作为资源整合平台的建设方面。在转型改制的关键时期，企业意识到拥有一支经得起考验的高素质干部队伍以及得到政府的大力支持是企业实现转型改制成功的关键。为此，浙江物产集团一方面大力加强干部员工队伍建设，从人事制度、分配制度、考核监督制度、学习制度等多方面构建人力资源保障机制；另一方面，通过加强与国家及本省相关政府部门的联系，积极争取得到政府更多的扶持，企业先后被列为国家120家大型企业集团试点单位、浙江省政府重点培育发展的15家大型企业集团以及"五个一批"企业，为企业可持续发展创造了良好的外部环境。同时，浙江物产集团在推进下属企业公司制改制的过程中，注意集团母公司作为资源整合平台的功能建设，促进了资源在集团范围内的合理配置。

(5) 学习吸收能力

企业所具有的学习吸收能力主要表现在企业不断学习，对知识进行获取、消化与利用以产生新知识的能力。浙江物产集团在动态变化的复杂环境下能够取得企业转型改制的成功，在很大程度上得益于企业所具有的学习吸收能力，这一能力成为案例企业其他动态能力维度的重要基础。在本阶段，浙江物产集团所具有的学习吸收能力主要体现在以下几个方面：一是对宏观形势及政策变化的学习，二是流通行业发展趋势的学习。通过举行干部培训班、专题讨论会并邀请专家学者和政府官员进行讲座等方式帮助企业员工（特别是领导干部）掌握理论，关注形势，从而更好地指导实际工作。

通过对该阶段案例企业所表现出的与转型相关动态能力的分析，本书发现，这一阶段企业所具有的动态能力在很大程度上体现为企业高层管理者所具有的动态管理能力上，即高层管理者个人所具有的感知机会、抓住机会及推动企业资源整合与重构的能力。也就是说，企业高层管理者（特别是最高领导人）个人所具有的动态管理能力是这一阶段企业动态能力的重要特征和反映。这很可能是由于企业处在剧烈变革之中，企业层面原有的惯例与流程被打破，尚没有形成稳定的与动态能力相关的惯例与流程所致。这一发现也进一步验证了企业在转型变革以实现二次创业的过程中,高层管理者所具有的动态管理能力对于后续企业层面形成稳定的动态能力流程与惯例十分重要。

2. 阶段二的企业动态能力特征及表现

进入2000年之后,浙江物产集团逐步意识到生产资料流通企业的发展方向是从传统的流通企业向现代流通企业转型,在这一转型过程中企业所表现出的动态能力具有以下特征及表现:

(1) 环境洞察能力

浙江物产集团所具有的环境洞察能力在这一阶段主要表现在以下几个方面:一是准确把握了外部环境变化对企业带来的机遇与挑战。浙江物产集团意识到中国经济发展及浙江省建设先进制造业基地方略将对流通企业发展带来重大机遇,而中国加入WTO,将使国内流通企业在享受国际化经营所带来机遇的同时也将面临来自跨国流通企业的强有力竞争。此外,生产企业普遍建立自销体系以及民营流通企业竞争的加剧也使得浙江物产集团面对新的严峻形势。二是准确把握了传统流通行业发展的趋势是发展现代流通产业,因而传统流通企业就需要向现代流通企业进一步转型升级。在从"传统流通企业"向"现代流通企业"转型的整个阶段,浙江物产集团对环境变化都给予了高度关注,在把握了上述两大方面总体趋势之外,还能够进一步根据阶段内不同时点的环境变化具体情况对企业发展战略进行调整,从而保证了企业发展的正确方向。如2004—2005年国家实施宏观调控政策,2008—2009年国际金融危机的影响等,这些环境事件对贸易流通企业的影响都比较大,但浙江物产集团凭借自身所具有的环境洞察能力把握了这些环境变化动向,及时采取了有效的应对措施。同时,这一阶段的环境洞察能力不仅体现在企业高层管理者的个人能力方面,企业还逐步建立了一系列与环境洞察能力相关的流程与惯例,如企业定期召开经营形势分析会,成立专业研究机构——流通产业研究中心研究产业发展趋势,在企业战略规划制定及修订过程中进行深入细致的环境分析等。

(2) 快速反应能力

浙江物产集团把握了外部环境变化对企业带来的机遇与挑战以及

传统流通企业向现代流通企业转型升级的趋势之后，同样能够先行一步，对上述环境变化做出了快速有效的反应。具体表现在：一是针对中国经济发展及浙江省建设先进制造业基地方略对流通企业发展带来的机遇，提出了加强流通主业改造提升，做大做强现代流通产业，为浙江省制造基地的战略定位提供支撑的战略部署。二是针对中国加入WTO以后面临的机遇及挑战，从人才储备与培养、组织结构调整、营销网络建设、与国外先进企业谋求合资与合作等方面进行积极应对。三是针对传统流通企业向现代流通企业转型的发展方向，从转变观念着手，推动企业的商业模式、核心能力、战略支撑体系等与现代流通企业的发展要求相适应。面临环境变化，浙江物产集团除了采取上述总体应对措施之外，还能够及时把握该阶段不同时点的具体环境变化事件，迅速进行有效的战略反应，从而避免了企业转型升级过程出现重大挫折。如2004—2005年国家实施宏观调控政策，2008—2009年国际金融危机对实体经济的影响加剧，生产资料市场价格波动剧烈等环境事件出现前后，企业不仅及时把握了这些环境的影响，还在最短时间内采取了一系列积极应对措施，使企业保持了持续稳定发展。

（3）变革更新能力

对环境变化中出现的机会与威胁进行有效的适应离不开企业自身的变革与更新。为此，浙江物产集团结合新的转型要求对企业进行了相应的变革与更新。具体体现在：一是转变观念，推动企业文化变革。浙江物产集团从政府行政机关转型改制为企业经济实体取得了成功，在全国物资行业树立了一面旗帜，企业在传统贸易流通领域也积累了丰富的经验，从短期来看这些成功经历与经验对于现有业务十分重要，但如果不寻求突破就很可能会对企业适应新的环境和谋求未来的发展形成阻碍。浙江物产集团的高层管理者并没有满足于已有的成功，而是对环境变化即将对企业带来的影响给予了高度的关注，他们意识到传统的流通方式面临来自上下游的挤压，生存与发展空间将会不断缩小，如果不寻求转型与变革，适应现代流通产业的发展要求，那么企业将会很快陷入困境。因此，浙江物产集团从转变观念入手，提醒广大干部员工要居安思危,不能满足于传统流通模式带来的当前利益而止步不前,必须着眼未来发展,积极适应新的要求,同时,在企业文化建设方面也采取了一系列的举措与之相适应,从而为其他方面的变革与更新奠定了良好的观念基础与文化氛围。二是继续完善公司治理结构与内部管理体制。浙江物产集团意识到,尽管在上一阶段从政府行政机关向企业经济实体转型改制的过程中企业的治理结构与管理体制有了很大的改善,但与现代流通产业发展以及外部环境变化的要求还存在较大的差距,因此,企业采取了一系列的措施以进一步完善公司治理结构与内部管理体制,使之与新阶段的转型要求相适应。三是对组织结构、经营机制、商业模式等方面进行逐步调整,使之在保持企业运营稳定的前提下逐步向新的符合现代流通企业发展要求的方向转变,如逐步提升信息部门、资本运作部门、人力资源管理部门等在组织中的地位;在经营方式中逐步增加增值性服务业务比重等。

(4) 整合重构能力

从传统流通企业向现代流通企业的转型升级需要企业对原有的资源及能力进行整合与重构以适应新的发展要求。浙江物产集团在这一转型过程中所具有的整合重构能力主要表现在:一是重塑企业内部的资源配置方式,进一步完善集团母公司在资源整合与配置上的核心作用,同时着力建设"金融"、"物流"、"信息"等企业共享资源平台。二是进一步加强与政府有关部门的联系与合作,争取得到更大的支持,2007年7月浙江物产集团成为浙江省委书记直接联系单位,对于企业发展具有重要意义,表明企业得到了政府高度重视,企业发展环境得到了进一步提升。三是通过上控资源、下控网络等方式进一步加强外部资源整合与掌控。如矿石资源、钢厂供应资源、客户网络资源等。四是提出要重塑企业核心能力,逐步使企业的能力与现代流通企业的能力要求相适应。

(5) 学习吸收能力

学习吸收能力是动态能力其他维度的重要基础与保障,缺乏学习吸收能力,就难以使环境洞察能力、快速反应能力、变革更新能力和整合重构能力得到发展,从而会使这些能力逐渐丧失活性并最终趋于消失。浙江物产集团所具有的环境洞察能力、快速反应能力、变革更新能力与整合重构能力在很大程度上得益于其所具有的学习吸收能力。企业充分意识到,在复杂动态环境下,只有不断学习,持续创造与应用新知识,才能有效适应环境变化,获得企业持续发展。在本阶段,浙江物产集团所具有的学习吸收能力主要表现在:一是持续加强对宏观形势与政策的学习。企业定期召开的经营形势分析会和理论学习研讨会,不仅是感知与洞察环境变化的重要举措,也是推动组织学习的重要途径。二是继续加强对现代流通方式及行业发展趋势的学习与研讨。三是加强员工的培训,包括增强员工对企业文化认同以提高企业凝聚力的企业文化学习;新员工的入职培训;业务培训等。在学习过程中企业采取了多种方式,如定期组织干部员工的培训;企业高管团队定期组织学习研讨;邀请政府官员及专家学者讲座;企业高管举办主题讲座等。

通过对本阶段案例企业所表现出的与转型相关动态能力的分析,本研究发现,与阶段一企业动态能力所具有的特征相比,在本阶段除了企业高层管理者依然具有的动态管理能力之外,在高层管理者的推动下,企业层面与动态能力相关的流程与惯例开始逐步建立。这主要是因为企业发展逐步趋于稳定,单纯依靠高层管理者的个人能力将难以保证企业的平稳发展和有效适应转型升级的要求。因此,高层管理者个人所具有的动态管理能力逐步转化或拓展到企业层面,从而使企业动态能力的发展进入到一个新的更为稳定的惯例化发展阶段。

(三) 案例企业高层管理者认知分析

案例企业高层管理者的认知及其演化在企业动态能力演化过程中产生的影响主要体现在以下几个方面:

1. 认知柔性

认知柔性是"人们将认知处理策略与环境中新颖和意外情况相适应的能力"(Cañas et al., 2003)。具有认知柔性的管理者能够使自己的认知模式与环境变化需求相匹配,而与之相对的则是认知刚性或认知惯性,表明管理者的认知模式已经固化,因而难以有效适应环境变化的要求。通过对浙江物产集团高层管理者（主要是董事长与总经理）历年讲话文本的分析，本书发现，案例企业高层管理者在转型的不同阶段和阶段内的不同时点都对与企业相关的重大环境事件以及环境变化要求给予了高度关注。例如，在阶段一，案例企业高层管理者意识到专业经济厅局向经济实体转变已是大势所趋，主动去适应这一趋势将使企业掌握更大的主动权；在阶段二，企业高层管理者认识到传统流通企业的生存空间将日益受到挤压，如果不能实现向现代流通企业的转型升级，则企业的持续发展将难以为继。同时，在把握了这些环境变化要求之后，高层管理者表现出强烈的适应性动机、意愿以及自信。这些都说明，案例企业高层管理者的认知并没有固化在某些特定的领域，而是随着时间及环境的变化表现出了较强的认知柔性，也就是认知的适应性。而这种认知柔性或认知适应能力恰恰是企业所具有的环境洞察能力、学习吸收能力以及其他动态能力维度的重要认知基础。

表4－5　　案例企业高层管理者认知柔性的原始证据

阶段划分	高层管理者认知柔性：随时间及环境变化所表现的认知适应性
阶段一：从"政府部门"到"企业"的转型	关键环境事件：物资系统转型改制 原始证据举例：在1993年初，当全国物资系统大多数同行还在为"会不会转体"而争论不休的时候，我们意识到专业经济厅局向经济实体转变已是大势所趋，与其到时候被"赶着转"，不如自己"主动转"。（物产集团时任董事长王玉娣） 关键环境事件：政府实施"抓大放小"战略 原始证据举例：1996年前后，随着经济体制改革的不断深入，国家提出"抓大放小、扶优扶强"政策，我们意识到走大集团发展道路已是大型国有企业的必然选择。（物产集团时任董事长王玉娣） 关键环境事件：生产资料流通领域的剧变 原始证据举例：随着社会主义市场经济体制的逐步建立和生产资料流通体制改革不断深入，我国生产资料流通领域发生了巨大的变化：一是生产资料"卖方市场"已经转变为"买方市场"；二是生产企业直销比重加大；三是国有物资企业被彻底推向市场。面对新形势、新变化，物资系统遇到了前所未有的困难。（物产集团时任董事长王玉娣）

续表

阶段划分	高层管理者认知柔性：随时间及环境变化所表现的认知适应性
阶段二：从"传统流通企业"向"现代流通企业"的转型	关键环境事件：良好的外部发展机遇；信息网络技术及经济全球化的影响 原始证据举例：2004年，<u>我省经济社会发展仍面临较好的机遇。从国际环境看</u>……世界经济发展环境总体上要好于去年。<u>从国内看</u>，扩大内需的政策效应不断显现……发展环境比较宽松。<u>从省内看</u>……进入了加速转型、发展环境不断优化的发展时期。省委"八八战略"的提出，五大百亿工程的实施，建设先进制造业基地、融入长三角和建设环杭州湾产业带的重大举措，都为我省经济和物产集团快速发展创造了良好的氛围。与此同时，<u>随着信息技术及互联网技术的迅速发展，经济全球化趋势的增强，经营环境的变化从根本上影响着传统流通产业的发展。</u>（物产集团时任董事长胡江潮）
	关键环境事件：国家宏观调控政策的落实；生产资料流通行业当前面临的有利因素与不利因素 原始证据举例：2007年是国家深入贯彻落实科学发展观、推进和谐社会建设的重要一年……<u>国家将进一步落实宏观调控的各项政策措施</u>，"调投资、促消费、减顺差"，继续保持国民经济又好又快发展和社会和谐稳定。对生产资料流通行业而言，<u>尽管生产资料市场的不确定因素很多，流通企业面临的经营形势也比较严峻</u>，如国内钢铁、汽车、煤炭产能全面过剩，有效需求短期内提升有限，人民币汇率逐步走强、出口退税政策调整、外贸出口形势不容乐观等不利因素。但是，我们也应看到，"十一五"期间固定资产投资、基础设施、先进制造业基地建设，仍会拉动生产资料需求继续保持旺盛，特别是随着国际制造业向中国转移，国际市场服务外包，市场需求也将会有较大的增长，<u>必将给我们发展生产性服务业带来巨大的发展空间和市场机遇</u>。（物产集团时任总经理孟伟林）
	关键环境事件：国际金融危机；宏观经济环境剧变；生产资料价格剧烈波动 原始证据举例：2008年，对物产集团来说是极不寻常的一年，<u>百年不遇金融海啸席卷全球，宏观经济变化多端，生产资料价格跌宕起伏，经营环境惊心动魄</u>，我们从来没有在如此充满变数的环境中运作，也从来没有遇到过这么大的风浪冲击。（物产集团时任董事长胡江潮）

2. 认知复杂性

认知复杂性反映了认知模式的分化与整合状况（Walsh，1995）。基于前文的文献回顾，高层管理者具有矛盾性或竞争性的认知架构在一定程度上反映出其认知模式具有较大的包容性及认知整合能力，这正是其认知复杂性的重要体现。因此，本书着重从案例企业高层管理者在企业转型升级过程中是否表现出矛盾性或竞争性的认知架构来判断其认知的复杂程度。在企业转型升级过程中，典型的矛盾性或竞争性认知概念包括："稳定"与"发展"、"效率"与"适应"、"扩张"与"防范风险"、"眼前利益"与"长远利益"、"改革"与"发展"，等等。通过对案例企业高层管理者（主要是董事长与总经理）历年讲话文本的分析，本书发现案例企业高层管理者普遍具有较高的认知包容性及整合能力，在企业转型升级过程中，对一些关键的矛盾性或竞争性概念给予了高度的重视，如"坚持主业"与"发展多业"的关系、"继承"与"创新"的关系、"推进改革"与"保持稳定"的关系等，因而体现出较高的认知复杂性。这种认知复杂性使得案例企业高层管理者能够妥善地处理好企业探索性活动与挖掘性活动的关系，既能够充分关注环境的动态变化，把握环境中的机遇与挑战，同时又能充分考虑企业发展的稳健性，有效规避风险，这种企业的双元能力恰恰是企业动态能力的重要表现。

表4-6　　案例企业高层管理者认知复杂性的原始证据

阶段划分	高层管理者认知复杂性：对矛盾性或竞争性概念的认知包容性及整合能力
阶段一： 从"政府部门"到"企业"的转型	矛盾性或竞争性概念："坚持主业"与"发展多业" 原始证据举例：<u>无主业不稳，无多业不活；坚持主业是企业的立身之本，开拓多业是企业的强身之路。</u>这些道理，我们早在前几年就提出来了。……不论什么情况、什么时候，主业是不能放弃的。……<u>我们在坚持主业的同时，还要重视开拓多业。但在开拓多业上要量力而行。</u>……从物资系统这几年在投资开发、房地产和期货交易上的教训来看，我们的成员单位之所以失误较少，就是因为能把握好以上几个问题。（物产集团时任董事长王玉娣）
	矛盾性或竞争性概念："新业务拓展"与"原有主业的稳定发展" 原始证据举例：在<u>积极拓展进出口业务的同时，我们也没有放松"老五篇"（钢材、煤炭、汽车、化工原料、建筑材料）的经营</u>，坚持以规模经营促主业发展。（物产集团时任董事长王玉娣）
	矛盾性或竞争性概念："稳"与"进" 原始证据举例："稳"是前提和基础，"稳"是为了"进"、为了发展。对我们集团公司来说，"稳"，首先要正确认清形势，把握方向，注重决策的民主性、科学性，要量力而行、量入而出；其次要最大限度地规避风险。……"进"，就是要有开拓创新、敢为<u>人先的精神</u>，牢牢把握每一个发展的机遇。（物产集团时任董事长王玉娣）

续表

阶段划分	高层管理者认知复杂性：对矛盾性或竞争性概念的认知包容性及整合能力
阶段二：从"传统流通企业"向"现代流通企业"的转型	矛盾性或竞争性概念："适应性调整"与"战略性调整" 原始证据举例：推进适应性调整和战略性调整的承接式发展。适应性调整主要是为解决当前问题，战略性调整则着眼于长远，实现在更大更广的范围内调整。（物产集团时任董事长胡江潮）
	矛盾性或竞争性概念："继承"与"创新" 原始证据举例：转型提升也体现了"在继承中创新、在创新中发展"的客观要求。物产集团的前一轮改革开放，积累了体制、机制和物质等方面的经验，这是实现物产集团转型的基础和宝贵财富，传统主业改造提升是一个时间、空间和运动的过程，是一个承接式的过程，不能截然分开，不能一蹴而就，要从软件和硬件上下功夫。（物产集团时任董事长胡江潮）
	矛盾性或竞争性概念："激励"与"约束" 原始证据举例：激励与约束是一个问题的两个方面，要按照"激励与约束相对称"的原则，研究激励措施和约束机制。（物产集团时任董事长胡江潮）
	矛盾性或竞争性概念："规模"与"效益"；"规模"与"风险" 原始证据举例：企业是讲究效益的，追求的是价值的最大化，但是没有一定的经营规模，就不可能产生规模效益，一定的规模还是需要的，我们注重的是有效益的规模、少风险的规模。……当然，经营风险无处不在，关键还是看我们防范、控制、化解风险的能力和水平，如何提高运营质量，实现规模与效益的最大化和经营风险的最小化，需要我们时刻去谋划、去推进、去控制。（物产集团时任总经理孟伟林）
	矛盾性或竞争性概念："推进改革"与"保持稳定" 原始证据举例：坚持深化企业改革不停步，是浙江物产前十年取得较快发展的成功经验之一……但是随着前期改革效应的弱化，集团母公司改革的推进，如何正确处理好改革与发展、改革与稳定的关系，调整好国家、企业和职工的利益关系，是确保物产集团今后稳定发展的关键。推进改革是手段，保持稳定是基础，促进发展才是目的。（物产集团时任总经理孟伟林）

3. 与动态能力演化相关的注意力配置

根据组织注意力理论（Ocasio，1997），高层管理者受"有限理性"的影响，在一定时间内能够关注的领域是有限的，其必须合理配置自身的注意力才能进行有效的决策。基于这一观点，高层管理者作出有关动态能力发展决策的前提是对动态能力发展的相关领域给予足够的关注。因此，本书从"环境感知""快速反应""变革更新""资源与能力的整合与重构""组织学习"五个方面对案例企业高层管理者（主要是董事长与总经理）历年讲话文本进行了分析与归纳，分析的方法：一是考察相关关键词的出现情况（各类别典型的关键词如表4-7所示）；二是详细阅读关键词所在的原始文本资料的内容，从语句的本身含义及上下文的关系进行检查和筛选，剔除那些不符合要求的情况。基于上述分析方法，并通过质性研究软件QSR Nvivo 8.0 的辅助分析，案例企业高层管理者与动态能力发展相关的五个维度的注意力配置情况如图4-5所示（有关分析过程及相关说明参见附录1）。结果显示，浙江物产集团的高层管理者，无论是前任董事长，还是时任董事长及总经理，尽管所处转型阶段有所不同，各阶段关注的具体转型内容有所差异，但在与动态能力发展相关的五个重要维度上都表现出较高的关注程度。这在一定程度上进一步验证了高层管理者在与动态能力发展相关维度上进行注意力的配置，给予高度关注，是企业动态能力发展演化的重要前提条件。

表4-7　　案例企业高层管理者认知分析的典型关键词

动态能力维度	高层管理者认知分析的典型关键词
环境感知	环境、形势、宏观调控、国家、流通行业、信息技术
快速反应	快速反应、快速应变、快速决策、加快、积极、主动
变革更新	变革、创新、改革、改制、转型
资源与能力的整合与重构	整合、配置、重组
组织学习	学习、培训、产学研

4. 高层管理者的认知过程

基于前文的文献回顾以及本章理论基础部分的讨论，现有的研究观点已经指出，推动企业动态能力发展的管理者认知过程是"路径创造"的知识探索与创新过程，并且对于探索的新知识将会进行持续不断的解释与意义建构（Pandza & Thorpe, 2009）。这些认知过程是高层管理者进行能力发展相关决策的重要前提。然而，这些观点在现有

图 4-5 案例企业高层管理者注意力配置关键词编码统计

研究中并没有得到实证的检验，大多还停留在概念发展的阶段。基于此，本书在分析案例企业高层管理者的认知过程与企业动态能力发展的关系时引入了三个关键概念假设，即认为高层管理者的"创造性搜寻""战略性意义建构"以及"对注意力的动态配置"这三种认知过程将对企业动态能力的发展具有重要推动作用。

依据案例企业高层管理者（主要是董事长与总经理）历年讲话文本资料，本书采用了以下方法对上述三种认知过程概念进行操作化分析。首先，基于创造性搜寻与战略性意义建构的含义，挑选出案例企业转型升级不同阶段其高层管理者所关注的几个核心认知概念，如阶段一的"转型改制"（或"改革"）、"集团化发展"；阶段二的"流通产业化""战略"。其次，分析比较案例企业高层管理者在这些核心概念上的认知与当时传统的或一般性认知的差异以判断其认知探索过程的创新性（据此分析是否体现出创造性搜寻的认知过程）。再次，分析案例企业高层管理者对上述核心概念的持续性解释过程（据此分析是否体现出战略性意义建构的认知过程）。最后，分析案例企业转型升级不同阶段高层管理者与动态能力相关的注意力变化情况以考察其注意力配置的动态性。

相关研究结果及原始证据如表4-8所示，研究显示，案例企业高层管理者在一些与各阶段转型主题高度相关的核心概念上的认知体现出了较高的创新性和独特性，还通过持续的解释与挖掘一方面不断丰富对这些核心概念的认识，另一方面则使之成为企业行动的重要指南。如在阶段一从政府部门向企业的转型过程中，案例企业高层管理者对"转型改制"及"企业集团化发展"这些核心概念形成了自己的独到见解和认知，其在很大程度上可以解释企业为什么能够在全国物资系统中能够走在前列，成功实现企业转型改制成功的结果。同样，在阶段二从传统流通企业向现代流通企业转型升级的过程中，案例企业高层管理者对"流通产业化""企业战略"也形成了自己的独特认识，这些独特认识通过各种方式成为整个企业战略指导思想的重要组成部分，在很大程度上也预示了企业所采取的相关能力发展行动的结果。此外，案例企业高层管理者在与动态能力发展相关的五个维度上也给予了高度关注，这种高度关注并非固定不变，而是能够根据转型各阶段的具体要求进行动态变化（具体证据参见表4-3、表4-4），如2004—2006年对国家宏观调控问题的关注，2008—2009年对国际金融危机所造成影响的关注，虽然都是对环境变化的关注，但并非固化在某一阶段的环境认知方面，而是能够适时进行动态调整，这种高层管理者注意力的动态配置在很大程度上也预示了企业动态能力的发展演化过程及其结果。

表 4 – 8　　案例企业高层管理者的认知过程及其特点

阶段划分	高层管理者的认知过程及其特点
阶段一：从"政府部门"到"企业"的转型	核心认知概念："转型改制"（或"改革"） 认知的创新性与持续解释过程：(1) 强调积极主动适应，而不是被动的被改制；(2) 强调与政府政策的积极对接以及政府支持的重要性；(3) 认为改革成功的关键是领导干部和企业家团队；(4) 提出"六个转变"的改革思路 原始证据举例： 1. 对"转型改制发展趋势"的认知：在 1993 年初，<u>当全国物资系统大多数同行还在为"会不会转体"而争论不休的时候，我们意识到专业经济厅局向经济实体转变已是大势所趋，与其到时候被"赶着转"，不如自己"主动转"</u>。（物产集团时任董事长王玉娣） 2. 对"政府政策"的认知：1996 年前后，随着经济体制改革的不断深入，国家提出"抓大放小、扶优扶强"政策，<u>我们意识到走大集团发展道路已是大型国有企业的必然选择</u>。（物产集团时任董事长王玉娣） 3. 对"政府支持"的认知：物资系统要扭转亏损、走出困境，除了自身的积极努力之外，<u>离不开政府及有关部门的关心和支持</u>。尤其是一些亏损比较严重的地区和企业，<u>依靠政府的高度重视和积极帮助、扶持，加大改革力度，促使其走出了困境</u>。（物产集团时任董事长王玉娣） 4. 对"改革过程中企业探索与尝试"的认知：<u>从行政序列向企业集团转制，体现一个"试"字，作为试验品、试验田、试验基地，既要积极探索，又要慎重稳妥。只能成功，不能失败</u>。（物产集团时任董事长王玉娣） 5. 对"改革过程中领导干部及企业家团队重要性"的认知：新形势对奋战在经济工作第一线的企业领导不断提出新的课题与考验，<u>这就要求企业党组织在复杂的经济环境中更加重视对干部的培养和教育，努力抓好"育人"这一重要环节，为企业的跨世纪发展培养和造就一支高素质的干部队伍</u>。（物产集团时任董事长王玉娣） 6. 对"改革内涵"的认知：(1) 在改革中，我们深深体会到，<u>不联系产权制度的改革是"空改"，不转换内部机制的改制是"白改"，不依照法律法规的转制是"乱改"</u>。(2) <u>抓好"六个转变"</u>：经营思想、经营机制、经营方向、经营作风、经营方式、经营组织机构等的转变，<u>以变应变</u>。（物产集团时任董事长王玉娣） 核心认知概念："集团化发展" 认知的创新性与持续解释过程：(1) 认识到规模化经营、走集团化发展道路的重要性与紧迫性；(2) 与政府"抓大放小"战略进行对接，积极争取省及国家的集团试点；(3) 从转变思想观念入手，形成了企业集团化发展的独特思路与举措。 原始证据举例： 1. 对"集团化发展重要性"的认知：1995 年，由分管副省长张启楣批转给我们的一份材料《规模经营：世界性的挑战》，<u>在我们领导班子和全体干部职工中引起了强烈震动</u>：1994 年全国工业企业 500 强的销售额之和，还不及当年世界 500 强中排名第五位的美国通用汽车公司一家的规模！排名全国工业 500 强首位的企业，还没有入围全球 500 强的资格！对照这份材料，再结合当今世界各国不少"巨人型"企业仍在走"强强联合"道路、不断扩张的事实，<u>我们深切地感受到了发展规模经营、走集团化发展道路的重要性与紧迫性，也更加坚定了我们发展企业集团的信心与决心</u>。（物产集团时任董事长王玉娣） 2. 对"政府相关政策"的认知：(1) 1996 年前后，随着经济体制改革的不断深入，国家提出"抓大放小、扶优扶强"政策，<u>我们意识到走大集团发展道路已是大型国有企业的必然选择</u>。(2) <u>通过认真学习和深刻领会国家试点企业集团工作会议精神</u>，特别是李鹏总理和吴邦国副总理在试点工作会议上的讲话，<u>进一步加深对国家实施"抓大"战略、搞好集团试点重大意义的认识</u>。（物产集团时任董事长王玉娣） 3. 对浙江物产"集团化发展思路与举措"的认知：1996 年初，我们在中层干部大会上，明确提出了"集团化、集约化、国际化、现代化"的发展思路，并在随后制定的机构转体方案和集团公司"九五"发展规划中，<u>进一步提出了组建"浙江物产集团"的基本构想和发展目标</u>。（物产集团时任董事长王玉娣）

续表

阶段划分	高层管理者的认知过程及其特点
阶段二：从"传统流通企业"向"现代流通企业"的转型	核心认知概念："流通产业化" 认知的创新性与持续解释过程：(1) 突破计划经济体制延续而来的对流通业普遍轻视的认识，强调流通业在经济发展中的重要地位；(2) 从产业高度把握流通企业发展战略；(3) 形成了企业推进流通产业化进程的独特思路与举措。 原始证据举例： 1. 对"流通业重要性"的认知：一个企业、一个国家的竞争能力，不取决于它能生产出多少产品……取决于它的产品流通速度。<u>目前流通能力已成为经济运行的先导力量</u>。吴仪副总理在全国流通工作会议上指出，随着社会分工细化和生产效率的提高，产品生产占用的时间平均下降到10%以下，90%以上的时间处于流通状态。……<u>流通业作为生产与消费的重要环节，应是决定经济运行速度、质量和效益的重要因素</u>。（物产集团时任董事长胡江潮） 2. 对"流通产业"的认知：<u>所谓流通产业，是指与商品流通和商业直接相关联或为商品流通和商业提供必要条件的行业及各种投资领域的总称</u>，归纳说，一是商业，主要指批发和零售业；二是专门为商业服务的行业，包括流通加工业、流通配送业、流通信息业、流通仓储运输业、流通技术业；三是与商业关联的资源、产品供应和终端消费的行业、企业、客户。（物产集团时任董事长胡江潮） 3. 对"流通产业化内涵"的认知：<u>新时期批发、分销业的流通产业化主要内涵就是内外贸一体化、工贸一体化</u>。（物产集团时任董事长胡江潮） 4. 对"企业推进流通产业化举措"的认知：<u>实施集团公司发展战略规划，优化资源配置、调整经营结构、创新经营业态、转变增长方式是推进现代流通产业化进程</u>，实现"<u>在转型中发展，在发展中提升</u>"的重要举措。（物产集团时任总经理孟伟林） 核心认知概念："战略" 认知的创新性与持续解释过程：从概念内涵、企业家的角色与作用、重要性、企业战略发展规划等方面形成了对"战略"的独到认识。 原始证据举例： 1. 对"战略"这一概念的认知：(1) <u>战略是对企业短、中、长不同时期的谋划，是对企业5年、10年后的发展的考虑</u>。只有对企业未来的发展做出战略思考，才能在当前的企业工作中游刃有余，才会在应对各种突发事情时成竹在胸。(2) <u>战略的精髓在于取胜，战略即取胜，取胜即战略</u>。（物产集团时任董事长胡江潮） 2. 对"战略家"这一角色的认知：<u>企业家首先是战略家。战略思想是一个企业家的灵魂，是企业家区别于企业其他层面工作者的最主要的标志</u>。没有战略思想就不能领导一个企业，就不能称之为企业家。没有战略思想的企业领导人领导的企业肯定是一个不成功的企业。……<u>战略家是运筹帷幄的元帅，不是冲锋陷阵的将军。企业领导人要找准自己的位置，明确自己的职责，调整好自己的心态</u>。（物产集团时任董事长胡江潮） 3. 对"企业战略管理重要性"的认知：只有形成战略思想，才能做出战略部署，使企业一帆风顺，大步前进。<u>战略思想体现在战略规划、战略经营、战略管理上。当前企业管理最缺的是战略管理</u>。（物产集团时任董事长胡江潮） 4. 对"企业发展战略规划"的认知：<u>发展战略规划是指导集团公司改革发展的行动纲领</u>，在实际工作中，我们既要着眼长远，但更要把握当前，要进一步统一思想认识，按照发展战略规划的相关要求，<u>有计划、分阶段，扎扎实实地把战略规划中的各项工作落到实处</u>。（物产集团时任总经理孟伟林）

5. 高层管理者认知与经验学习的相互作用

基于对案例企业高层管理者（主要是董事长与总经理）历年讲话

文本资料的分析，研究发现，案例企业转型升级及动态能力演化过程中，其高层管理者的认知对组织经验学习的确产生了相互影响（相关说明及原始证据参见表4－9和表4－10），这些相互影响与本章理论基础部分所讨论的机理基本上相吻合。案例企业高层管理者认知对组织经验学习的影响主要体现在：(1) 积极推动组织学习——案例企业高层管理者对学习重要性的认知推动了企业组织学习的积极开展。(2) 明确学习方向并促进新知识的产生——案例企业高层管理者认知为企业开展组织学习明确了方向，新的正确方向打破了以往组织经验学习的固有路径，促进了新知识的产生。(3) 推动学习成果转化为新的组织能力——案例企业高层管理者通过持续的认知、解释、总结归纳及推广促进了初始学习成果（表现为"火花式的、零散的、片段的新知识"）转化为更为稳定可靠和惯例化的组织能力，而这种能力已经不同于以往那些过时的能力，是更为适应环境变化要求及企业发展需要的新能力。上述积极影响的产生在很大程度上是因为案例企业高层管理者认知与环境变化要求相互匹配的结果，这也进一步证明了改善管理者认知，促进其与环境变化要求及企业发展需要进行有效适应对于企业动态能力发展及转型升级的成功推进具有重要意义。

同样，案例企业的经验学习过程对于高层管理者认知也具有重要影响，主要表现在：(1) 改善管理者的认知——通过组织学习，高层管理者的认知结构与认知能力得到改善，也进一步丰富了其对企业转型升级的相关认识。(2) 构成管理者认知及行为决策的基础——惯例主导的经验学习通过提供可靠的惯例或行动集合，为高层管理者认知和行为决策奠定了基础。例如浙江物产集团定期举行的经营形势分析会、工作会议等就通过惯例化的学习过程为高层管理者认知及行为决策奠定了重要基础。(3) 促进认知任务的合理分配——惯例主导的经验学习可以帮助组织系统地扫描环境、进行任务结构的分配与整合等，从而有助于高层管理者之间及组织各部门之间在专注性认知与行为方面进行合理的分配与整合以提高认知的有效性。当然，克服经验学习因为路径依赖特征所造成的组织惯性还有赖于企业管理者所具有的创造性认知，因此只有把体现"向前看"的认知行为逻辑与"向后看"的经验行为逻辑有机结合起来，才能促进企业动态能力的发展及转型升级过程的顺利推进。

表 4-9　　案例企业高层管理者认知对组织经验学习的影响

影响机制	高层管理者认知对组织经验学习的影响——原始证据
积极推动组织学习	1. 新形势对奋战在经济工作第一线的企业领导不断提出新的课题与考验，这就要求企业党组织在复杂的经济环境中更加重视对干部的培养与教育……我们集团公司党委利用各种不同的场合，<u>反复强调学习的重要性</u>，并以身作则，从而在集团公司干部队伍中形成了重视学习的良好风气。在学习中……采取了个人自学、班子共同学、专题讨论和组织培训等办法，重点抓好中层以上干部的学习。……还邀请有关方面的专家进行专题辅导、讲解，并理论联系实际，结合各个时期的工作重点加以分析研讨，帮助企业领导干部掌握理论，关注形势，更好地指导实际工作。（物产集团时任董事长王玉娣） 2. 现在对<u>企业成功已经有了新的衡量标准</u>。一个企业的经营成功，不仅在于经营者能否在某一时期找到一种适合于本企业的经营方式和管理模式，<u>更重要的是经营者能否不断地根据环境变化而作出适应性的调整</u>。西方管理学家称这种能力为组织学习能力。<u>企业如同人一样，不断学习才能不断进步</u>，反之，不学无术。因此，未来最成功的企业将会是那些建立在不断学习基础上的"学习型企业"。……为此要以创建学习型组织为抓手，提升集团全员学习力……引导员工牢固树立自身学习、全员学习、全过程学习的理念和行动，使理论学习、实践经验、理论与实践的感悟互为融合，达到素质的升华。（物产集团时任董事长胡江潮）
明确学习方向并促进新知识的产生	1. 我们通过学习《规模经营：世界性的挑战》这份资料，思想上引起了强烈震动。集团公司的规模折算一下只有近 20 亿美元，<u>使我们深切地感到一定要走集团化发展道路</u>。为此，<u>我们曾两次赴外地学习考察，探索集团化发展的思路，寻找低成本扩张之路</u>。（物产集团时任董事长王玉娣） 2. 深入学习实践科学发展观活动主要的目的和成果，归根结底在于两个方面：一是进一步加深对科学发展观的理解和把握，即在本企业是不是科学发展、能不能科学发展、怎么样科学发展的问题上进一步达成共识，<u>理清思路，明确方向</u>。尤其是在宏观环境、企业生存条件发生变化的情形下，怎么样保持科学发展，实现可持续发展？是物产集团和成员公司都要回答的问题，我们要总结过去，<u>审视现在</u>，面对未来，明晰物产实现可持续发展的方向、途径。（物产集团时任董事长胡江潮） 3. （记者：胡董，听说您很爱读书，而且每周都会看几本新书。我们注意到，<u>近年来您为物产带来了不少新的理念，有些甚至在流通产业经济领域也是新颖独到的。这些新知识，都是您通过读书自我学习来的吗？</u>）我做过很多行……我的体会是没有什么不能学的。学习对我来说是一种生活，也是对事业的追求。……我没什么其他爱好，就喜欢空下来多看点书。<u>多读书，长知识</u>，知识是自己的。我有很多场合需要讲话，讲话稿都是我自己动笔写。很多东西必须靠悟，必须好好总结。（物产集团时任董事长胡江潮）

影响机制	高层管理者认知对组织经验学习的影响——原始证据
推动学习成果转化为新的组织能力	1. <u>我们认为，不联系产权的改革是"空改"，不转换机制的改革是"白改"，不依照法规的转制是"乱改"</u>。这几年我们在抓好企业改制的同时，十分注重企业经营机制的转换和企业的规范管理，<u>先后制定了"董事会议事规则"、"总经理办公会议事规则"、"党委会议事规则"、"资本运营方案"、"财务管理办法"、"投资管理办法"、"委派财务总监试行办法"、"经营者考核奖励办法"等规章制度</u>，并加强监督检查，以制度去约束规范企业经营者和员工的行为。（物产集团时任董事长王玉娣） 2. <u>通过召开月度、季度、半年度的经营形势分析会；主业经营板块的产业研究、行情分析会和制定相应的对策举措以及应对宏观调控、防范结算风险，建立风险管理体系、经营波动的实时应对，加强对经济形势和市场趋势的分析研究，切实提高物产集团对市场行情变化的前瞻性、针对性、可操作性的决策能力</u>，快速反应，积极应对，稳健经营，风险防范的水平，保证集团有质有量和良性稳健发展。（物产集团时任董事长胡江潮）

表 4 – 10 案例企业组织经验学习对高层管理者认知的影响

影响机制	组织经验学习对高层管理者认知的影响——原始证据
改善管理者的认知	1. <u>通过组织开展多种形式的学习、讨论和交流活动……集团各级领导人员进一步了解和把握了企业改革发展实际情况及存在的主要问题</u>，增强了对实际工作的指导；通过开展"解放思想、促进'两开'"思想大讨论，<u>集团上下对加快转型升级、深化流通产业化思想再认识、再提高，以思想讨论促进了思想解放、思维创新和思路清晰</u>。（物产集团时任董事长胡江潮） 2. 这次培训以专家授课和成员单位、总部职能部门交流的形式，<u>旨在通过培训，提高集团高管团队领悟培训主题、意图和解决问题的能力。</u>……通过培训可以让我们的观念、理念继续创新，集团上下对战略转型和传统机会贸易向常态贸易转变基本形成共识，但<u>还要继续提高认识。……团队进步，是团队思想、认知境界的升华；……团队进步关键是企业领导者的进步……通过团队的不断进步，达到思想上认知、境界提升</u>，行动上能力水平提高。（物产集团时任董事长胡江潮）
构成管理者认知及行为决策的基础	2008 年外部环境跌宕起伏……使物产集团面临了严峻复杂多变的经营环境。在这种情况下，物产集团加强了对经营形势的分析研究，通过 2007 年 12 月 27 日的年终工作会和 2008 年集团预算安排会议、2008 年 2 月 15 日防范风险专题会议、2 月 27 日集团工作会议、3 月 6 日集团外贸工作会议、5 月 16 日安全生产经营专题会议、7 月 15 日经营形势分析会、9 月 8—12 日和 10 月 7—8 日钢铁及房地产板块和汽车板块专题经营形势分析会、11 月 5 日经营形势分析会，加强对经济形势和市场趋势的分析研究，及时制订相应的对策举措，切实提高物产集团对市场行情变化的前瞻性、针对性、可操作性，确保集团经营有序、有力、有效。（物产集团时任总经理孟伟林）

续表

影响机制	组织经验学习对高层管理者认知的影响——原始证据
促进认知任务的合理分配	1. 有一个科学合理的治理机构：<u>重要领导岗位由我主导；建立执行有力、团结互补的企业领导班子</u>。（物产集团时任董事长胡江潮） 2. 我们还对<u>董事长、总经理的角色定位进行了界定</u>。董事长：抓战略、谋全局、精治理、觅项目、讲文化；总经理：强执行、善经营、会管理、资产好、职业化。<u>在这么大的一个企业，各执职能非常重要</u>。（物产集团时任董事长胡江潮） 3. 要营造一种弥漫于企业无处不在的团队精神和团队协作的整体氛围，遵循"<u>具有互补的技能，致力于一个共同宗旨，确立一组共同的业绩目标，运用共同的方法，并对此负责</u>"的团队法则。（物产集团时任董事长胡江潮） 4. 打破企业部门分割、自成体系的经营格局，<u>逐步建立内部专业化分工、部门协同的组织架构和体系，提高经营组织的集约化程度</u>。（物产集团时任董事长胡江潮）

三 研究发现

本章在管理者认知与企业能力演化相关研究观点的基础上，发展了企业动态能力演化微观认知机制的概念模型框架。同时，采用具有时间跨度的纵向案例研究的方法对浙江物产集团在转型升级过程中高层管理者认知与企业动态能力演化的关系机理进行了深入研究。

研究结果初步验证了本章所提出的概念模型的有效性，同时，基于对案例企业的深入考察与研究，还发现了一些中国企业独特的本土化影响因素及其作用机理。这些发现对于完善转型经济背景与新兴市场环境下管理者认知、能力演化及企业变革相关理论具有重要意义。基于此，作者在图4-1所示的初始概念模型的基础上进行完善后提出了如图4-6所示的修订模型。随后将结合该修订模型对案例研究的发现进行详细阐述，并通过与已有文献观点的讨论与对比，进一步阐明本章研究的贡献。

（一）初步验证了本研究提出的理论模型

本章采用纵向案例研究的方法，将高层管理者的认知结构与认知过程有机结合，初步阐明了企业动态能力演化的微观认知机理：（1）从认知结构方面，企业动态能力的发展与演化更新要求企业高层管理者的认知模式具有一定的认知柔性（对环境变化需求的认知适

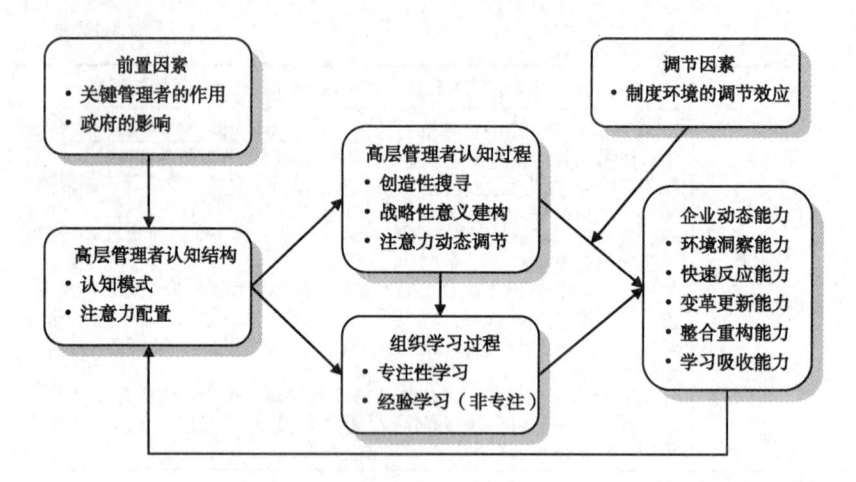

图 4-6 企业动态能力演化的微观认知机制——修订后的概念模型

应能力）和认知复杂性（认知包容性及整合能力）；此外，从认知结构中的注意力配置来看，如果高层管理者能够在"环境感知""快速反应""变革与更新""资源与能力的整合与重构"以及"组织学习"这些方面给予足够的关注，也将会有助于企业动态能力的发展。
（2）从认知过程方面，高层管理者的认知过程如果能够体现出创造性搜寻（着眼于新知识的产生而对以往惯例路径有意识的偏离）与战略性意义建构（对新知识的持续解释、提炼与应用）的特点将会有助于企业动态能力的发展与演化更新；此外，企业动态能力的发展还要求高层管理者的注意力配置应当能够体现出动态变化的特征，也即能够跟随环境变化及企业发展需求进行动态适应，而非固定在某些特定领域进而导致认知惯性的产生。

同时，在企业动态能力的发展演化过程中，高层管理者认知（包括认知结构与认知过程）与组织学习也在持续地产生相互作用：一方面，高层管理者认知构成了利文索尔和莱卢普（2006）所提到的专注性学习（mindful learning）的重要认知驱动基础，也就是说，如果高层管理者的认知能够与环境变化要求相匹配，则在高层管理者认知主导下，组织能够更好地专注于环境变化及自身发展需要，通过专注性学习不断探索新知识及寻找新的发展路径以增强企业的适应能力；另一方面，高层管理者的认知与组织经验学习，即利文索尔和莱卢普

(2006)所提到的非专注性学习（less-mindful learning）也在产生着相互影响，其中高层管理者认知对组织经验学习的影响主要体现在：（1）积极推动组织学习；（2）明确学习方向并促进新知识的产生；（3）推动学习成果转化为新的组织能力等。而组织经验学习对高层管理者认知的影响则主要体现在：（1）改善管理者的认知；（2）构成管理者认知及行为决策的基础；（3）促进认知任务的合理分配等。通过本章的案例研究，初步阐明和验证了上述这些关系机理。

由于认知与组织能力发展的研究目前还处在起步期，相关研究大多停留在概念发展阶段，因此，本章基于纵向案例的实证研究无疑为当前这一前沿领域提供了新的研究思路，即从认知结构与认知过程有机结合的角度研究企业动态能力演化的微观认知机理，同时，结合中国企业转型升级背景的研究，对于本土化理论构建也具有重要的意义。

（二）转型升级不同阶段企业动态能力的特征差异及演化过程

除了对本章提出的概念模型进行验证，并结合中国企业转型升级实践进一步阐明其机理之外，本章的案例研究还产生了一些新的发现。发现之一是：在企业转型升级的不同阶段，其动态能力的特征具有明显差异，呈现出高层管理者动态管理能力与企业层面动态能力之间相互影响，交替上升的过程，而高层管理者认知则在其中发挥着重要作用（如图4-7所示）。具体来说，在转型早期，企业动态能力很大程度上表现为高层管理者个人及团队所具有的动态管理能力。按照阿德纳和赫尔法特（2003）的观点，动态管理能力是管理者构建、整合及重构组织资源与竞争力的能力，它是企业层面动态能力在管理者个体层面的反映，是企业进行异质性决策进而导致绩效差异的重要根源，其产生受到管理者认知、管理者人力资本和管理者社会资本的交互影响。由于在转型早期企业层面原有的流程与惯例被打破，新的反映动态能力的流程与惯例尚未建立，而高层管理者的认知一旦与环境变化要求相匹配，识别到转型方向及时机，就会使其成为企业转型升级和战略更新的主要发起者和关键推动者，其所具有的动态管理能力就成为这一阶段推动企业进行资源整合与重构的重要驱动因素，是企业动态能力在这一阶段的主要表现形式。就案例企业浙江物产集团来说,在阶段一的转型改制过程中,高层管理者(特别是关键管理者王玉娣董事长)所具有的动态管理能力无疑发挥了至关重要的作用,其帮助组织准确地识别了转型方向、把握了转型的有利时机,通过积极推动企业进行变革及资源整合与重构进而实现了企业转型改制的成功。

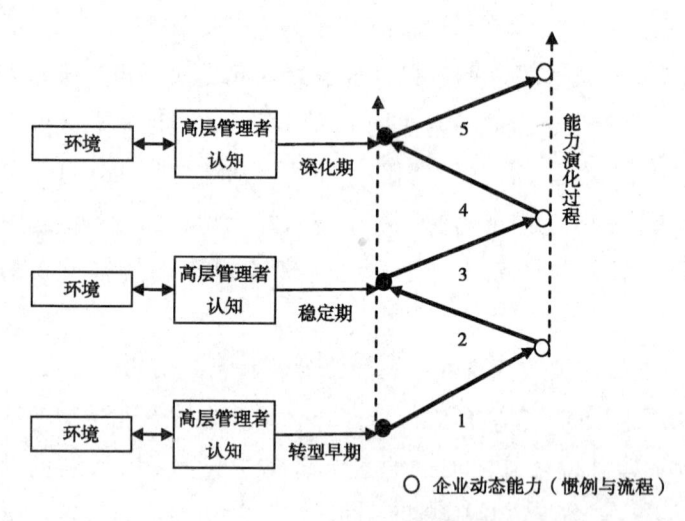

图 4-7 转型升级不同阶段企业动态能力的特征差异及演化过程

随着转型进入到相对稳定的阶段,这时如果继续高度依赖高层管理者认知来把握企业转型的方向及进行相关决策,就会出现前文所指出的,因为持续的专注性认知而耗费管理者大量精力,进而难以为继。因此,在这一阶段企业会在高层管理者的推动下逐步建立与动态能力相关的流程与惯例以部分替代高层管理者认知在组织关注环境,保持适应性方面的功能(图 4-7 中的带箭头线段 1)。而逐步发展起来的企业层面动态能力(表现为流程与惯例)也会对高层管理者认知及动态管理能力带来反作用(因此在图 4-6 中增加了企业动态能力对高层管理者认知影响的回路,在图 4-7 中用带箭头的线段 2 表示),其在一定程度上可以帮助管理者克服认知出现惯性的倾向,保持认知的创新性,提升其动态管理能力。随着转型升级的不断深化,在高层管理者认知的推动下，管理者所具有的动态管理能力与组织层面的动态能力不断相互促进，从而推动了企业动态能力的演化发展（图4-7带箭头线段3、4、5）。就案例企业浙江物产集团来说，在企业转型升级进入到相对稳定的阶段后，企业高层管理者有意识地推动企业层面与动态能力相关的流程与惯例的发展，如企业定期召开的经营形势分析会、成立专业研究机构、建立学习制度等，这些企业层面的流程与惯例进一步增强了企业对环境的适应能力，也在一定程度上保持了高层管理者认知与环境的匹配性，是浙江物产集团取得转型升级阶段性成功的重要原因之一。

应该引起注意的是，在这一演化过程中，如果高层管理者的认知与环境变化及企业发展需求不能动态适应，或者图4-7中带箭头线段所示的过程无法顺利进行，那么这一演化过程将会出现中断，进而导致高层管理者的动态管理能力以及企业层面的动态能力难以继续发展，企业的转型升级过程也将难以顺利推进并取得预期成效。

（三）关键管理者的作用

本章案例研究所产生的第二个新发现是：企业高层管理团队中的关键管理者在企业动态能力演化的微观认知机制中发挥着至关重要的作用。这里的关键管理者是企业高管团队中起主导和核心作用的管理者，一般是企业的董事长、CEO或总经理。通过研究发现，关键管理者的作用主要体现在以下几个方面（如图4-8所示）：（1）关键管理者首先要求自身具有与动态能力发展相匹配的认知结构与认知模式。也就是说，关键管理者的认知模式是否具有认知柔性与认知复杂性，其注意力的配置是否能关注与企业动态能力发展相关的领域，同时其认知过程是否能够体现创造性搜寻、战略性意义建构以及注意力的动态调节等特征是企业动态能力得以持续发展与更新的重要先决条件。这是因为关键管理者的认知结构与认知过程在很大程度上主导着企业高层管理团队的集体认知与行为，进而影响到企业的能力发展决策及对环境变化的适应能力。这一点通过对案例企业转型升级不同阶段其关键管理者的认知分析可以得到验证，本章在前文相关表格中所展示的原始证据已经充分说明关键管理者具有与动态能力发展相匹配的认知结构与认知过程对于动态能力发展及企业转型升级的成功推进具有十分重要的作用。(2) 推动认知任务在高管团队及整个组织的分配与整合。关键管理者在企业高管团队认知任务的分配与整合中发挥着主导作用，这主要是因为关键管理者具有与动态能力发展相匹配的认知结构与认知过程还仅仅是企业动态能力演化发展的一个必要而非充分条件，在转型早期，主要依靠关键管理者的认知来把握环境、推动变革也许是适当的，但随着转型过程的不断深入，仅仅依靠关键管理者自身所具有的认知探索能力把握环境变化将会变得日益困难，这时就需要关键管理者在高管团队及整个组织中进行相关认知任务的合理分配，部分高管团队成员或组织部门集中关注企业探索性活动，保持高度的认知柔性与认知复杂性，而另外一些高管团队成员或组织部门则相对集中于挖掘性活动，进行一定的认知聚焦，集中关注当前机会的挖掘与利用，把探索而来的机会转化为组织的竞争优势。在合理分配认知任务的同时，关键管理者还应具有认知整合能力，能够把高管团队和组织中矛盾性认知进行有效整合，进而提高组织的双元能力，而企业动态能力也将在此过程中得到发展和持续更新。案例企业浙江物产集团的关键管理者（主要是董事长）在高管团队中进行了合理的任务分配，这是企业动态能力持续发展及转型升级取得阶段性成功的重要原因。正如时任胡董事长所指出的，重要领导岗位由董事长主导，主要抓战略、谋全局、精治理、觅项目、讲文化；总经理则要强执行、善经营、会管理、资产好、职业化，从而建立执行有力、团结互补的企业领导班子（原始证据参见表 4-9 和表 4-10）。(3) 推动组织层面与动态能力相关流程与惯例的建立并进行认知更新。正如前文所提到的，随着转型进入到相对稳定的阶段，企业高层管理者将逐步推动企业层面与动态能力相关的流程与惯例的建立与发展，以部分替代高层管理者对环境变化及组织适应的专注，在此过程中关键管理者无疑将发挥核心和主导作用。同时，企业层面与动态能力相关的流程与惯例也将帮助关键管理者及高管团队进行认知更新，在一定程度上克服其认知惯性倾向。

关键管理者在企业动态能力演化微观认知机制中的重要作用，实际上反映出在企业动态能力发展演化过程中，高层管理者认知是一个在关键管理者主导下，从管理者个体认知到团队共享认知进而对组织认知施加影响的一个跨层次扩散过程。在这一过程中，管理者认知与组织层面的流程与惯例（如经验学习等）相互作用，进而推动了企业动态能力的发展演化。如果关键管理者能够充分发挥这些重要作用，则将有助于企业动态能力的发展与转型升级，反之，则会阻碍企业动态能力的发展，使企业难以有效适应环境变化和转型升级要求。因此，问题的关键进而转到：何种情况下企业高管团队中的关键管理者将会发挥这些正向促进作用，而在另外一些情况下则不会，甚至还会产生负向的阻碍作用？

以往研究实际上已经部分回答了上述问题，如巴尔等（1992）指出管理者的认知需要与环境变化要求相适应；赵和汉布里克（2006）在整合了汉布里克和梅森（Mason）（1984）所提出的"高阶管理理论（upper-echelons perspective）"和奥卡康（1997）提出的"注意力基础论（attention-based view）"之后认为，管理者的认知（注意力配置）在企业高管团队特征和企业战略变革之间发挥了中介效应。恰托帕哈亚（Chattopadhyay）等（1999）在总结以往研究观点的基础上，提出高层管理者的认知（信念）受到其职能经验和社会影响的作用。由此可以认为关键管理者所具有的个性特征（如价值观、个性、情感等）、职能经验以及相关的社会影响等因素会影响到其认知结构与认知过程，进而在主导企业高管团队的认知发展方向、企业能力发展决策及推动企业转型升级方面将发挥重要影响。从案例企业浙江物产集团的实践来看，可以发现企业发展不同阶段的两位关键管理者（王玉娣董事长与胡江潮董事长）在个性特质方面具有一定的共同点。例如，通过对他们认知发展过程及特征的分析，可以看到他们在积极学习、关注环境变化、加强自身适应性方面十分类似，在个性特征上都具有较高的变革与适应倾向，这很可能是其不断推动企业有效适应环境变化，推动转型升级过程不断深化的重要原动力。同时，也可以看到其在职能经验上也存在一些差异，如王玉娣董事长长期在物资系统工作，对物资系统十分熟悉，当个人所具有的变革与适应特质与环境变化要求相匹配之后，就能迅速明确变革方向，同时也能利用个人长期在本系统内树立的权威推动变革，从而使企业实现转型改制的成功，正如王玉娣董事长自己所提到的：

  我在物资系统工作了三十多年，经历了从"计划经济"向"市场经济"转轨的"阵痛"，走过了从辉煌、亏损、脱困、谋求生存和发展的坎坷历程。经常有人问我，为什么全国物资系统一片"红"（亏损），你们却一枝独秀，主要指标名列全国同行首位。我认为，改革是国企唯一出路！……1985年初，我担任省机电公司总经理，集思广益后提出了"内改外拓一转变"的七字经营方针，统领了我七年的经理生涯。1991年底到省物资局工作，1993年主持工作，先后提出并实施了"绩效理念""团队精神""抓好三个一工程"等改革发展举措。集团从2001年起迈进了中国企业500强前100位，当年名列第68位。

而胡江潮董事长的职能经验则有所不同，主要是具有类似行业丰富的职能管理经验。由于在胡董事长接任时，浙江物产集团已基本实现从政府职能部门向企业转型改制的成功，企业开始步入一个新的发展轨道，即要努力实现从传统流通企业向现代流通企业的转型升级。此时，胡江潮董事长的上任将会通过自身所具有的创新性认知与变革特质对企业施加新的影响，使得已开始步入惯例化发展轨迹，显现认知与运营惯性的企业实现新的突破，从而与第二阶段新的转型升级目标相匹配。在这一过程中，胡江潮董事长所具有的其他行业的职能经验在一定程度上可以帮助打破企业现有高管团队在本行业所形成的认知惯性倾向，带来新的发展思路与认知模式，正如王玉娣董事长在离任交接会议上所提到的：

  （胡江潮董事长）长期在煤炭系统工作，此前又主持能源集团工作，还担任上市公司的董事长，具有丰富的企业经营管理经验。能源集团是我省具有影响力的大集团，资产量大，实力强，盈利能力强。相信胡江潮同志一定会把他在能源集团的好经验、好思想和好作风带过来。

除了个性特征与职能经验之外，相关社会影响因素对案例企业关键管理者的认知也产生了重要影响。社会影响因素对管理者认知的作用主要是源于组织沟通（Jablin & Putnam, 1997；McGrath, 1984）、网络理论（Krackhardt & Kilduff, 1990；Krackhardt & Porter, 1985）、社会化（Jablin & Putnam, 1997）、社会控制（Nemeth & Staw, 1989）和社会信息处理（Fulk et al., 1987；Salancik & Pfeffer, 1978）等文献，其主要观点是人们会通过与他人的互动来形成或重新构筑其认知信念。本章的案例研究表明，对企业关键管理者认知施加影响的社会影响因素不仅包括高管团队成员之间的沟通与互动，还包括来自企业外部的专家学者、政府官员，甚至是企业特定领域的学习与交流对象等。例如，浙江物产集团几乎每年针对企业高管的培训都要邀请相关领域的专家学者参与，企业关键管理者与有关专家学者也保持了密切沟通与交流，经常就有关企业发展的重大问题进行探讨。案例企业的关键管理者还经常带领企业高管团队成员到其他企业和单位进行学习考察与交流（如2009年10月胡董事长带领企业高管到中国五矿集团考察企业信息化建设）。而作为省属国有企业，关键管理者对企业的主导地位在很大程度上是由政府赋予，因而来自政府的影响无疑会根植于关键管理者的认知结构与认知过程之中，这一点通过前文对企业高管认知的分析已经有所显现，后文将对此进行更进一步的分析。

综上所述，企业关键管理者在企业动态能力演化微观认知机制中发挥着关键作用，而这些作用的发挥在很大程度上取决于关键管理者的个性特质（如变革适应导向）、职能经验（与企业转型发展相匹配的职能经验）和社会影响因素（来自内部高管团队成员和外部的专家学者、学习交流对象和政府官员等），如图4-8所示。

（四）政府对企业高层管理者认知的影响

本章案例研究所产生的第三个新发现是：政府对国有企业高层管理者认知产生了重要影响，进而影响到企业动态能力的发展与演化。

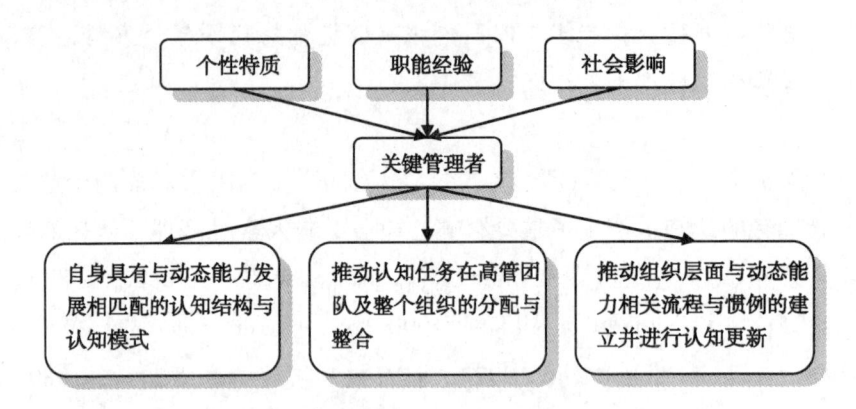

图 4-8 关键管理者在企业动态能力演化微观认知机制中的作用

这就意味着，以往政府与国有企业高管行为关系的研究需要进一步考虑高层管理者认知这一重要的中间机制。实际上，目前在战略管理领域已经开始日益重视企业战略结果的微观个体行为根源的研究，如图4-9所示，在科尔曼（Coleman）（1990）所提出的一般性社会科学解释模型的基础上（图4-9中左图），本章提出了政府影响国有企业能力发展的一个整合宏观与微观机制的解释模型（图4-9中右图）。在该模型中，政府与国有企业行为结果之间关系的研究（图4-9标号4的连接线）在以往受到了较多的重视，如陈信元、黄俊（2007）对政府干预和企业多元化经营行为之间关系的研究；程仲鸣等（2008）对政府干预与地方国有企业过度投资行为之间关系的研究等。但是，这种单纯宏观层面的研究很容易忽视这种现象背后所隐含的微观层次个体行为根源，如管理者认知的影响（当然还有其他的因素，诸如动机、情感等）。也就是说，以往的研究在一定程度上忽略了图4-9模型中标号1、2、3所示的关系。实际上，政府对国有企业的影响很大程度上是通过对企业高层管理者的行为施加影响来间接体现的，而企业高层管理者的行为决策无疑又受到其认知等因素的影响，因此，研究政府对国有企业高层管理者认知及其他个体因素的影响机制就具有十分重要的意义。

本章的案例研究发现，政府对国有企业高层管理者认知的影响主要体现在以下几个方面（如图4-10所示）：（1）政府政策对企业高

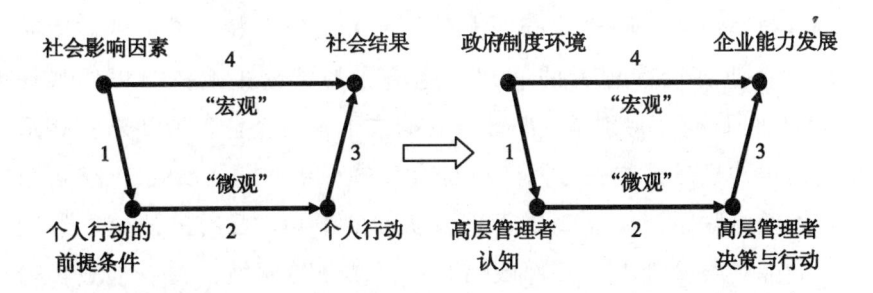

资料来源：在 Coleman（1990）和 Abell 等（2008）的基础上由作者绘制。

图 4-9　政府与制度环境对企业动态能力发展的影响模型

层管理者认知的影响。由于国有企业高层管理者通常具有双重身份属性，既是企业的管理者，也是享受一定行政级别的领导干部，因此，政府及执政党的政策无疑对企业高层管理者的认知会产生重要影响，这种影响既有与企业经营和高管个人直接相关的政策，也有国家宏观层面与企业发展环境密切相关的政策。通过前文对案例企业高层管理者认知的分析，可以识别出政府政策对案例企业高层管理者认知所产生的影响。例如在阶段一国家实施的"抓大放小"国有企业改革战略对案例企业高层管理者形成企业规模化与集团化发展的认知产生了重要影响；在阶段二浙江省委省政府提出的"八八战略"[①]、建设先进制造业基地方略等对于案例企业高层管理者形成流通产业化发展方面的认知同样也产生了重要作用。这些影响在一定程度上可以使企业高层管理者认知及行为与政府政策保持一致，促进企业对宏观政策环

---

①　浙江省提出的"八八战略"具体为：(1) 进一步发挥浙江的体制机制优势，大力推动以公有制为主体的多种所有制经济共同发展，不断完善社会主义市场经济体制。(2) 进一步发挥浙江的区位优势，主动接轨上海，积极参与长江三角洲地区交流与合作，不断提高对内对外开放水平。(3) 进一步发挥浙江的块状特色产业优势，加快先进制造业基地建设，走新型工业化道路。(4) 进一步发挥浙江的城乡协调发展优势，统筹城乡经济社会发展，加快推进城乡一体化。(5) 进一步发挥浙江的生态优势，创建生态省，打造"绿色浙江"。(6) 进一步发挥浙江的山海资源优势，大力发展海洋经济，推动欠发达地区跨越式发展，努力使海洋经济和欠发达地区的发展成为我省经济新的增长点。(7) 进一步发挥浙江的环境优势，积极推进基础设施建设，切实加强法治建设、信用建设和机关效能建设。(8) 进一步发挥浙江的人文优势，积极推进科教兴省、人才强省，加快建设文化大省。

境的有效适应,但同时政府(尤其是地方政府)相对具体的政策有可能对企业高层管理者的认知产生潜在的负面影响,如程仲鸣等(2008)的研究,特别是这些政策影响或干预与企业发展要求不相适应的时候,显然,这一方面还有待今后进一步的深入研究。(2) 与政府的政治联系对企业高层管理者认知的影响。已有的研究已经表明,企业高层管理者的外部政治联系(如政治网络)对企业战略行为具有重要影响,如巫景飞等(2008)通过对中国上市公司面板数据的实证分析发现企业高层管理者的政治网络对企业多元化战略行为具有重要影响。但这些研究同样在一定程度上忽略了高层管理者认知在其中发挥的重要中介作用,也就是说,企业高层管理者的外部政治联系(政治网络)会影响到其认知结构与认知过程,进而会影响其随后的决策与行为。本章的案例研究发现,浙江物产集团的高层管理者与浙江省委及省政府的领导(如联系该企业的省委书记和主管副省长)、省国资委主要领导、具有政府官方背景的中国物流与采购联合会有关领导、相关业务所在区域的地方政府领导等保持了比较密切的联系,这些频繁的政治联系与往来在很大程度上会对企业高层管理者认知产生影响。从案例企业来看,这些影响基本上体现为正向的积极促进作用,在帮助企业高层管理者感知环境变化、有效地整合资源方面发挥了重要促进作用。未来的研究需要更多地探析在何种情况下会产生正向促进作用,而在何种情况下会产生负向的阻碍作用。(3) 政府的关注对企业高层管理者认知的影响。国有企业高层管理者作为具有一定行政级别的领导干部,对于在体制内获得上级和主管政府部门更多的重视具有一种天然的偏好,因此,政府的关注对于企业高层管理者认知会产生重要影响,即高级别政府领导和有关政府部门的关注与重视在一定程度上会被企业高层管理者感知为一种激励,表现为受到上级政府领导肯定的思想与行为将会在高管认知中不断得到强化,反之则会在高管认知中逐步消除。进而很可能促使其做出更为符合上级领导和政府部门偏好的决策与行为。正如案例企业高层管理者所提到的:

省委、省政府领导的重视和关心是推进集团改革和发展的鞭策鼓励。近年来，省委、省政府一直非常重视和关心物产集团的改革和发展，特别是 2003 年 5 月 22 日和 8 月 22 日，王永明副省长和省委常委、组织部长斯鑫良一行先后到浙江物产集团考察指导工作，王副省长和斯部长充分肯定了物产集团转体十年来所取得的成绩，并对进一步做强做大物产集团提出了希望和要求。省委、省政府领导的重视和关心，鼓舞人心，催人奋进，集团公司和各成员单位认真贯彻王副省长和斯部长的指示精神，团结一致、开拓进取，对我们完成 2003 年各项目标任务和实现集团的全面发展起了积极的推动作用。（物产集团时任总经理孟伟林语）

物产集团作为省委赵洪祝书记的联系点，他一直关心支持物产集团的改革发展，在去年上半年集团经营情况专报上作了重要批示，并于 11 月 4 日第三次到物产集团考察调研，充分肯定物产集团流通产业化、生产性服务业发展的路子和所取得的业绩，就如何在推进我省经济转型升级中发挥好排头兵和中坚力量的作用提出了三方面的要求；省委常委、副省长葛慧君对物产集团所取得的成绩充分肯定，并提出新要求；金德水副省长每年都参加集团工作会议并作重要讲话。领导、部门、地方、社会各界的关心、重视和支持，是对物产员工的极大鼓励和鞭策。（物产集团时任董事长胡江潮语）

然而，这种现象的存在是否有利于企业的持续健康发展却并不能一概而论。正是存在这一机制，因而也提示我们，政府对国有企业的干预有时是符合企业发展要求的，这种认知转化机制将会促进企业发展；而一旦政府对国有企业的干预不恰当，则很可能会产生潜在的负面影响，如程仲鸣等（2008）的研究就发现政府的干预与地方国有企业的过度投资行为之间存在着显著的正相关关系。

尽管本章的案例研究主要关注的是政府对国有企业高层管理者认知的影响，但考虑到中国所处的转型经济环境，以及已有研究所表明的民营企业对政治关系的追逐偏好（如余明桂、潘红波，2008），可以预测在中国当前制度环境下，政府对民营企业高层管理者认知同样存在着上述类似的影响（如政府政策、外部政治联系以及政府关注等），但具体的影响机理以及与国有企业的差异还有待进一步的深入研究。

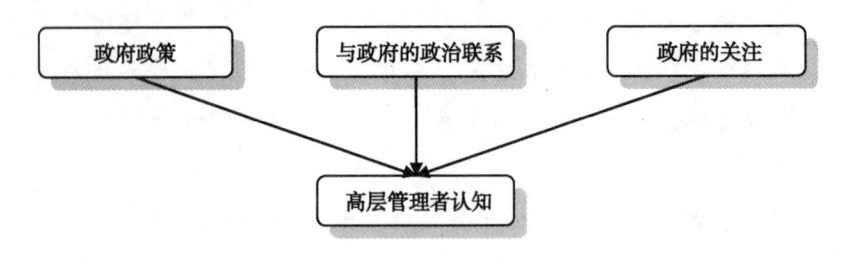

图 4-10 政府对企业高层管理者认知的影响

（五）制度环境与体制氛围对国有企业高层管理者认知的影响

本章案例研究所产生的第四个新发现是：企业所处的制度环境与体制氛围对高层管理者认知会产生潜在的影响，具体到本章的研究是指企业所在环境的市场化进程、政府对民营经济与民营企业的关注与重视程度等也会影响到国有企业高层管理者的认知。这一影响同样可以采用如图 4-9 所示的影响模型进行解释，即企业所处的制度环境与体制氛围影响到国有企业高层管理者认知，进而影响到其相关决策及行为。就案例企业来说，浙江物产集团作为省属国有企业，在持续发展过程中不仅充分发挥了国有企业传统的体制与资源优势，还在很大程度上展现出类似民营企业那样的机制优势，这也是企业取得转型升级阶段性成功的重要原因。通过对企业高层管理者认知的分析，本书发现，案例企业高层管理者的认知受到了企业所处的制度环境及体制氛围的深刻影响，具体体现在以下几个方面（如图 4-11 所示）：
（1）政府对民营企业的关注所造成的对国有企业高层管理者认知的影响。正如前述，由于国有企业高层管理者具有企业高管和党政领导的双重身份，因而决定了其对上级政府的政策与关注非常重视，而在浙江省这个民营经济与民营企业高度发达的省份，政府出于发展经济的需要对民营经济与民营企业格外关注与重视，不仅为其发展创造了相对有利的制度环境，而且在其他省份浙江民营企业的权益受到影响的时候还经常主动出面协调。① 由于政府的注意力通常也是有限的，在把更多的注意力放在民营企业的时候，对国有企业的关注就会相对减少。因而国有企业的高层管理者，在认知上就很可能会形成一种潜在的危机感，进而产生某种激励作用，促使那些处在竞争性行业的国有企业高层管理者进一步增强变革与发展意愿，从而赢得上级政府更多的关注与重视。(2) 民营企业高度发展所形成的体制氛围对国有企业高层管理者认知的影响。根据樊纲等人(2007)在《中国市场化指数——各省区市场化相对进程2006年度报告》中所发布的中国各省区2001—2005年市场化程度的排序情况，浙江省的市场化程度处于全国前三位。通过对案例企业高层管理者认知的分析，本研究发现，浙江省较高的市场化进程、民营企业的高度发展在很大程度上对省内国有企业高层管理者的认知也产生了影响，从而促使部分国有企业高层管理者更新观念、强化竞争意识并充分借鉴与学习民营企业的机制优势来推动企业发展。例如，物产集团时任董事长王玉娣与正泰集团董事长南存辉以及《中国经济时报》记者进行的访谈对话、物产集团时任董事长胡江潮对浙江飞跃集团进行考察时所发表的看法等都充分体现了上述观点：

> (记者：私营企业的发展对国有企业是不是一种冲击?)一开始我们挺害怕，以为"敌人"来了，后来才慢慢改变了态度。私营企业的思想观念、竞争意识影响了我们，我们更加强烈地感受到，要尽快从计划经济走向市场经济，不能再是"一潭死水"了。私营企业的发展，对国有企业来说，应该有积极的意义。浙江省个体私营经济很活跃，国有企业也毫不逊色，改革开放20多年，国有资产增值了几十倍就是一个证明。(记者：你最羡慕对方什么?)是机制、体制。国企3年脱困目标基本完成，但要清醒地看到这仅是个阶段性成果。机制不改，是空改；产权不

---

① 例如，针对2009年山西煤矿企业重组可能对浙江民营企业带来的影响，浙江省相关县市政府及浙江省政府经济技术协作办公室分别派员赴山西进行了沟通与协调。

改,是白改。国有企业不是搞不好,关键是自身机制要创新,尽快建立现代企业制度,真正成为市场竞争的主体。(物产集团时任董事长王玉娣语)

胡江潮对飞跃20多年来实现的跨越式发展表示赞赏,认为飞跃不愧是民营企业的优秀代表,尤其在去年面对国际金融危机的巨大挑战下,勇于通过主营业务重组推进企业全面升级,令人钦佩。他还介绍了省物产集团几年来的发展情况。他表示,在社会分工越来越明细的今天,只有资源共享,分工合作,对各方力量进行互补组合,才能形成双赢的局面。希望双方加强沟通、增进交流、优势互补、共谋发展。(引自物产集团时任董事长胡江潮对浙江民营企业飞跃集团考察的报道)

实际上,浙江物产集团很大一部分合作伙伴与客户是省内外的民营企业,如浙江物产集团早在2006年7月就与浙江省民营经济创新发展综合配套改革试点区的台州市建立了战略合作伙伴关系。通过与民营企业的合作、交流与联系,浙江物产集团高层管理者的认知在很大程度上受到了民营企业思想观念、竞争意识以及机制优势的影响。由此带来的启示是,一个市场化程度较高,民营经济充分发展的环境,不仅有利于民营企业的发展,而且通过对国有企业高层管理者认知的影响,对处在竞争性行业的国有企业发展同样也具有重要促进作用。正如张文魁(2009)在《经济观察报》撰文指出的,国有企业的改革在相当程度上,需要非国有企业的进入和成长来推动。在当前普遍存在"国进民退"争议的背景下,[①] 本章的案例研究进一步验证了国有企业与民营企业协调发展的可能性、合理性以及民营经济在国民经济中发挥鲶鱼效应的重要性。

[①] 对于整个经济体是否存在"国进民退"现象,政商两界看法不一。时任国家统计局长马建堂和国务院国资委主任李荣融都表示,不存在"国进民退"的问题。而时任全国政协副主席、全国工商联主席黄孟复和中国民(私)营经济研究会顾问保育钧却公开质疑"国进民退"的合理性,呼吁给中国经济留下几条鲶鱼。参见谢鹏《国进民退:激荡2009》,《南方周末》2009年12月24日D14版。

```
┌─────────────────────────┐        ┌─────────────────────────┐
│ 政府对民营企业的关注与重视程度 │        │ 民营企业高度发展的体制氛围 │
└─────────────────────────┘        └─────────────────────────┘
                    ↘            ↙
                ┌──────────────────┐
                │ 国有企业高层管理者认知 │
                └──────────────────┘
```

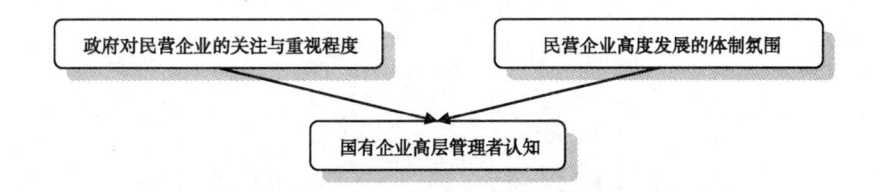

图 4-11　制度环境与体制氛围对国有企业高层管理者认知的影响

第五节　小结

本章采用基于时间跨度的纵向案例研究方法对浙江物产集团两个阶段转型升级过程中企业动态能力演化的微观认知机制及其相关影响因素进行了研究。研究结果初步验证了本章所提出的初始概念模型，即企业高层管理者的认知柔性、认知复杂性以及与动态能力相关的注意力配置，通过与企业基于惯例的经验学习的相互作用，对企业动态能力的发展演化产生了重要影响。同时，案例研究还产生了有意义的新发现，主要包括：（1）转型升级不同阶段企业动态能力的特征存在明显差异，呈现出高层管理者动态管理能力与企业层面动态能力之间相互影响，交替上升的过程，而高层管理者认知则在其中发挥着重要作用。（2）企业高层管理团队中的关键管理者在企业动态能力演化的微观认知机制中发挥着至关重要的作用。（3）政府对企业高层管理者认知产生了重要影响，进而影响到企业动态能力的发展与演化。（4）企业所处的制度环境与体制氛围对高层管理者认知会产生潜在的影响，具体来说，企业所在环境的市场化进程、政府对民营经济与民营企业的关注与重视程度等也会影响到国有企业高层管理者的认知，进而对企业动态能力的发展演化产生影响。

第五章

企业双元能力构建微观认知机制案例研究

第一节 引言

组织科学研究领域一个普遍得到认同的观点是：组织的长期成功既取决于其挖掘当前能力的能力，同时也取决于其探索新能力的能力（Levinthal & March, 1993; March, 1991），前者着眼于提高组织当前运营的效率，后者则谋求创新以适应组织未来的发展。由于上述两种活动在目标与资源上存在冲突，早期研究中主要考虑的是如何在二者之间进行有效的选择与权衡。然而，最近的研究中所提出的"组织双元性"或"双元性组织"的概念，已经开始关注组织同时兼具探索与挖掘这种"双元能力"的可能性及实现机制（Gibson & Birkinshaw, 2004; O'Reilly & Tushman, 2011; 凌鸿等, 2010）。这一领域当前也已成为组织与战略管理研究的国际前沿方向，不仅相关文献数量快速增长，一些管理学顶级期刊也相继推出了双元性研究专刊。鉴于双元性理论的新颖性及对管理实践可能产生的重要影响，甚至有学者认为其很有可能成为未来管理学研究的主流范式之一（Raisch & Birkinshaw, 2008）。

组织双元能力从狭义角度是指组织平衡探索性活动与挖掘性活动的能力（March, 1991），从广义角度则是指组织在同一时间执行差异化甚至是竞争性战略行动的能力（Simsek et al., 2009），其本质是组织所具有的一种特殊动态能力，组织需要构建与发展这种动态能力以有效实现双元性（O'Reilly & Tushman, 2008, 2011; Jansen et al.,

2009；焦豪，2011）。因此，越来越多的学者从能力视角对组织双元性展开了研究，一些研究者甚至直接提出了"双元能力"的概念以强调这一视角对于深入了解组织双元性机制的重要意义（凌鸿等，2010；邓少军、芮明杰，2010；张玉利、李乾文，2009）。然而，传统的组织能力研究大多聚焦于组织集体层面，关注能力形成的经验机制有余，而在很大程度上忽视了能力形成的微观认知机制（邓少军、芮明杰，2009；加韦蒂和利文索尔，2000）。也就是说，组织能力的演化发展不仅取决于组织经验学习所形成的惯例与流程，还会受到组织认知的影响。组织中行动者的认知构成了组织能力发展的"过滤器"——那些受到行动者关注并符合其认知模式的能力领域会得到更多的发展，反之则容易被忽视。基于上述观点，加韦蒂（2005）呼吁对以往基于惯例与经验行为逻辑的组织能力研究进行重新审视，充分考虑认知因素在组织能力相关研究中的重要影响，并认为只有二者有机结合才能全面、完整地解释组织能力演化发展的过程机理。因此，当前组织能力研究的热点领域如动态能力研究、组织双元性研究等都需要结合新的认知研究视角，考察以往单纯聚焦于组织惯例与经验学习领域所忽视的其他能力构建机制（邓少军、芮明杰，2010）。

同时，认知与组织双元能力的研究都具有较高的情境依赖性。认知反映的是组织中的行动者对外部世界以及对行动与结果之间因果关系的态度与看法，与行动者的经历及所处环境密切相关；而在不同情境下组织所面临的双元困境也会有较大的差异，因而结合多样化组织情境开展相关本土化研究十分必要。一方面，就中国当前所处的转型经济与新兴市场环境来看，中国企业正面临着日益增长的"双元性"要求，即需要从以往的"二者选一"向看似不可能的"二者兼顾"转换，如"探索"与"挖掘"、"稳定"与"适应"、"效率"与"柔性"、"短期利润"与"长期成长"等，同时平衡这些看似矛盾的因素和需求正变得越来越重要。正如华人管理学者陆亚东教授所指出的，中国宏观环境的"双变"（市场结构、制度快速变化）、"双强"（强市场、强政府）特征使得组织双元观在中国具有特殊的重要性（周俊、薛求知，2009；Luo & Rui，2009）。另一方面，双元性概念所蕴含的矛盾与辩证性逻辑对于中国这样素来崇尚中庸之道、阴阳互动与和谐平衡的国度来说无疑具有很大的启发性和潜在的应用价值（凌鸿等，2010）。

鉴于此，本章研究将充分关注到当前中国企业转型升级过程中平衡各种复杂与矛盾性因素所面临日益增长的"双元"要求，以及崇尚中庸之道与和谐平衡理念的传统文化特征对企业发展的深刻影响，尝试以中国信托投资领域的先行者、曾被称为"江南第一猛庄"的浙江金信公司战略转型为案例，研究高管认知、组织双元能力构建与转型成效间的关系。首先，基于理论发展构建高管认知、企业双元能力与转型成效间的理论模型；其次，基于该模型分析浙江金信公司战略转型案例中的能力发展过程；最后，对研究进行小结。

第二节 理论基础

一 组织双元性研究

组织在不断变化的环境下谋求生存与发展的过程常常会面临一种两难困境，即在实施旨在开发利用现有能力的挖掘性创新（exploitative innovation）与旨在构建全新能力的探索性创新（exploratory innovation）之间左右为难（凌鸿等，2010）。随着环境的日益复杂多变，组织平衡探索性创新活动与挖掘性创新活动的重要性日益显现，同时具备探索与挖掘两种能力的"双元性组织"很可能比那些仅具有其中单方面能力的组织获得更高的绩效（Tushman & O'Reilly，1996），并且更有可能实现其战略目标（O'Reilly & Tushman，2004）。

邓肯（Duncan）（1976）最早使用"组织双元性"这一概念，并指出要想获得长期成功，组织就必须考虑分别用于启动创新和执行创新的双重结构。这一观点为"结构型双元"（structural ambidexterity）的思想奠定了基础，即认为可以通过内部结构的分割来实现组织双元性，其中一部分业务单位关注一致性（alignment），聚焦于满足现有客户需求和匹配当前竞争环境，另一部分业务单位则关注适应性（adaptability），着眼于长远发展，聚焦于开发出新的资源和竞争优势来源（Tushman & O'Reilly, 1996）。吉布森（Gibson）和伯金肖（Birkinshaw）（2004）则提出了"情境型双元"（contextual ambidexterity）的概念，认为企业应该建立一种管理绩效和关系支持的组织情境，通过系统、流程的设计和信念影响员工，让员工自行在探索与挖掘这类竞争性活动之间作出选择，从而在整个业务单位范围内同时实现一致性和适应性。在上述两种双元性视角的基础上，赖施（Raisch）和伯金肖（2008）进一步提出了"领导型双元"（leadership-based ambidexterity）的观点，认为高层管理者在组织双元能力构建过程中发挥着至关重要的作用，其不仅为组织"结构型双元"及"情境型双元"建设提供了有力支持，而且高层管理团队在认知及行为方面的分配与整合，也构成了组织双元能力的重要来源。

随着组织双元性研究的逐步深入，人们对双元性的内涵有了更为深入的认识。既然组织双元性实质是一种特殊的组织能力，那么这种双元能力与一般性组织能力相比，其特殊性究竟体现在哪些方面？围绕这一问题，相关研究者从能力视角对组织双元性展开了研究，认为组织双元性实质是一种组织动态能力，是双元性组织调动、协调和整合已区分的探索与挖掘业务单位的分散而具有冲突性的努力，进而分配/重新分配、结合/重新结合资源与资产的惯例与流程，组织需要构建与发展这种动态能力以有效实现双元性（O'Reilly & Tushman, 2008, 2011; Jansen et al., 2009）。也就是说，双元能力概念的提出并不仅仅是要区分和识别探索和挖掘这两种不同的能力，而更重要的是要发现与识别二者的有机联系，进而协调与整合这两种能力。由此可见，双元能力与动态能力在内涵上具有同一性，双元能力可以被认为是一种特殊的、更高层级的动态能力，对于双元能力的研究有必要在以往动态能力研究基础上予以深化。因此，在前期较多地聚焦在组织集体层面的双元能力研究基础上，进一步结合能力研究的认知视角，将有助于更为全面、完整地把握组织双元能力构建的过程机理（邓少军、芮明杰，2010）。

二 组织认知与双元能力

认知在管理研究中具有广泛的含义。从个体层次看,认知涉及个人感知、筛选信息和使信息概念化的方式,是决策与行动的基础(Weick, 1990; Hambrick & Mason, 1984)。从组织层次看,认知则是指组织中关于信息整理、知识编码以及不同类型知识之间联系的共享假设与理解(Walsh, 1995),这些共享的假设与理解反映在组织的价值观、行为规范与文化中,构成了组织中行动者进行决策、选择及行动的重要社会情境影响因素。

组织认知与双元性的联系首先反映在高层管理者认知的影响方面。已有研究表明:组织在发展过程中常常会面临着一系列的战略矛盾(如"探索"与"挖掘"、"效率"与"柔性"这类的双元性困境),而高层管理者的竞争性认知架构(competing cognitive frames)或矛盾性认知(paradoxical cognition)则是组织有效处理这些战略矛盾的先决条件(Gilbert, 2006; Smith & Tushman, 2005; Smith et al., 2010)。此外,高层管理者的矛盾性解释(ambivalence interpretations)也可能与组织双元能力存在密切关系。例如,高层管理者同时拥有对于一些环境事件(如国际金融危机、欧盟扩张)的正面解释(机会认知)与负面解释(威胁认知)很可能会有助于提升组织的双元能力(Plambeck & Webber, 2009, 2010; Bao et al., 2010)。更进一步,高层管理者还会对整个组织的认知架构发展施加重要影响,通过在共同愿景、价值观、文化等的表达与阐释中倡导一种平衡探索性活动与挖掘性活动的理念将会有助于增加组织实现双元性的可能性(O'Reilly & Tushman, 2008; Taylor & Helfat, 2009)。然而,组织认知尽管对于双元能力构建至关重要,但以往研究大多仅限于高层管理者,且具体的认知机制以及认知对于双元能力构建的深层次作用机理尚缺乏比较深入的了解(Andriopoulos & Lewis, 2009; Eisenhardt et al., 2010)。而基于中国转型经济与新兴市场的独特环境,组织认知与双元能力构建的关系也有待开展深入研究。

第三节 组织双元能力构建的微观认知机制：一个理论模型框架

从组织双元能力的内涵、构成以及发展过程来看，其实质是反映了组织能够妥善处理自身在发展过程中面临的一系列战略矛盾，平衡组织当前生存与长远发展之间关系的一种动态能力。组织双元能力当前主要体现在结构型双元、情境型双元和领导型双元三个方面。而在以往聚焦于组织惯例、流程与经验机制的基础上，进一步结合能力演化研究的认知视角，将有助于更为全面、完整地把握组织双元能力构建的过程机理。基于上述认识，本章研究建立了组织双元能力构建微观认知机制的理论模型框架（如图 5-1 所示），并将分别阐释其具体的作用机理。

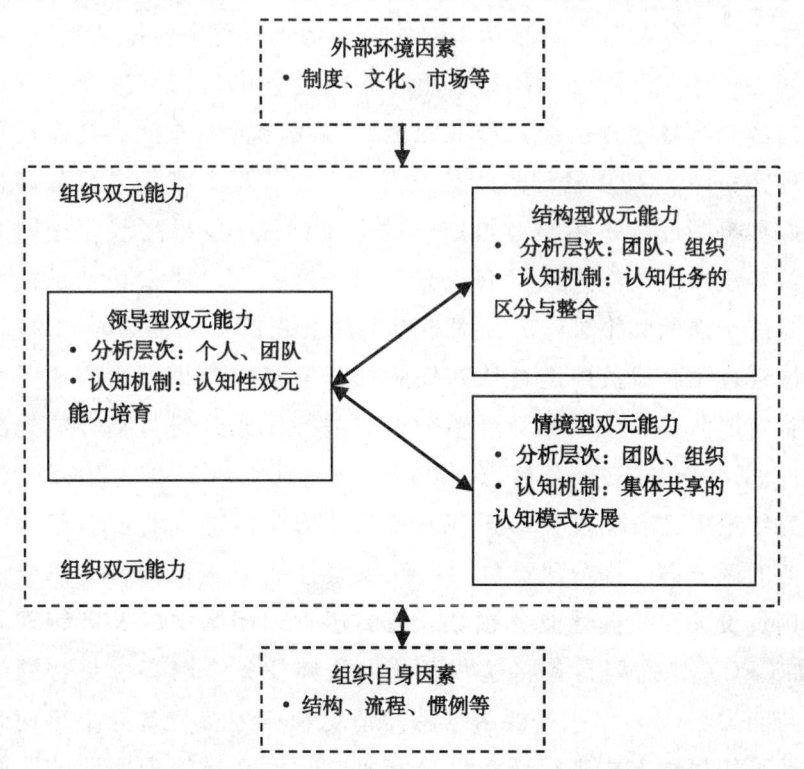

图 5-1 组织双元能力构建微观认知机制理论模型框架

一 结构型双元能力构建：认知任务的区分与整合

结构型双元观点强调了将组织发展过程中所面临的矛盾性任务进行区分与整合的重要性：一方面，这种结构上的任务区分可以帮助双元性组织在商业机会涌现过程中针对易变性需求或矛盾性需求保持多种不同的竞争力（吉尔伯特，2006）；另一方面，任务的整合又能够帮助组织将这些区分的矛盾性任务有机结合在组织内以保持组织的双元能力。上述矛盾性任务的区分与整合是组织在结构上实现双元性的两种缺一不可的互补性机制，二者的平衡与结合需要充分考虑组织所处的特定情境以及任务特征差异，并需要引起管理者的持续关注（Raisch et al., 2009; Tushman et al., 2010）。

基于上述观点，本书认为深层次的组织认知机制将在基于矛盾性任务区分与整合的结构型双元能力构建过程中发挥关键作用，认知性任务在高层管理团队、组织相关业务单位乃至整个组织层面的区分与整合将是结构型双元能力形成的重要前提。具体机理体现在：（1）高层管理团队首先需要充分认识到将任务区分和整合两种机制进行平衡与有机结合的必要性——如果高层管理团队的认知模式与关注焦点没有充分意识到这一点，那么其结果很可能是过于强调其中某一方面而难以形成真正的双元能力。（2）在高层管理团队成员中进行认知任务的分配与整合很可能构成了组织特定团队、业务单位乃至整个组织进行任务分配与整合的先决条件。这一点在吉尔伯特（2006）、史密斯和塔辛曼（2005）的研究结论中已有体现，即强调高层管理团队内部也需要做好认知任务的区分：一部分成员负责关注探索性业务领域，另一部分成员则负责关注挖掘性业务领域，而高层管理团队中的关键管理者（如CEO）则需要具备将这些区分的认知任务予以有效整合的认识与能力。（3）组织需要根据特定情境和任务特征差异决定何时以及采用何种方式进行任务区分和整合，而高层管理团队的认知模式与认知过程将会在这些决策中发挥主导性作用。具体来说，结构型双元通常存在两种方案——"空间分割"（spatial separation) 与"平行结构"（parallel structures），前者强调在组织不同的业务单位或团队中进行任务的差异化分配和整合，而后者则是指在同一业务单位或团队中按照时间顺序交替或反复采用两种以上结构以适应差异化任务要求并随后进行整合（Raisch & Birkinshaw, 2008）。对于"空间分割"方案来说，管理者对于特定业务单位或团队能力的认知（分配给谁）、分配时机的判断（何时分配）以及基于管理情境与任务特征的认识（如何选择恰当的分配方式）将会在很大程度上决定任务分配的对象、时机与方式；从"平行结构"方案来看，管理者对于任务结构转换的时机判断以及基于管理情境与任务特征的认识同样也会影响分配的时机与方式。而无论采用哪种方案，管理者的认知整合能力都构成了团队或组织进行行为整合的前提。(4) 被高层管理者赋予特定任务的组织业务单位或团队在完成任务的过程中也需要将自身的认知模式和认知探索过程与任务要求进行匹配以更好地完成所赋予的使命。例如，被要求从事探索性任务活动的业务单位或团队就需要将自身的关注点聚焦在那些与探索性活动相关的领域，同时根据环境变化要求积极调整与更新自身的认知模式，通过创造性的认知探索过程促进知识创新以更好地把握新的发展机会。

二 情境型双元能力构建：集体共享的认知模式发展

情境型双元观点强调组织可以不采用邓肯（1976）所提出的"二元结构"（dual structure）方式，而只是通过组织情境因素（如支持、信任、绩效管理）的设计让员工依据自我判断在探索与挖掘这类竞争性活动中自行合理分配时间以构建组织的双元能力（Gibson & Birkinshaw, 2004）。这里的组织情境从广义上是指组织中促进个体行为形成的系统、流程和信念体系（Ghoshal & Bartlett, 1994），包括了组织结构、组织文化以及组织氛围等，并且更为强调这些因素的结合以形成一个有机整体（Gibson & Birkinshaw, 2004）。

基于上述观点，本书认为高层管理者推动形成与发展相关的组织共享认知模式是情境型双元能力构建的关键驱动因素，这种集体共享的认知模式实质上体现为一种组织认同（organizational identity），可以针对团队层次，也可以针对组织层次。具体机理体现在：（1）高层管理团队首先要认识到营造双元发展情境的重要性以及对需要营造何种情境形成充分认识与准确判断，这是营造适合组织双元能力发展情境的重要前提。这其中，高层管理团队及成员所具有的认知模式、认知能力以及实时的认知过程将会发挥关键作用。（2）高层管理团队内部很可能也需要先期形成有助于双元能力发展的团队共享认知模式，然后再进一步推动组织层面形成与发展共享认知模式以营造组织双元能力发展的适合情境。这其中，高层管理团队的战略引领、价值观引导、文化塑造与宣传、人员选聘与培训等措施将会有助于形成吉布森和伯金肖（2004）所强调的"支持、信任、遵守纪律、敢于担当"等适合双元能力发展的组织情境。（3）组织成员个体所具有的矛盾性思维、认知判断能力与认知模式转换能力可以更好地帮助其在探索与挖掘这类竞争性活动中进行合理的时间与精力分配、适时而自如的转换，从而有助于情境型双元能力的形成。这些个体认知性因素往往深受组织集体认知和情境的影响并反向作用于组织情境。同时，由于组织成员之间社会互动的广泛存在，组织集体共享的认知并非组织成员个体认知的简单叠加。也就是说，组织特定成员个体（如专家、领导者等）所具有的上述认知特征将会通过社会互动、学习等方式影响与带动其他组织成员调整认知状况，推动组织形成有利于双元能力发展的集体认知模式与组织情境。

三 领导型双元能力构建：认知性双元能力培育

领导型双元观点强调高层管理团队在组织双元能力构建过程中所发挥的关键性主导作用：一方面，高层管理团队通过组织结构安排与情境营造对结构型双元与情境型双元给予了有力支持；另一方面，高层管理团队的领导过程本身也构成了组织双元能力的一种重要来源（Raisch & Birkinshaw, 2008; Tushman et al., 2011; Probst et al., 2011; Lubatkin et al., 2006）。

基于上述观点，可以认为领导型双元能力的微观认知基础是高层管理者团队及其成员所具有的"认知性双元能力"（cognitive ambidexterity），同时其也构成了高层管理者推动结构型双元与情境型双元相关决策与行为的重要认知性驱动因素。这种认知性双元能力可以体现在高层管理者个人层次，也可以反映在高层管理团队层次。在参考钱德拉塞克兰（Chandrasekaran）（2009）、萨德勒－史密斯（Sadler-Smith）（2009）、内克（Neck）（2011）对于认知性双元能力概念阐释以及邓少军、芮明杰（2010）基于动态能力微观认知特征研究框架的基础上，本书对认知性双元能力的概念予以深化与拓展，将其界定为管理者的认知结构与认知过程中所表现的某些独特的能力特征（如图5-2所示），其能够帮助管理者妥善处理管理决策中面对的战略矛盾性问题，进而推动组织实现双元发展。这种能力实质是一种更高层级的动态管理能力，可以帮助组织在与竞争者处于相似环境条件下时实现管理决策的异质性优势（Adner & Helfat，2003）。认知性双元能力对于组织双元能力构建的影响主要体现在如下方面。

认知结构维度特征　　　　　　　　　认知过程维度特征

认知柔性（新颖性）
• 管理者或组织成员的心智模式能够根据环境变化要求适时调整和改变的能力。

创造性搜寻与战略性意义建构
• 通过路径创造的认知搜寻过程获取新知识和新机会，然后再解释与精炼机会。

认知复杂性（多样性）
• 管理者或组织成员的认知结构能够容纳并有效整合多种不同甚至相互矛盾信息的能力。

理性认知与感性认知结合
• 强调缜密分析或专注的理性认知与基于情感或直觉的感性认知方式结合。

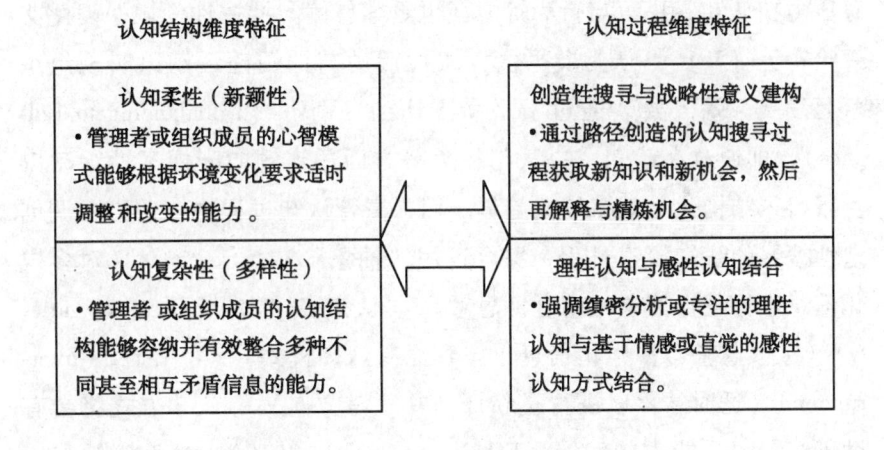

图 5-2　认知性双元能力的维度特征

（一）认知结构维度特征

从认知结构维度来看，认知柔性（或认知新颖性）可以帮助管理者根据环境变化要求通过观察、处理和整合新的信息来更新其心智模式并识别变革的机会，进而以更为丰富和多样的方式认知与解释战略矛盾性问题，从而更有可能形成解决问题的新颖方案。同时，认知柔性也预示着管理者能够在探索与挖掘这类竞争性活动中更为自如地进行思维与认知转换,也将更有可能推动组织双元能力发展。实际上,最近在认知神经科学和认知心理学方面的实证研究已经更为深入和科学地论证了认知柔性的作用机理(Laureiro-Martinez et al.,2009)。而认知复杂性(或认知多样性)则可以帮助管理者在认知结构中容纳并有效整合多样化、矛盾性信息(Nadkarni & Narayanan,2007),也更有可能形成有助于组织双元能力发展的决策方案。

(二)认知过程维度特征

从认知过程维度来看,按照潘德扎和索普(2009)、加鲁德(Garud)等(2010)的观点,"创造性搜寻"强调通过路径创造的认知搜寻过程获取新知识和识别新的发展机会,再通过管理者认知上的"战略性意义建构"过程持续解释与精炼知识与机会,从而在决策方案中最大程度上实现适应性与一致性相结合的双元发展。由于组织长期发展有倾向于结构化和效率导向的趋势,高层管理团队迫于当前生存压力在认知、决策与行为等方面也更容易偏向挖掘性领域,因此艾森哈特等(2010)认为要平衡探索性活动与挖掘性活动以实现组织双元发展,就需要"通过不平衡来达到平衡"(Unbalancing to Balance),即通过在认知、决策与行为等方面适当倾向于探索性活动以克服组织结构化与效率导向趋势。而在高管认知过程中,适当强调创造性搜寻的认知探索过程,综合运用"抽象"(abstraction)(对多样化信息进行逻辑抽象和整合性思考)、"认知多样化"(cognitive variety)(吸收与整合多样化信息以丰富原有认知模式)、"中断"(interruption)(适时暂停以进行重新评估并思考方向)等认知方式将会有助于组织双元能力的发展(Eisenhardt et al.,2010)。理性认知与感性认知的结合则强调管理者的认知过程如果能将缜密分析或专注的理性认知与基于情感、直觉或习惯的感性认知方式相结合,将会有助于提升管理者的认知性双元能力,进而促进组织双元发展(Hodgkinson & Healey,2011)。这是因为,单纯依赖前者虽然可以保持对环境变化的高度关注与警觉并增强组织的柔性适应能力,但也会面临认知过载或加重认知偏见,损害了认知效率;反之单纯依赖后者虽然可以提高认知效率和信息承载量,但容易形成认知惯性,难以适应组织创新发展要求。因此,只有二者有机结合才能适应组织双元能力发展在管理者决策层面的微观认知要求。

(三)认知性双元能力的团队机制与个体机制

从高层管理团队来说,并不一定要求所有成员都具有认知性双元能力,而是可以通过在团队成员中进行认知任务的区分与整合来构建团队层面的认知性双元能力;而从个体来说,组织中的关键管理者(如 CEO)则很可能需要具有认知性双元能力,这将是整个高层管理团队体现出认知性双元能力,进而促进领导型双元发展、支撑结构型双元与情境型双元的重要基础。

(四)结构型双元与情境型双元的反作用

同时还应注意的是,领导者的认知性双元能力在支持与影响结构型双元与情境型双元的同时,也会受到其反作用,三者通常会呈现出随时间互动演化的能力发展过程。

四 组织内外情境因素的影响

组织内外情境因素也会对双元能力构建产生关键影响。从组织内部来看,其以往的结构、流程与惯例等构成了组织认知及双元能力发展的初始条件,高度结构化及相对固化的流程与惯例在一定程度上将会导致组织认知惯性并制约双元能力的发展。同时,组织认知及双元能力又将反作用于组织的结构、流程与惯例,促使其在保持一定运作效率的基础上增强适应性。从组织外部来看,环境因素将会在组织成员特别是决策者认知中烙下深刻印记,他们对环境的认知与意义建构往往构成了其后续能力发展等决策的重要前提。基于中国当前所处的转型经济与新兴市场环境,其在制度、市场、文化等重要领域所表现的快速变化等特征,这一方面很可能会对组织双元能力发展提出更高要求,另一方面也将深刻影响组织决策者的认知,进而对双元能力构建过程产生不可忽视的重要影响。

第四节 案例研究

当前，中国企业正普遍处于战略转型期，企业的转型升级构成了经济转型升级的重要微观基础；同时，企业战略转型过程对于保持"一致"与实现"适应"的双元能力也提出了更高要求，因此本章研究选取企业战略转型情境下的能力发展过程作为案例对前述理论模型框架进行验证与讨论将具有一定的典型示范意义。通过对企业真实案例的深入研究，将有助于获得实践中组织双元能力构建的具体认识。

一 案例研究设计

案例研究方法是组织管理学研究的基本方法之一。案例研究方法尤其适合用来观察和研究企业发生的系列性变革（Pettigrew，1990），由于企业战略转型过程研究通常涉及的范围广、时间跨度大、具有较高的情境依赖性且样本难以大量获取，国内外学者在研究组织能力与企业转型的关系时大都普遍采用了案例研究方法（Tripsas & Gavett，2000；Rindova & Kotha，2001；毛蕴诗等，2009；邓少军等，2011）。采用案例研究方法可以通过对具有时间跨度的丰富、大量信息的考察，帮助我们更深刻地理解企业战略转型情境下组织双元能力构建的微观认知机理。

本章研究选取的案例企业是浙江国贸集团金信资产经营有限公司（简称金信资产），该案例对于研究企业战略转型情境下组织双元能力发展过程是较为合适的，主要理由是：（1）金信资产的战略转型过程清晰、阶段性明显，有助于对转型情境下的组织能力发展过程进行深入考察与研究；（2）金信资产的战略转型过程包含了民营企业到国有企业的转制以及后续国有企业的全面业务转型，能够为本土化情境研究提供更为丰富的企业转型实践；（3）研究团队对金信资产及其母公司浙江省国际贸易集团有限公司（简称浙江国贸集团）进行了长期跟踪研究，全程参与了企业战略转型各阶段的重要推进工作，掌握了翔实的一手资料，有助于对案例进行深入剖析以产生更具价值的研究洞见。

案例研究的资料主要来源于三种途径：（1）档案资料。具体包括两类，一是公司原始文件，如公司内部相关管理文件、内部研究报告、高管讲话、公司网页资料等；二是公开报道和其他公开发表的二手资料，如媒介相关报道等；（2）直接观察。自2008年以来研究团队参与浙江国贸集团及金信资产战略转型相关工作所进行的参观考察，包括共同调研与考察、参加高管会议、参与企业文化建设相关活动等；（3）访谈。自2008年以来，研究团队成员对浙江国贸集团及金信资产相关工作成员、管理人员所进行的访谈。

案例研究的程序与过程包括了以下几个阶段：（1）第一阶段（2008年5月—2010年7月）。研究团队参与金信资产母公司浙江国贸集团的战略规划制定，在此基础上帮助集团确立了子公司金信资产的相关战略发展要求。（2）第二阶段（2010年8月—2011年3月）。研究团队参与金信资产战略规划制定，在获取了公司提供的相关原始资料后，于2010年8—9月对金信资产副总级别高管及部分骨干员工进行了逐一访谈，共计16人次，每次时间1—2小时；2010年10月对金信资产董事长及总经理分别进行了1次集中访谈，每次时间约2小时。同时，研究团队在战略规划制定过程中还多次参与企业战略研讨会以及在浙江国贸集团举行的战略汇报会。（3）第三阶段（2011年4月至今）。研究团队参与金信资产的战略实施，帮助推进企业战略转型，在此期间，多次与企业进行共同调研与考察、参与战略研讨会、合作开展相关研究、举办相关培训与讲座等，研究团队核心成员与公司高管平均每1—2周有一次以上的互动交流，以便深入了解企业动态及高管想法。（4）第四阶段（2013年5—7月）。汇总从多种来源获取的信息对案例企业战略转型过程进行分析，验证理论研究框架的有效性，并尝试发展理论。

二 案例分析

金信资产成立于2010年7月，由原金信信托投资股份有限公司（简称金信信托）实施派生分立新设成立，系国有独资企业浙江国贸集团的全资子公司，也是国贸集团产业投资板块的重要平台企业。公司注册资本 5.18 亿元，在上海、杭州等地拥有控股子公司 6 家，主要经营资产管理及与资产管理相关的咨询业务、实业投资、企业管理咨询及服务等。金信资产的前身是在业界被称为"江南第一猛庄"的金信信托，其因"违规经营和经营不善"于 2005 年被监管部门要求停业整顿，之后因所持博时基金股份被招商证券以 63.2 亿元拍走从而得以抵偿其债务后由浙江国贸集团进行重组。金信资产的母公司浙江国贸集团是浙江省政府投资设立的国有独资公司，经营范围涉及对外贸易、经济合作、房地产、实业投资、贸易服务、金融证券。

金信资产的战略转型过程大致经历了两个阶段，如图 5-3 所示：

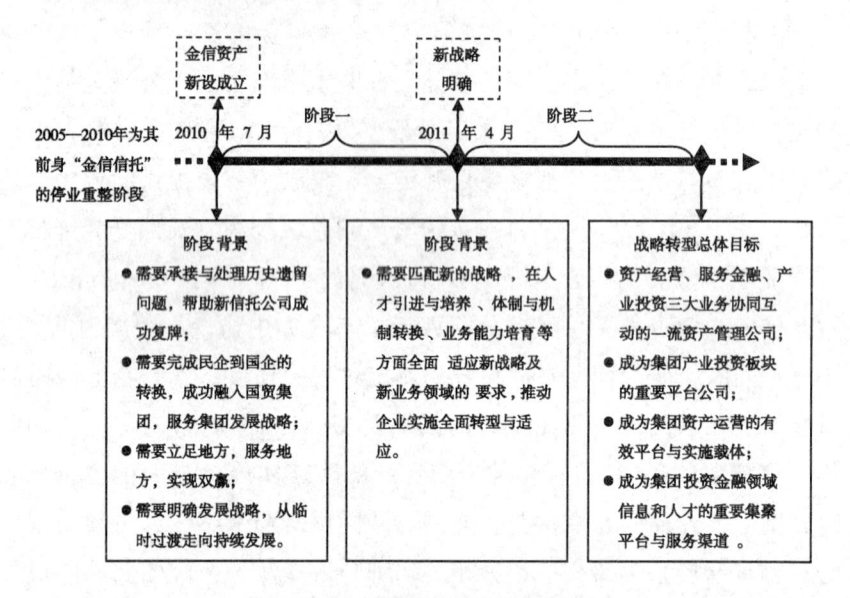

图 5-3　金信资产战略转型过程

（1）阶段一为"帮助复牌与明确战略阶段"（2010 年 7 月—2011 年 3 月）。该阶段面临的主要背景及任务，一是要根据银监会对新信托公司重整复牌的要求，彻底解决金信信托原有股东、债务、信托业务、固有资产等所有遗留问题，并且平稳完成职工安置，确保社会稳定；二是金信资产还需要完成从民企到国企的体制、机制及观念的转变，成功融入浙江国贸集团，从而更好地服务于集团的发展战略；三是原金信信托与浙江金华当地政府具有良好的合作基础，重整工作也曾得到地方政府的大力支持，服务地方、实现双赢既是企业所面对的机遇，也是企业所肩负的责任；四是原金信信托曾经取得过比较辉煌的业绩，是全国信托业改革与探索的先行者，在业界产生了较大影响力，但企业发展中存在的问题以及多年的停业整顿也使企业面临全面转型与重新创业的一系列挑战。金信资产亟待在新的历史阶段与发展环境下明确自身的战略定位、发展方向与业务模式，从临时过渡走向持续发展。（2）阶段二为"战略实施与推进阶段"（2011年4月至今）。该阶段面临的主要背景与任务是匹配新的战略要求，包括新的战略定位、目标、愿景、主业方向等，按照新战略推动企业实施全面转型与适应，从而实现战略发展目标。

通过对金信资产战略转型实践的深入考察与分析，本书识别了转型相关的双元能力发展过程，验证了本章前述理论框架所提出的主要认知机理，如下表所示。

表5-1　　　金信资产战略转型过程中的双元能力发展及其组织认知机制分析

双元性情境		双元能力发展实践	能力发展的组织认知机制
战略转型阶段一	·满足新信托公司复牌要求，实现企业平稳过渡与持续发展的平衡。 ·民企到国企、金融企业到类金融企业的转换过程中，实现企业文化、决策机制、激励效果方面的过渡与平衡。	结构型双元	·人员与组织结构调整：妥善安置分流员工，确保平稳过渡，同时竞争选留原核心骨干以适应后续业务发展。 ·高管团队分工安排：在"处置资产与业务层面遗留问题、解决职工安置、对接新战略"方面进行分工，确保"稳定"与"适应"的同时推进与平衡。 表现： 1. 采用优厚条件安置分流员工，同时新设"服务金融部"整合与储备原有信托营销人才。 2. 企业高管分别来自地方政府工作组成员转任、原金信信托留任、国贸集团下派，在"处置资产与业务遗留问题、解决职工安置及对接新战略"方面进行合理分工，便于实现"稳定"与"适应"的平衡。	·人员与组织结构调整方面的认知：重视以人为本，认同国有企业以稳定与平衡为导向的调整方式。 ·高管团队分工方面的认知：重视团队成员合理分工，注意各自优势的发挥。 表现： 1. 某高管："（面对分流员工）我们都做好了被扔鞋子的准备，企业要发展就要调整，我们尽最大努力让分流员工满意，这对留下的员工也会产生积极影响。" 2. 某高管："解决遗留问题与谋求发展可以平行推进、双管齐下，处理完再发展浪费时间……董事长也觉得（这个）迫在眉睫。" 3. 某高管："（介绍高管团队后）我们的管理团队具有多方面的背景与经验，资源很多，大家各司其职，当前的一些遗留问题解决得比较顺利，未来发展也有很多机会。"

续表

双元性情境	双元能力发展实践		能力发展的组织认知机制
・满足新信托公司复牌要求，实现企业平稳过渡与持续发展的平衡。 ・民企到国企、金融企业到类金融企业的转换过程中，实现企业文化、决策机制、激励效果方面的过渡与平衡	情境型双元	・氛围营造：着力营造"稳定与适应"以及"学习与反思"的氛围。 ・文化建设与机制转换：传承原金信信托作为民企和金融企业在文化与机制方面优势的同时，承接与融入新的国企与类金融企业在文化与机制方面的要求。 表现： 1. 凝聚人心，鼓舞士气，在企业内通过领导讲话、员工讨论、外部咨询团队宣讲等方式营造特定情境氛围：(1)稳定与适应。既要保持稳定以确保复牌成功，同时又要适应公司新的发展要求；(2)学习与反思。既要反思原金信信托的经验教训以扬长避短，同时又要加强学习以适应市场与业务发展新要求。 2. 通过领导讲话、员工讨论、外部咨询团队宣讲、举办文化建设相关活动等方式推动企业在文化与机制方面既要传承原民企敢闯敢干、效率高、激励效果好的优势，同时又承接与融入国企在程序健全、风险控制完善方面的要求。	・氛围营造方面的认知：高度重视"稳定与适应""学习与反思"氛围的营造，认为这是企业转型顺利推进的关键。 ・文化建设与机制转换方面的认知：高度重视文化建设与机制转换，认为这是确保传承原有优势、成功融入国贸集团的关键。 表现： 1. 某高管："当前要全力以赴确保新信托公司复牌成功，这个是使命也是责任……大家要要服从这个大局，同时也要考虑自身的持续发展问题，未来怎么走……" 2. 某高管："原金信理念超前，人员素质高，敢想敢干，但后面前期价值高风控失灵，老板一个人说了算，一有问题就扛不住了，要汲取经验教训……国贸集团作为国有企业肯定要求不一样，比较讲程序……两方面优势需要结合起来。" 3. 某高管："一方面，原金信信托的经验教训是一笔宝贵财富，需要认真总结与反思，金信文化虽然有其不足（比如后期价值观的偏差、合规管理不足等），但也同时存在着很多精华，我们要去伪存真，延续并发扬其优良所在。"
战略转型阶段一	领导型双元	・高管领导行为的双元性特征体现：领导企业集中应对现阶段面临的双元性情境要求。 ・高管对其他类型双元性的推动：发挥自身领导力，积极推动结构型双元与情境型双元的构建。 表现： 1. 企业主要领导人通过内部讲话、高管团队分工、人员配备安排、组织结构调整、制度与文化建设、激励手段、推动组织学习等领导行为带领企业积极应对现阶段"稳定与适应""传承与融入"的双元性情境要求。 2. 企业主要领导人在与咨询团队一起探索并明确企业发展新战略的过程中表现出对宏观环境趋势及机会的高度敏感及比较准确的直觉判断，这为合适战略的形成奠定了良好基础。 3. 高管通过组织结构调整、人员优化、高管团队分工、氛围营造、文化与机制转换等积极推动本阶段结构型双元与情境型双元的构建。（参见本表上文）	・高管认知特征在领导行为中的体现：认知柔性与认知复杂性、创造性搜寻与战略性意义建构、理性认知与感性认知等特征的结合在应对阶段双元性情境要求中的体现。 ・高管对推动其他类型双元性的认知：关注与重视推动结构型双元与情境型双元。（有关表现参见本表上文） 表现： 1. 某高管："自己原来是集团**部总经理，主要是关注一个点，现在到金信要负责一个面，需要关注新领域、把握全局，考虑更加复杂的情况，压力还是有的……"（认知柔性与认知复杂性的体现） 2. 某高管："（企业战略研讨会上）金信未来战略定位与方向怎样确定，需要仔细谋划，刚才介绍的标杆企业值得关注，大家要和**咨询团队一道加强研究，集思广益，找到适合金信走的路。"（创造性搜寻与战略性意义建构相结合的体现） 3. 某高管："（听完咨询团队的环境分析汇报后）现在宏观层面收紧，地方政府融资比较难，这对我们是机会，要善于发现那些潜在的、质地优良的资产管理机会，就像大家都没发现的一部好车，仅仅轮胎坏了，我们替它换上新轮胎。"（理性分析与直觉感性认识的结合）

续表

双元性情境		双元能力发展实践	能力发展的组织认知机制
战略转型阶段二	·实现新业务与传统业务的平衡发展。(资产经营为现有优势业务、服务金融是既体现优势过渡同时也要创新拓展的业务、产业投资则为创新拓展业务,企业需要通过三业互动,实现双元发展。) ·实现原有业务能力与新业务能力的平衡发展。(原有的能力如"金融产品营销优势,政府与业界的人脉资源优势、对浙江充分了解的地缘优势"需要与新的业务能力要求如"行业研究能力、产品研发能力、投资机会把握能力、风险控制能力"等相结合,实现平衡发展。)	结构型双元	·人员与组织结构调整：采用激活相关业务运作平台、新设相关职能部门及整合配置有关人员等方式实现业务运作与支撑体系的互动融合发展。 ·高管团队分工安排：在战略层与执行层以及企业战略确立的三大业务领域进行分工负责,确保战略与执行的整合以及业务的互动融合发展。 表现: 1.借鉴行业标杆企业"诺亚财富"的经验,激活原金信设立但一直停业的"浙江金信理财服务中心有限公司",推动"服务金融部"并人并逐步独立运作,发挥原信托营销人才的优势,成为公司"服务金融"业务的运作主体。 2.成立"战略研究部""审计风控部"等职能部门并积极筹备设立投资决策与薪酬绩效等专业委员会,吸纳新的人才加入,同时采用外部咨询团队联合工作的灵活性结构安排,确保企业适应本阶段业务与能力发展要求。 3.董事长把握总体战略、总经理落实战略并整合执行层、几个副总分别分管"资产经营、服务金融以及产业投资"各业务板块,做到既有分工同时又能整合协调发展,实现双元要求。	·人员与组织结构调整方面的认知：既重视与新战略及新的业务发展方向相适应的组织结构设计与人员配备,同时又注意原有结构与人员优势的发挥。 ·高管团队分工方面的认知：重视战略与执行的分工协调与整合落实、重视业务层面的分工协调与互动融合发展。 表现: 1.某高管："资产经营是现有业务,要抓好存量,首先要解决未来几年的生存问题,确保相关人才的培养与稳定；同时也要抓增量,主要是产业投资这块,要处理好战略性投资与财务性投资的关系,长短期结合,经验不足可以先开放合作、内外结合培养引进人才。" 2.某高管："服务金融(第三方理财)业务我们有基础,以前的金信信托做得比诺亚财富还要早,现在业界还有很多金信的人脉资源,只要我们能够将传承与创新相结合,发挥浙江地缘优势,形成自己的特色,未来进入行业第一梯队是很有可能的。" 3.某高管："公司几大业务的分工是明确的, *总负责产业投资、*总负责服务金融、*总负责资产经营,同时业务之间的互动渠道要打通,如服务金融很可能是产业投资与资产经营业务的重要融资渠道；反过来这两大业务也可能是为服务金融设计提供金融产品的重要来源。"

续表

双元性情境	双元能力发展实践	能力发展的组织认知机制
·实现新业务与传统业务的平衡发展。(资产经营为现有优势业务、服务金融是既体现优势过渡同时也要创新拓展的业务，产业投资则为创新拓展业务，企业需要通过三业互动，实现双元发展。) ·实现原有业务能力与新业务能力的平衡发展。(原有的能力如"金融产品营销优势，政府与业界的人脉资源优势，对浙江充分了解的地缘优势"需要与新的业务能力要求如"行业研究能力、产品研发能力、投资机会把握能力、风险控制能力"等相结合，实现平衡发展。)	·氛围营造：在充分反思以往成败的基础上积极营造"学习领会及落实新战略"和"学习与适应新业务要求"的氛围。 ·文化建设与机制转换：在传承经验与优势的基础上，积极进行文化建设与机制转换，以便顺利融入投资行业并适应新业务发展要求。 表现： 1.通过内部学习研讨、邀请集团领导和外部咨询团队宣讲等方式营造全员学习领会与落实新战略的氛围，为新战略的顺利实施奠定基础。 2.积极开展外部学习，营造全员学习以融入投资行业和适应新业务要求的氛围：(1)高管赴上海复星集团等业内标杆企业考察学习；(2)部分高管分赴长江、中欧及复旦读EMBA；(3)相关骨干分赴沪杭高校金融总裁班学习；(4)鼓励新招入研究生参加金融投资行业相关论坛与会议以促其成长；(5)与咨询团队共同调研及工作，实现"干中学"。 3.借助外部咨询团队力量，一方面邀请业内专家及实战派人士开展骨干员工系列业务培训，全面提升业务素质与水平；另一方面，积极探索建立企业运行新机制以适应投资行业新要求。	·氛围营造方面的认知：高度重视"学习领会及落实新战略""学习与适应新业务要求"氛围的营造，认为这是企业实现战略落地及适应新业务的关键。 ·文化建设与机制转换方面的认知：高度重视文化建设与机制转换，认为这是传承原有优势、成功融入投资行业并适应新业务的关键。 表现： 1.某高管："(向董事长汇报时)现在员工为了适应新业务都很努力，学习氛围很好，**等一批人正在积极备考理财规划师等专业证书，学习非常认真，书上都做满了记号……停业这么久，大家能这么快开始适应不容易。" 2.某高管："公司花了不少钱送员工到杭州、上海学习培训，为员工的成长及更好地适应企业新要求投入很大，帮助员工与公司一起成长是我们的责任。……最近公司出资让小＊(新进研究生)参加北京小额贷款以及上海现代农业投资方面的两个论坛，让她多见识历练，尽快成长……" 3.某高管："原金信员工基础都不错，停业这么长会影响其市场感觉，新战略的适应也有一个过程，是需要给他们一定的提升与成长时间的……机会要给，但也要营造赛马的氛围，新机制建立起来后，能者上，不适应的也会被淘汰，要适应投资行业的市场化运作要求。"

战略转型阶段二　　情境型双元

双元性情境		双元能力发展实践	能力发展的组织认知机制
战略转型阶段二	领导型双元	·实现新业务与传统业务的平衡发展。(资产经营为现有优势业务、服务金融是既体现优势过渡同时也要创新拓展的业务、产业投资则为创新拓展业务，企业需要通过三业互动，实现双元发展。) ·实现原有业务能力与新业务能力的平衡发展。(原有的能力如"金融产品营销优势，政府与业界的人脉资源优势、对浙江充分了解的地缘优势"需要与新的业务能力要求如"行业研究能力、产品研发能力、投资机会把握能力、风险控制能力"等相结合，实现平衡发展。)	·高管领导行为的双元性特征体现：领导企业集中应对现阶段面临的双元性情境要求。 ·高管对其他类型双元性的推动：发挥自身领导力，在该阶段积极推动结构型双元与情境型双元的构建。 表现： 1. 企业主要领导人通过内部讲话、高管团队分工、人员配备安排、组织结构调整、制度与文化建设、激励手段、推动组织学习等领导行为带领企业积极应对现阶段在业务及业务能力方面"传承与创新"的双元性情境要求。 2. 企业主要领导人表现出对业务领域新机会的高度敏感和远见卓识，并积极带领企业努力把握机会，例如：(1) 2011 年就与外部咨询团队联合启动浙中低丘缓坡资源开发及金华—义乌联动研究，从而顺利对接 2012 年的金义都市新区发展基金项目；(2) 积极关注温州金融改革中的机会；(3) 积极关注油茶等前沿产业的投资机会。 3. 高管通过组织结构调整、人员优化、高管团队分工、氛围营造、文化与机制转换等积极推动本阶段结构型双元与情境型双元的构建。(参见本表上文)	·高管认知特征在领导行为中的体现：认知柔性与认知复杂性、创造性搜寻与战略性意义建构、理性认知与感性认知等特征的结合在应对现阶段双元性情境要求中的体现。 ·高管对推动其他类型双元性的认知：关注与重视推动结构型双元与情境型双元。(有关表现参见本表上文) 表现： 1. 某高管："（企业内部学习研讨会上）在投资行业一定要做有心人，是不是有心人这点非常重要，要懂得时刻关注环境变化，懂得把握机会，这就需要不断学习，积累丰富经验。"（认知柔性与复杂性的体现） 2. 某高管："集团*董与公司*董一直都看好浙中地区丰富的低丘缓坡资源以及金华与义乌对接的机会，现在金华被列入国土资源部低丘缓坡开发试点，义乌国际贸易试点改革列入国家战略，省市领导也大力支持金义都市新区启动发展，我们就此方面与央企及市里面的战略合作意向也已达成……领导还是非常有远见的。"（认知柔性的体现） 3. 某高管："低丘缓坡资源开发究竟应该采用怎样的商业模式，需要大家与咨询团队一起多研究，探索出适合浙江与我们企业特点的模式。"（创造性搜寻与战略性意义建构的体现） 4. 某高管："服务金融这块原来还看不准，现在大家一起分析研究后看明白了，接下来就要快速行动。……这其实就是一个渠道的概念，既是产品的渠道也是信息与人才的渠道……"（理性分析与直觉感性的结合）

三 主要发现

通过对案例企业金信资产战略转型过程中双元能力发展实践的考察与分析，可以总结出如下主要发现：

（一）基本验证了本章建立的理论模型中所提出的主要认知机理

即通过认知任务的区分与整合以帮助构建结构型双元能力；通过集体共享的认知模式发展以帮助构建情境型双元能力；通过认知性双元能力的培育以帮助构建领导型双元能力。具体到金信资产的案例来说，在转型阶段一，当面临着"既要实现稳定以帮助复牌成功同时又要实现可持续发展"和"企业转制中的平稳过渡与创新发展"的双元性情境要求时，企业通过国企常见的"稳定与平衡性认知导向"以及"高管认知性任务方面的分工安排"，构建了结构型双元能力；通过高度重视"稳定与适应""学习与反思"氛围的营造以及文化建设与机制转换，构建了情境型双元能力；通过高管"认知柔性与认知复杂性、创造性搜寻与战略性意义建构、理性认知与感性认知"等特征在积极应对该阶段双元性情境要求时的综合性体现，构建了领导型双元能力。而在转型阶段二，当面临着"业务与业务能力要实现传承与发展"的双元性情境要求时，企业通过"人员与组织结构方面传承与适应的综合考虑"和"高管在业务及业务能力方面的认知性任务分工安排"，构建了结构型双元能力；通过高度重视"学习领会及落实新战略""学习与适应新业务要求"氛围的营造以及相应的文化建设与机制转换，构建了情境型双元能力；同样通过高管有关认知特征在应对该阶段双元性情境要求时的综合性展现，构建了领导型双元能力。

（二）对企业战略转型中的双元能力培育及本土化情境影响机理产生了新的认识

首先，国有企业固有的稳定导向与市场化创新氛围的结合有助于其双元能力的发展，而其前提与关键则是企业高管认知对"稳定"与"适应"等导向的同时认可与融合。就金信资产案例来看，企业无论是在转型阶段一中为实现复牌成功和转制中的平稳过渡，还是转型阶段二中在业务及业务能力方面的传承等方面都体现了国有企业较强的"求稳"导向，这符合国有企业一般的行为模式。然而，难能可贵的是，金信资产能够在求稳的同时，不忘创新与适应的要求，这很大程度上可能与企业所处的行业与地域有关：一方面，其处在竞争性、市场化程度较高的行业，无论是金信资产的母公司浙江国贸集团原有的优势主业——商贸流通，还是金信资产着力拓展的新兴业务领域——服务金融与产业投资，都是如此。行业的运行规则与氛围无疑会在企业高管的认识中产生深刻的影响，不适应市场化运作要求就难以在行业中立足与发展的观念深入人心。例如，金信资产就在其战略中明确提出"要融入投资行业，适应其市场化要求，在运作与激励机制方面进行充分接轨"。另一方面，金信资产及其母公司处在浙江这一中国市场化程度较高的沿海省份，其民营经济发达、市场化氛围浓厚、政府对民营企业高度重视，国企高管普遍都与民营企业家存在着千丝万缕的官方与私人联系。例如，金信资产为把握浙江本地相关产业发展中的机会，多次与咨询团队联合赴有关民营企业调研，共谋合作发展。竞争性行业与市场化地域所形成的氛围很可能会深刻影响国企高管的认知模式与认知过程，有助于弥补其市场化动力不足的缺陷，在发挥国企相对稳健优势的同时，提高其适应性，进而实现双元性发展。

其次，国有企业身份优势与市场化团队及机制的结合有助于其双元能力发展，其前提与关键是企业高管认知对二者的同时认可与融合。就金信资产案例来看，作为国有企业在把握宏观政策及政府决策动态方面具有优势，而这些优势在市场化程度较高的行业与地域能够得以更好地兑现则需要与市场化团队及机制相结合，如企业在把握浙江低丘缓坡资源开发、金华—义乌联动发展、义乌国际贸易综合改革试点、温州金融改革等政策动态方面体现了国企所特有的信息与资源等优势，但企业能够充分利用外部市场化团队和力量帮助把握机会则在很大程度上促成了其实现双元发展。企业高管意识到二者结合的重要性，不仅采用开放的态度与咨询团队及其他市场化力量共谋企业发展战略,同时还共同实施战略,开展联合工作,充分发挥各自优势,从而取得了转型的阶段性成功。

再次,基于直觉与经验所产生的朴素双元认识成为企业双元能力发展的重要认知驱动因素。与西方双元性理论更多地强调基于逻辑与理性分析不同,深受传统中庸文化思想影响的中国企业高管大多是基于直觉与经验而产生了较为朴素的"双元性"思想:重视长远与当前、整体与局部等的和谐统一,强调阴阳兼备、兼容并蓄、恰到好处。金信资产的高管对"稳定与适应""传承与创新""存量与增量""战略性投资与财务性投资"等的认识普遍反映了上述思想。以"存量与增量"关系的认识为例,金信资产的高管普遍认为,"存量"(企业中对类似存量资产、现有业务、现有优势等的统称)是确保当前生存的前提与基础,必须"抓好"存量。同时直觉与经验也使其意识到"存量"很可能涉及太多错综复杂的小团体利益而难于调整,通过发展"增量"(企业中对类似增量资产、拓展的业务、未来优势等的统称)来带动与盘活"存量",进而平衡好"存量"与"增量"之间协同互动、辩证统一的关系,可能是企业(尤其是国有企业)的必然选择,也更容易实现突破。上述这些认识无疑是中国本土化情境下较为朴素的"双元性"认识体现。

最后,高层管理者的认知性双元能力是培育领导型双元进而推动结构型双元与情境型双元的关键,而保持与发展企业高管个人或团队的认知性双元能力则需要市场化与创新导向的流程与惯例作为保障,即能力构建中的"认知机制"需要与"经验机制"相结合,才能保持能力的动态性与持续更新,进而实现双元发展。正如前文所述,对于个人或小团体来说,长久地保持认知的"理性""柔性"或"复杂性"状态并不轻松、极易造成认知过载而难以为继,因此,需要一种创新与适应导向的流程与惯例来配合,当企业流程与惯例或领导者认知模式任何一方倾向固化、惯性加剧的时候,则能借助其中一方进行调整,从而增强企业的适应性。就金信资产案例来看,企业领导者的认知性双元能力所体现的"远见卓识"与"异质性决策"是企业构建结构型双元及情境型双元的重要驱动因素,然而,企业领导者并非能够持续保持上述状态，而是需要依靠结构型双元与情境型双元所构建的流程与惯例（如开展组织学习、制定有关制度、依托外部市场化团队与力量、营造特定氛围等）不断帮助其克服认知"惰性"与"惯性"；同时，更新后的领导者认知性双元能力又要反过来推动企业进一步更新流程与惯例以保持更高的适应性，形成能力构建"认知机制"与"经验机制"的互动促进，从而确保转型过程中的双元能力持续得以更新与发展。

第五节　小结

本章研究基于认知、能力与双元性理论建立了组织双元能力构建的微观认知机制理论模型，在此基础上采用具有时间跨度的纵向案例研究方法研究了金信资产战略转型中的能力发展过程及其微观认知作用机理。主要研究结论包括：（1）企业可以通过认知任务的区分与整合、集体共享的认知模式发展以及认知性双元能力的培育以帮助分别构建结构型、情境型及领导型三种双元能力。（2）国有企业固有的稳定导向与市场化创新氛围的结合、国有企业身份优势与市场化团队及机制的结合很可能有助于企业双元能力发展，但其前提与关键则是企业高管认知对上述结合因素的同时认可与融合。（3）基于传统中庸思想影响、大多凭借直觉与经验所产生的朴素"双元性"认识很可能构成了本土化企业双元能力发展的重要认知驱动因素。（4）实现能力构建的"认知机制"与"经验机制"的互动促进、协同更新，很可能是确保企业双元能力持续更新与发展的关键，而这也恰恰反映了双元性作为一种特殊动态能力的"动态适应"本质。

第六章

高层管理者认知与企业动态能力的关系
——基于上市公司的实证研究

第一节 引言

转型经济与新兴市场环境下的企业通常面临着剧烈的转型过程，尽管它们缺乏面对竞争性市场的资源与能力以及推动组织变革的内部惯例与流程（Newman，2000；Uhlenbruck et al.，2003；Dixon et al.，2010）。在这样的环境下，制度、文化、技术、市场等多方面的变化使得企业的能力在很大程度上与环境不相适应，因此，发展动态能力，有效适应环境变化，已经成为企业获得持续发展的重要途径。这也意味着，前文案例研究所关注的转型升级背景实际上具有相当程度的普遍性，正如赵文广等（2002）所指出的，中国企业当前正面临着以增强核心竞争力为基础的战略转型期；芮明杰等（2004）也指出，在当前复杂多变的环境下，企业出现战略矛盾和战略转折点的可能性大大增加，企业只有走向战略转型的"再创业"之路，才能够获得持续发展。2008年以来，随着国际金融危机对实体经济的影响逐步显现，企业战略更新和转型升级也已经成为当前全社会普遍关注的热点问题。

基于上述背景，本章在前文案例研究所提出的模型及研究观点的基础上，通过一定的简化与操作化处理，将针对中国上市公司进行统计实证研究，从而进一步验证中国企业转型升级背景下高层管理者认知与企业动态能力演化发展相关研究观点的有效性与适用性。

本章对于高层管理者认知的研究主要是基于奥卡索（1997）所提

出的"注意力基础观",从高层管理者注意力配置的角度对认知进行操作化处理。由于认知问题的复杂性,在以往基于纵向二手数据的管理者认知实证研究中普遍采用了注意力作为认知测度的方法,如艾格斯(Eggers)和卡普兰(Kaplan)(2009)、卡普兰(2008)、赵和汉布里克(2006)等的研究。而企业动态能力由于是一个含义比较广泛的多维概念,为便于对上市公司的数据进行研究,本章将采用其最为核心的一种动态能力——柔性与适应能力(主要表征为企业资源配置的柔性)对企业动态能力进行操作化处理。通过上述处理,本章在前文相关研究发现的基础上,着重研究上市公司高层管理者认知(主要表征为企业关键管理者主导的高管团队的集体认知)与企业动态能力(主要表征为企业资源配置的柔性)之间的关系。

第二节 理论基础与研究假设

一 基于注意力配置的企业高层管理者认知

企业高层管理者通常面对着大量的信息,而这些信息一般远远超过了其所能理解的范围(Simon, 1991),他们只能将有限的注意力聚焦或配置于特定的领域才有可能进行有效的决策。因而,对于企业高层管理者来说,信息并不是稀缺资源,而注意力或处理信息的能力才是稀缺资源。为了研究管理者的信息过载问题,一些研究者将管理者的信息处理过程依次划分为三个阶段,即关注阶段、解释阶段及行动阶段(Daft & Weick, 1984; Dutton & Jackson, 1987)。也就是说,管理者采取行动的前提是对相关领域的问题给予足够的关注并进行持续的解释。奥卡索(1997)认为,管理者的关注与解释过程实际上是交织在一起,对其进行划分并没有意义。因此,他将管理者信息处理的前两个阶段整合在一起,提出了其对注意力配置的定义,即组织的决策者将自己的时间和精力用来关注、编码、解释并聚焦于组织的"议题"和"答案"两个方面的过程。这里的议题是指组织基于对环境的认识需要议决的问题、机会、威胁等;而答案则是指备选行动集合,如提议、惯例、项目、规划、流程等。

按照上述观点,组织中的决策者如何采取行动取决于其将注意力聚焦或配置在哪些议题和答案方面(Ocasio,1997),因而注意力被视为管理者行为的关键组成部分,对管理者后续行为具有重要影响。同时,决策者关注哪些议题和答案以及做出什么决策又取决于他们所处的特定环境和背景及其相关的注意力配置。因此当前中国企业普遍面对的转型升级背景无疑就构成了企业高层管理者注意力配置发生变化的重要驱动因素,研究环境变化对高层管理者注意力配置变化所产生的影响,进而导致高层管理者随后决策与行动的机理,对于增强企业的适应能力和实现转型升级的成功具有十分重要的意义。

二 资源配置柔性——企业动态能力的重要表征

企业动态能力强调通过对资源的整合与重构以适应不断变化的环境。因此,适应能力构成了企业动态能力的重要组成部分(Wang & Ahmed,2007)。动态能力理论的开创者蒂斯等(1997)也认为,具有较高水平适应能力的企业实际上就具有动态能力。适应能力是指企业识别和利用涌现出的市场机会的能力(Chakravarthy,1982;Hooley et al.,1992;Miles & Snow,1978)。适应能力强调有效地识别与搜寻机会并在探索与挖掘战略上实现平衡(Staber & Sydow,2002)。这种"平衡"体现在企业战略层面并且与资源视角紧密相连,因此适应能力很大程度上是通过战略柔性表现出来的(Wang & Ahmed,2007)。战略柔性通常被定义为企业应对动态竞争环境需求的能力(Garud & Kotha,1994;Sanchez,1995)。根据这一定义,战略柔性实际上本身就代表了某种重要的企业动态能力(Zhou & Wu,2010;Pettus et al.,2007)。桑切斯(Sanchez)(1995)认为,战略柔性取决于两个因素:企业所掌控资源的内在柔性以及运用这些资源的柔性。因此战略柔性与企业资源的管理密切相关。舍蒙(Sirmon)等(2007)提出了资源管理(resource management)的概念,并将其定义为:企业基于为顾客和所有者创造及维系价值的目的,建构资源组合、集聚资源以创造能力以及提升能力的完整过程。资源管理理论作为对以往资源基础观存在不足（主要集中在忽视了动态性、环境的权变效应以及管理者的作用三个方面的影响）的弥补与拓展，对于企业在动态竞争环境下如何实现和保持竞争优势具有重要意义。实际上，企业动态能力理论同样作为对资源基础观的发展，其主要观点和内在逻辑在很大程度上与舍蒙等（2007）的资源管理理论是基本一致的。舍蒙等（2008）进一步在资源管理中引入了资源的配置柔性（deployment flexibility）这一概念，将其定义为资源能够应用到不同组织环境的特性，并指出较高的资源配置柔性意味着某项资源能够有效地和高效率地重新配置到组织中不同的应用领域，而较低的资源配置柔性则意味着上述过程即使是可能的也是十分困难的。

基于上述观点，企业战略柔性作为一种重要的企业动态能力，在很大程度上体现为企业资源配置的柔性，因此，企业资源配置的柔性可以作为企业动态能力的重要表征。

三 高层管理者的认知特征对企业资源配置柔性的影响

基于前文的文献回顾、案例研究的理论讨论以及基于案例的分析，高层管理者的某些认知特征对于企业动态能力发展很可能具有十分重要的影响，主要体现在认知柔性、认知复杂性等方面。认知柔性是"人们将认知处理策略与环境中新颖和意外情况相适应的能力"（Cañas et al., 2003）。具有较高认知柔性的管理者能够对外部环境变化保持高度的关注，因此持续地关注外部环境的变化可以视为企业高层管理者具有认知柔性的重要表征。而认知复杂性则反映了管理者认知模式的分化与整合状况（Walsh, 1995）。具有较高认知复杂性的企业高层管理者通常表现出较高的认知包容性与整合能力，从注意力配置的角度，这种认知的复杂性则体现为注意力配置的广度。也就是说，高层管理者注意力配置的范围与领域越广泛，其认知复杂性就越高，反之则较低。

在上述概念界定的基础上，本书认为，在中国企业转型升级的背景下，企业高层管理者认知所具有的上述特征对于企业资源配置的柔性具有重要影响。具体来说，高层管理者对外部环境给予关注所体现的认知柔性构成了企业环境适应能力的基础，管理者只有持续关注外部环境的变化，才有可能把握转型升级的正确方向及有利时机，进而推动企业对外部环境变化进行有效适应。其中，在资源配置上体现出柔性特征是企业保持战略柔性，增强适应能力的重要途径。由于资源配置的柔性通常表现为资源配置的多样性以及资源配置的变化（Nadkarni & Narayanan, 2007），因此，可以形成如下的假设：

假设1（H1）：高层管理者对外部环境给予关注所体现的认知柔性对企业资源配置的多样性具有正向影响。

假设2（H2）：高层管理者对外部环境给予关注所体现的认知柔性对企业资源配置的变化具有正向影响。

高层管理者注意力配置的广度所体现的认知复杂性表明，管理者的注意力并非仅仅固化在某些特定的领域，而是对多个领域能够给予一定的关注。这种认知广度所反映的认知包容性使得管理者对环境变化的适应性提高，对新信息的接收能力增强，这将有助于管理者对环境变化进行正确解释，并有助于识别与挑选出适合企业的转型升级路径与方案，这将是实现企业对环境的有效适应、获得转型升级成功的重要前提条件。此外，企业在发展过程中通常会面临很多矛盾性或冲突性问题，如探索与挖掘、效率与灵活等，在当前管理理论研究与实践领域，已经越来越强调企业构筑双元能力（如前所述，实际上也是一种动态能力）以妥善处理冲突性目标的重要性（Gibson 和 Birkinshaw, 2004; Raisch 和 Birkinshaw, 2008）。而企业形成双元能力的重要前提条件是企业高层管理者具有一定的认知复杂性，能够包容及有效整合多样化、矛盾性或冲突性信息（Smith & Tushman, 2005）。因此，可以形成如下的假设：

假设3（H3）：高层管理者注意力配置的广度所体现的认知复杂性对企业资源配置的多样性具有正向影响。

假设4（H4）：高层管理者注意力配置的广度所体现的认知

复杂性对于企业资源配置的变化具有正向影响。

本章研究的相关假设汇总后如图 6-1 所示:

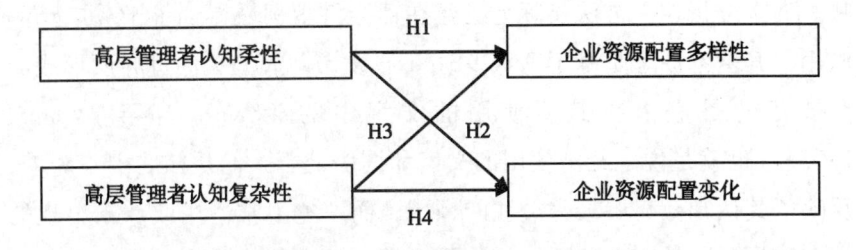

图 6-1 研究模型及假设

第三节 研究方法

一 选择纵向面板数据研究的理由

本章的研究没有采用问卷调查法,而是选择中国沪深 A 股上市公司为研究对象,利用公开的数据进行实证分析。选择公开的纵向面板数据进行研究主要是基于如下的考虑:

(一)高层管理者认知测度的需要

对管理者认知的测度一直是相关研究者面对的一项主要挑战（Huff, 1990; Lant & Shapira, 2001）。通过访谈等方式对管理者认知进行定性的推断在可靠性与可复制性方面存在不确定,除了少量的案例研究之外其在实际研究中的可行性并不高（Cho & Hambrick, 2006）。同时,访谈研究还会存在干预效应（Eden et al., 1993）,可能影响到研究的效度。而对企业高层管理者进行问卷调查研究,通常会出现较低的回应率,样本也通常集中在小型公司,而且由于管理者存在的回忆偏差与追溯性问题（结果产生之后对当时认知状况的追溯与结果产生之前真正的认知状况之间存在的偏差）,使得这种方法难以研究管理者以往认知的状况（Cho & Hambrick, 2006; Golden, 1992）。

目前，管理者认知的纵向研究最为有效的方法是选取研究周期内的公司文档进行自动文本分析来估计管理者当时的认知状况。这种方法的主要优势是所研究的公司文档是管理者认知的实时与非干预的反映。文本分析这一方法实际上已经在社会科学领域得到了十分广泛的应用，其基本原理是基于Whorf-Sapir假设，即人们关注世界所形成的认知范畴是嵌入在其所使用的文字中的（Sapir, 1944; Whorf, 1956）。也就是说，经常使用的文字和词语处于人们认知的中心地带，反映了其认知范畴中最为关注的领域；而那些不常使用或从未出现的文字和词语则处于人们认知的外围地带，甚至可能代表了某些会引起不适或格格不入的概念（Hulf, 1990）。

基于上述理由，本章采用研究周期内企业高管报告作为自动文本分析的材料来测度企业高层管理者的认知是可行的和合适的。通过这种方式进行面板数据研究已经成为当前基于定量的管理者认知研究的主流方式，相关文献参见表6-1所示。

表6-1　　基于面板数据的高层管理者认知研究回顾

研究者	发表刊物	数据周期	研究主题	高层管理者认知的测量
艾格斯 & 卡普兰 （2009）	Organization Science	1976—2001年	研究在何种条件下管理者认知影响到在位企业进入新技术市场的时机选择	基于公司致股东的信（LTS）分析CEO对"新兴技术"（光纤技术）、"现有技术""产业"三方面的关注（三类关键词的词频统计）
卡普兰 （2008）	Academy of Management Journal	1982—2001年	CEO认知、组织能力与组织激励因素如何通过相互作用影响企业对光纤技术变革的反应	基于公司致股东的信（LTS）分析CEO对光纤技术的关注（考察光纤技术关键词的出现频率）
赵 & 汉布里克 （2006）	Organization Science	1973—1986年	基于航空业放松管制的背景研究高层管理者注意力如何在高管团队特征与企业战略变革之间发挥中介作用	基于公司致股东的信（LTS）分析高层管理者对"创业"相关关键词的关注程度（词频）

续表

研究者	发表刊物	数据周期	研究主题	高层管理者认知的测量
亚达夫（Yadav）等（2007）	Journal of Marketing	1990—2004年	基于美国银行业面板数据研究CEO的注意力与企业创新成果之间的关系	基于公司致股东的信（LTS）分析CEO对"未来"、"外部"、"内部"三个领域注意力聚焦的情况（词频）
卡普兰等（2003）	Industrial and Corporate Change	1973—1998年	研究医药企业高层管理者对生物技术的认知与企业随后战略反应之间的关系	基于公司致股东的信（LTS）分析高层管理者对生物技术的关注（考察生物技术关键词的词频）
科维（Levy）（2005）	Journal of Organizational behavior	1987—1996年	研究高层管理团队的注意力类型对企业全球化战略布局的影响	基于公司致股东的信（LTS）分析高层管理者对"外部环境"与"内部环境"的关注程度以及对"外部环境"不同领域的注意力配置广度（词频）

（二）纵向研究的需要

管理者认知与企业动态能力实际上是一个共同演化发展的过程，对这一过程的研究需要采用基于时间跨度的纵向研究方法。而案例研究与基于时间跨度的档案数据研究无疑是进行纵向研究最为方便和有效的方法。因此，在前文案例研究采用了纵向研究方法之后，本章将继续采用具有时间跨度的纵向研究方法对中国上市公司的档案数据进行统计实证研究，从而更好地把握管理者认知与企业动态能力发展的关系机理。

二 资料收集与样本选择

本章的研究对象是在中国沪深A股上市的公司。本书对于解释变量的数据收集时间范围为2005—2007年，由于企业的行为结果一般滞后于企业管理者的认知及战略决策，因此对于被解释变量来说，本研究数据收集的时间范围为2006—2008年，即被解释变量的数据收集相对于解释变量选择了一年的滞后期。被解释变量的数据收集滞后时间在以往大多数战略管理研究中通常选择为1—4年，其中国外的研究选择的滞后期普遍较长，一般为 3—4 年（如 Fombrun & Ginsberg, 1990; Nadkarni & Narayanan, 2007），也有选择两年的（如 Levy, 2005）；而国内的研究选择的时间大多为 1—2 年（如陈传明、孙俊华，2008；巫景飞等，2008）。这主要是因为中国证券市场成立的时间较短，上市公司的信息披露尚不规范，同时企业面临的环境变化周期较快使得企业产生行为结果的时间也相对较短。在上述原因的基础上进一步考虑到上市公司对于研发费用和广告费用的披露大多是最近几年才逐步开始的，为保证获取到一定的样本数据，时间跨度不宜太大，因此，本书按照国内研究者的普遍做法对于被解释变量选择了一年的滞后期来收集数据。

本书对企业资源配置柔性的测量采用了研发强度（研发费用/主营业务收入）、资本密度（资本支出/主营业务收入）、广告强度（广告费用/主营业务收入）来分别反映企业三个主要领域的资源配置情况。其中资本支出的数据提取自上市公司现金流量表中"购建固定资产、无形资产和其他长期资产所支付的现金"科目，主营业务收入数据提取自上市公司财务报表附注。由于研发费用与广告费用的披露对于上市公司并非强制性要求，因此本书对中国沪深 A 股上市公司 2008 年年报进行了逐一检查，以获取包含上述完整数据的样本。具体程序是：（1）首先由两名研究助理分别负责收集 2008 年沪市和深市 A 股上市公司的年报，并通过关键词搜索筛选出披露了广告费用的上市公司年报，广告费用的披露一般是在上市公司年报内财务报表附注中"支付的其他与经营活动有关的现金"项目，具体的名称一般为"广告费""广告宣传费"等。（2）由于研发费用的披露形式和名称相对复杂，接下来由作者本人对包含广告费用的年报进行二次筛选，挑选出包含广告费用及研发费用数据的上市公司年报。由于新的会计准则把企业研发支出划分为研究阶段支出与开发阶段支出，其中研究阶段支出计入当期损益，而开发阶段的支出符合一定的条件可予以资本化，为统一数据口径，我们统一选取了年报财务报表附注中"支付的其他与经营活动有关的现金"项目下披露的企业研发费用数据，具体的名称一般为"研发费用""技术开发费""研究开发费"

等。(3) 对于 2008 年年报中包含广告费用及研发费用的上市公司,由两名研究助理进一步收集这些公司 2007 年、2006 年及 2005 年的年报。之后由作者对这些年报进行逐一筛选以获取最终包含完整数据的上市公司年报并提取相关数据。

在上述资料收集的过程中,本书对于研究周期内数据缺失、企业经营异常(如 ST 与 PT 的公司)的样本予以剔除,最后获取了 69 家包含完整数据的上市公司样本,三年连续共计 207 个数据样本。上市公司年报及有关信息主要来自万德(Wind)金融数据库、中国证监会指定信息披露网站巨潮资讯网(http：//www.cninfo.com.cn/),以及上海证券交易所和深圳证券交易所网站。

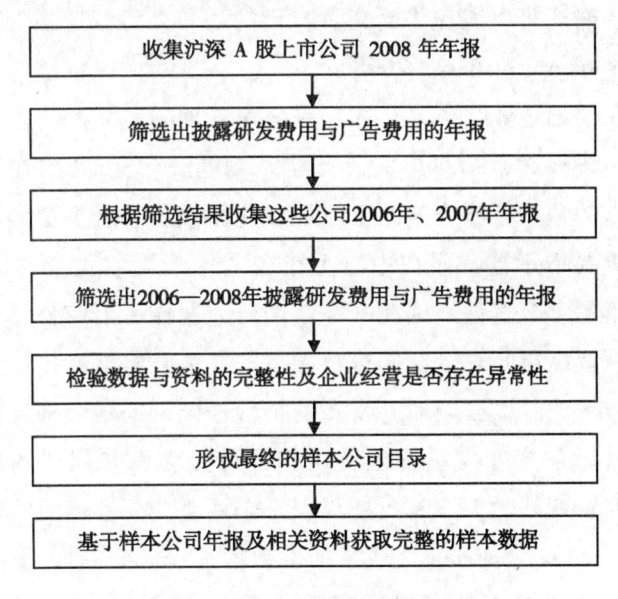

```
收集沪深 A 股上市公司 2008 年年报
            ↓
筛选出披露研发费用与广告费用的年报
            ↓
根据筛选结果收集这些公司 2006 年、2007 年年报
            ↓
筛选出 2006—2008 年披露研发费用与广告费用的年报
            ↓
检验数据与资料的完整性及企业经营是否存在异常性
            ↓
形成最终的样本公司目录
            ↓
基于样本公司年报及相关资料获取完整的样本数据
```

图 6-2　样本选择及数据获取程序

三　变量的测量

(一) 高层管理者认知的测量

1. 对认知文本分析材料的讨论

本章研究中对于企业高层管理者认知的测量主要是基于对公司年报和年度股东大会发布的董事会报告所进行的自动文本分析。目前国

外学者对公司高层管理者认知的研究中,普遍采用的分析材料是公司致股东的信(Letters to Shareholders, LTS)或公司年度报告,这些材料通常由企业最高管理者(如 CEO)所负责,反映了其对公司的未来设想以及高层管理者认为重要的公司战略议题(Osborne et al., 2001)。这些文档材料尽管仅代表了高层管理者所信奉的信念(也许是无意识的)而非其所具有的全部信念(Fiske & Taylor, 1991),但由于其凝结了高层管理者对当时问题所进行的深思熟虑的思考,因而仍然有理由相信它们反映了高层管理者意识中最活跃的那部分信念(Erdener & Dunn, 1990)。因此,这些文档材料通常被作为企业高层管理者当时认知状况的指示器,同时在确定高层管理者认知中哪些概念更为重要时还可以避免将研究者自己的认知无意识地强加进去的负面影响(Nadkarni & Barr, 2008)。

由于在中国企业,董事长往往是公司管理的实际控制人(宁向东等,2002;宋德舜,2004;巫景飞等,2008),上市公司在年报和股东大会发布的董事会报告实际上已经成为体现公司管理层的战略思想与认知的重要指示器,而在中国上市公司中采用致股东的信(LTS)的方式并不是十分普遍,因此,本章的研究选择了上市公司董事会报告作为对企业高层管理者认知进行测量的文本分析材料。

如同 LTS 或其他公司对外发布的报告一样,采用董事会报告作为文本分析材料来测度高层管理者认知也可能会面临同样的质疑。例如,有研究者就认为 LTS 有可能仅仅是企业公共关系部门实施印象管理(impression management)或象征性管理(symbolic management)的一种手段,而不是企业领导人真实行动的表征(Westphal & Zajac, 1998)。然而,基于理论与实证研究方面的一些理由,许多研究者仍然相信 LTS 和年度报告是反映公司高层管理者注意力的重要证据(Eggers & Kaplan, 2009):其一,尽管许多年度报告是由企业公共关系部门所制定,但仍然有证据表明 LTS 本身是由 CEO 撰写或被其认真修订过(Cho & Hambrick, 2006;Kohut & Segars, 1992);其二,以往的理论与实证研究表明,LTS 所反映的高层管理者认知的确对企业行动产生了系统性影响,如巴尔(1998)、德阿韦尼(D'Aveni)和麦克米伦（Macmillan）（1990）、诺布尔（Noble）等（2002）的研究。菲奥尔（Fiol）（1995）的研究也表明，企业内部报告与公开报告的基本主题具有较高的一致性，特别是LTS中那些不带评价性的表述很可能比较真实地反映了企业高层管理者的实际想法与认知。

采用董事会报告作为文本分析材料也会存在上述LTS所面对的质疑，但与回应LTS质疑所述的理由相类似，到目前为止，我们仍然有理由相信董事会报告可以作为反映企业高层管理者认知的重要证据。前文基于浙江物产集团的案例研究也表明，企业高管发布的讲话和报告虽然很可能是董事会秘书或相关助手帮助起草，但高层管理者本身的认识很可能会直接（如亲自起草或认真修订）或间接（如通过对起草者的长期影响来体现）影响其内容的选择和表述方式。案例企业浙江物产集团胡江潮董事长就明确表示，自己在各种场合需要讲话的稿子都是由自己动笔完成的（参见表4-9中所列原始证据）。此外，由于本书对于上市公司董事会报告的文本分析主要集中于企业高层管理者对于外部环境的认识以及公司的相关战略设想等内容，这些大多属于与企业绩效关联度不大的非评价性内容，因而就本书来说，使用董事会报告作为高层管理者认知测度的文本分析材料是合适的。当然，采用董事会报告作为企业高层管理者认知分析的材料在国内相关研究中尚属开端，因而本书所进行的探索与尝试还需要得到后续相关研究的进一步检验与支撑，才能更好地验证上市公司董事会报告作为高层管理者认知分析材料的有效性与稳健性。而这一材料的效度一旦被充分证实（也许是在某些领域，如那些不带评价性的内容），则很可能会为本土化研究开辟出许多新的研究领域，并可能产生出一系列新的研究发现。

2. 认知柔性的测量

基于前文的文献回顾、案例研究及相关讨论，高层管理者的认知柔性实际上反映了管理者对外部环境变化的认知适应性。从注意力配置的角度，体现为高层管理者对外部环境变化能够给予高度关注。因此，本书将高层管理者对外部环境关注的程度作为其认知柔性的反映，而高层管理者对外部环境的关注程度主要采用外部环境关键词在董事会报告中出现的词频数来测量。在参考以往研究所采用的方法与程序的基础上（如 Levy，2005；McClelland et al.，2010），本章对高层管理者认知所采用的基于内容分析方法的测量程序如下（如图6-3所示）：

```
关键词词典的构建                    关键词的检索

对样本公司董事会报告进行抽样分析      对关键词词频进行标准化处理
          ↓                              ↑
按照五个类别提取关键词                剔除不匹配节点后统计词频数
          ↓                              ↑
形成初始关键词词典                    对编码节点的语境匹配度进行检查
          ↓                              ↑
针对初始关键词制作评分表              使用Nvivo对搜索结果进行编码
          ↓                              ↑
通过评分及试检索对关键词进行筛选      使用Nvivo对关键词进行"文本搜索"
          ↓                              ↑
形成最终的关键词词典                  将样本公司董事会报告导入Nvivo
```

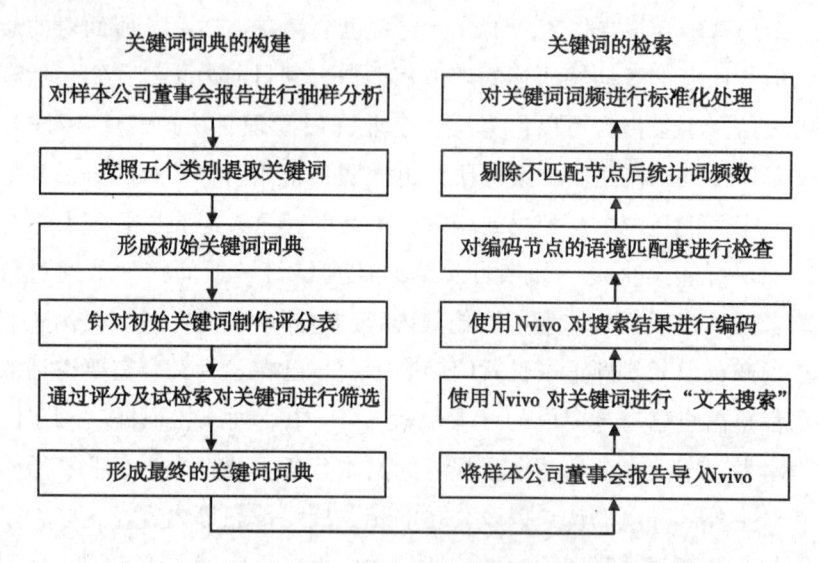

图6-3　高层管理者注意力配置关键词获取及检索研究程序

首先，从上市公司样本中按大致10%的比例随机抽取21份公司董事会报告文本（三个年份样本中分别抽取7家，合计21家）。

其次，由作者仔细阅读上述抽取的董事会报告文本，确定相关类别的关键词以形成关键词词典。根据研究的需要，关键词的类别主要按照前文所提到并在案例研究中有所反映的五个与动态能力发展相关的维度来进行确定，包括"环境感知"（即与外部环境相关的关键词类别）、"快速反应"（对环境变化的快速应对与适应）、"变革与更新"（观念、文化、组织结构、战略等方面的变革与更新）、"资源与能力的整合与重构"（涉及资源整合与配置以及为提升能力所采取的行动）、"组织学习"（学习与吸收知识并加以应用）。确定这五个类别的理由主要是基于前文案例部分的理论讨论以及基于案例企业的探索性研究发现。

接下来，将上述五个类别的关键词词典制成评分表（参见附录

2），由两位熟悉本研究的管理学博士研究生（不包括笔者本人）分别进行评分。对于评分的结果，首先剔除评分过低（4分及以下）的相关关键词，然后将候选的关键词通过 QSR Nvivo 8.0 进行试检索，剔除掉在上市公司董事会报告文本中不具代表性的关键词，最后形成最终进行自动文本分析的关键词词典，具体内容及分析说明参见附录3。

最后，采用最终确定的关键词词典对于样本公司的董事会报告进行计算机辅助文本分析。使用的软件是质性研究软件 QSR Nvivo 8.0。具体程序如下：（1）将分析材料导入 Nvivo 8.0。由于该软件对于中文 PDF 格式支持不够好，因此首先把上市公司董事会报告转换为 word 格式或文本格式进行导入。（2）使用文本搜索并编码。由于该软件对于中文词的词频统计功能难以像英文等语言一样通过"词频"查询功能实现，因此本研究采用查询选项中的"文本搜索"功能，输入相关关键词后获得查询结果，再将这些查询结果保存为新的节点。（3）对编码结果的语境匹配度进行检查。无论是中文词语还是英文词语普遍存在多义现象，因此需要对计算机自动检索的结果进行语境匹配程度的检查。对于那些不符合设定语境的关键词节点进行标记，并在最终统计关键词词频时予以剔除。（4）统计关键词数目。在剔除语境不匹配的节点后，根据软件对各文档节点数的统计结果，获取相关关键词的词频数。（5）对关键词词频数进行标准化处理。

在五个类别的关键词词典中，外部环境相关关键词的出现频次反映了高层管理者对外部环境的关注程度。考虑到董事会报告的长度不一（据统计，样本公司董事会报告的篇幅从 1.809 千字到 20.127 千字不等，差异较大，如表6-2所示），为便于进行跨年度和跨企业比较，因此需要对相关词频数予以标准化处理。通常的做法包括词频数除以总词数（如 Kaplan, 2008; Egger & Kaplan, 2009）；词频数除以段落数（如 Kaplan et al., 2003）。由于中文文本不像英文那样具有明确的词与词之间的间隔，对中文文本进行"划词"操作无疑会增加出现主观偏差的可能性。同时，逐一对董事会报告的段落数进行人工统计也会增加出现错误的可能，不利于充分发挥计算机辅助工具的作用。为方便起见,本书采用原始词频数除以文本总字数(以千字为单位)后的标准化结果(即每千字包含的关键词个数)作为高层管理者对外部环境关注程度的测量,反映了高层管理者的认知柔性。后续关键词词频的统计都将采用这一方法进行标准化处理。

表6-2　　　　　　样本公司董事会报告篇幅描述性统计

Variable	Obs	Mean	Std. Dev.	Min	Max
total	207	8.406319	3.524833	1.809	20.127

3. 认知复杂性的测量

认知复杂性反映了管理者认知的分化与整合的程度,具有较高认知复杂性的管理者一般表现为具有较高的认知包容性与整合能力,能够有效处理多样化、矛盾性或冲突性信息。从注意力配置的角度,实际上可以通过管理者注意力配置的广度进行表征。因此,本章的研究参考利维(2005)的做法,采用赫芬达尔——赫希曼指数(Herfindal—Hirschman index,HHI指数)来测量高层管理者在"外部环境感知""快速反应""变革与更新""资源与能力的整合与重构""组织学习"五个方面的注意力配置广泛度。HHI指数被广泛应用于有关类别变量离散程度的测量中,计算公式如下:

$$AB = 1 - \sum_{i=1}^{5} (P_i)^2$$

其中 AB 是指高层管理者注意力的广度(attention breadth,AB),P_i 是指五个类别的关键词中第 i 类关键词的数量占五类关键词总数的比例。

(二)企业资源配置柔性的测量

如前所述,企业动态能力在很大程度上体现为一种战略柔性与适应能力,而这种能力通常又体现在企业资源配置的柔性方面。基于以往研究者所发展的相关测量方法(如 Fombrun & Ginsberg,1990;Nadkarni & Narayanan,2007),企业资源配置的柔性可以采用资源配置的多样性和资源配置的变化来进行测量,具体方法如下:

1. 资源配置多样性的测量

在波特（Porter）(1979)的概念性工作与迈尔斯等（1993）所进行的经验性研究基础上，很多战略研究者将企业资源配置关注的焦点集中在三类关键资源方面：(1) 市场营销方面的资源配置，一般采用广告强度(广告费用/销售收入或主营业务收入)来测量；(2) 资本投入方面的资源配置，一般采用资本密度（资本支出/销售收入或主营业务收入）来测量；(3) 研发（R&D）方面的资源配置，一般采用研发强度（研发费用/销售收入或主营业务收入）来测量。例如，杜利（Dooley）等（1996）使用这三类资源的配置来研究企业战略的多样化问题（strategy variety）；丰布兰（Fombrun）和金斯伯格（Ginsberg）(1990) 采用这三类资源的配置来研究公司的进取性问题（corporate aggressiveness）；纳德卡尔尼（Nadkarni）和纳拉亚南（Narayanan）(2007) 采用这三类资源的配置来测度企业的战略柔性。

基于上述观点以及这些研究者所采用的测量方法，本研究对于企业资源配置的多样性采用上述三类资源配置指标（广告强度、资本密度、研发强度）的变异系数（coefficient of variation）来进行测量。变异系数作为衡量观测值波动程度的一个统计量，被普遍应用到测度资源配置多样性、战略多样性等研究中。变异系数的计算方法为标准差/平均值，较高的变异系数反映了较低的资源配置多样性，而较低的变异系数则反映了较高的资源配置多样性（Nadkarni & Narayanan, 2007；Nadkarni & Perez, 2007）。同时，考虑到中国上市公司年报数据的可得性问题，广告强度、资本密度以及研发强度计算公式中分母均采用主营业务收入这一指标。

2. 资源配置变化的测量

参考纳德卡尔尼和纳拉亚南（2007）的方法，资源配置的变化主要采用如下方式进行测量。首先，计算样本企业每一类资源投入金额在三类资源（广告、研发、资本）投入总金额的比例：R_a/RT_L，其中 R_a 是指在 a 类资源（a 为广告、研发或资本三类资源中的一种）上投入的金额，RT_L 是指投入到三类资源的总金额。其次，计算三类资源在样本周期（2006年、2007年、2008年）各年份中资源分配比

例与三个年份资源分配比例平均值的绝对差异:$|(R_a/RT_L)_{t_i} - \frac{1}{3}\sum(R_a/RT_L)_{t_i}|$,其中$(R_a/RT_L)_{t_i}$是指$t_i$时间a类资源投入占三类资源总投入的比重,$t_i = (2006,2007,2008)$,$\sum(R_a/RT_L)_{t_i}$为三个年份a类资源投入比例的总和。最后,对三类资源的上述绝对差异值进行求和,即$\sum|(R_a/RT_L)_{t_i} - \frac{1}{3}\sum(R_a/RT_L)_{t_i}|$,并使用该变量作为企业各年份资源配置变化的测量。

(三)控制变量及其测量

按照纳德卡尔尼和纳拉亚南(2007)以及纳德卡尔尼和巴尔(2008)的做法,这里选取了三个与产业有关的控制变量,即研发强度、资本密度以及广告强度。研发强度的计算方式是企业的研发费用除以主营业务收入。广告强度的计算方式是企业的广告费用除以主营业务收入。较高的研发强度与广告强度意味着企业鼓励创新与产品差异化,因而在企业资源的配置方面会更加倾向于多样化(Rajagopalan & Datta,1997)。资本密度的计算方式是企业的资本支出除以主营业务收入。较高的资本密度意味着企业对长期性资产进行大量投资,这会在一定程度上阻碍企业资源配置的多样性(Dess & Beard,1984)。

本书还采用了四个企业层面的控制变量,包括企业规模、企业存续时间、企业多元化程度以及企业盈利水平。企业规模采用企业资产总额的自然对数(Levy,2005)进行测量。企业存续时间采用企业注册成立年份到研究样本设定年份(2005年、2006年、2007年)的持续时间来测量,计算公式为:

$$age_i = (T_i - T_0 + 1)$$

其中$T_i = (2005,2006,2007)$,T_0为公司注册年份。企业多元化程度采用企业最主要业务的收入占总收入的比重来进行测量(Rumelt,1974),比重越大多元化程度越低。企业盈利水平采用公司的净资产回报率(ROE)来测量(Cho & Hambrick,2006)。一般来说,成立时间较短的年轻企业相对于成立时间较长的成熟企业来说,更倾向于采取多样化的资源配置方式,并且资源配置还会经常发生变化(Miller & Chen, 1996)。已有研究也表明,多元化程度较高的企业一般会具有更为复杂的企业战略模式(Calori et al., 1994)以及更为多元化的资源配置(Miller & Chen, 1996)。而以往研究也表明,企业盈利水平会影响到企业资源的层次及变化(Kim & McIntosh, 1999)。

(四) 变量测量方式汇总

各变量的名称、在分析中变量名的代码以及测量方式汇总后如表6-3所示。

表6-3　　　　　　　　变量测量方式汇总

	变量名称	变量符号	测量方法
解释变量	认知柔性	COGFLEX (Cognitive Flexibility)	在五个类别的关键词词典中,外部环境感知相关关键词的出现频数除以文本总字数(以千字为单位)后的标准化结果(即每千字包含的关键词个数)作为高层管理者对外部环境关注程度的测量,反映了高层管理者的认知柔性。
	认知复杂性	COGCOMP (Cognitive Complexity)	采用注意力配置的广度来测度认知复杂性,计算公式为:$$AB = 1 - \sum_{i=1}^{5}(P_i)^2$$ 其中AB是指高层管理者注意力的广度(attention breadth, AB),P_i是指五个类别的关键词中第i类关键词的数量占五类关键词总数的比例。
被解释变量	资源配置多样性	DEPVAR (Deployment Variety)	采用三类资源配置指标(广告强度、资本密度、研发强度)的变异系数(coefficient of variation)来进行测量,其计算公式为: 变异系数(CV) = 标准差/均值
	资源配置变化	DEPSHI (Deployment Shifts)	使用三类资源的绝对差异值之和作为企业各年份资源配置变化的测量,即 $$\sum \vert (R_a/RT_L)_{t_i} - \frac{1}{3}\sum(R_a/RT_L)_{t_i}\vert$$ 其中$(R_a/RT_L)_{t_i}$是指t_i时间a类资源投入占三类资源总投入的比重,$t_i = (2006, 2007, 2008)$, $\sum(R_a/RT_L)_{t_i}$为三个年份a类资源投入比例的总和。

续表

	变量名称	变量符号	测量方法
控制变量	研发强度	rdint (R&D intensity)	研发强度＝研发费用/主营业务收入
	资本密度	capint (Capital intensity)	资本密度＝资本支出/主营业务收入
	广告强度	advint (Advertising intensity)	广告强度＝广告费用/主营业务收入
	企业存续时间	age (Firm Age)	从公司注册成立年份到研究样本设定年份（2005年、2006年、2007年）的持续时间。计算公式为 $age_i = (T_i - T_0 + 1)$，其中 $T_i = (2005, 2006, 2007)$，T_0 为公司注册年份
	企业规模	size (Firm Size)	采用公司资产总额的自然对数
	企业多元化程度	diver (Diversification)	样本公司最主要业务的收入占总的主营业务收入的比重
	企业盈利水平	profit	样本公司的净资产回报率（ROE）

第四节 分析与结果

一 样本的描述性统计分析

69家样本公司分别来自沪市A股上市公司（37家公司）、深市A股主板上市公司（23家公司）以及中小板上市公司（9家公司）。从所有制性质看，国有控股企业45家，占65.2%，民营控股企业24家，占34.8%。从地域分布来看，位于东部省份的有38家，占55.1%，位于中西部省份的有31家，占44.9%。截至2007年，这些公司的平均年龄为11.09年。2005—2007年样本公司的总资产均值分别为26.7亿元、29.6亿元、37.7亿元。

样本公司2005—2007年五类关键词的原始词频信息如表6－4所示，五类词的词频均值分别为33.65个、6.34个、5.53个、2.21个、0.86个。经过标准化处理后的词频信息如表6－5所示，五类词的词频均值每千字分别为 4.05 个、0.74 个、0.66 个、0.27 个、0.09 个。总体来看，反映外部环境的典型关键词较多，主要是因为在样本公司董事会报告中对于外部环境的关注普遍占据了较大的比重。

有关解释变量、被解释变量以及控制变量的相关描述性统计信息如表 6-6 所示。

表 6-4　　　　　关键词原始词频基本信息

Variable	Obs	Mean	Std. Dev.	Min	Max
第一类词（外部环境感知）	207	33.65217	19.47677	4	100
第二类词（快速反应）	207	6.342995	5.221616	0	36
第三类词（变革与更新）	207	5.52657	4.973524	0	31
第四类词（资源与能力的整合与重构）	207	2.207729	2.488876	0	15
第五类词（组织学习）	207	0.855073	1.516338	0	11

表 6-5　　　　　关键词标准化词频基本信息

Variable	Obs	Mean	Std. Dev.	Min	Max
第一类词（外部环境感知）	207	4.048546	1.787979	0.708	9.7074
第二类词（快速反应）	207	0.741045	0.5237377	0	3.2418
第三类词（变革与更新）	207	0.661377	0.5851093	0	3.5862
第四类词（资源与能力的整合与重构）	207	0.265634	0.2888953	0	1.6884
第五类词（组织学习）	207	0.090342	0.1449101	0	0.7513

表 6-6　　　　　变量的描述性统计

Variable	Obs	Mean	Std. Dev.	Min	Max
DEPVAR	207	1.232581	0.3734972	0.1157683	1.7254
DEPSHI	207	0.113548	0.1056282	0.001161	0.6971
COGFLEX	207	4.048546	1.787979	0.7084303	9.7074
COGCOMP	207	0.446406	0.1578414	0	0.7266
advint	207	0.012765	0.0261753	0.0001251	0.2034
rdint	207	0.007916	0.0122626	0.0000353	0.0985

续表

Variable	Obs	Mean	Std. Dev.	Min	Max
capint	207	0.082008	0.0987841	0.0024147	0.748
age	207	11.08696	3.953881	5	23
size	207	21.52597	0.8228814	19.81844	23.861
diver	207	0.807467	0.2095266	0.2083066	1
profit	207	0.089092	0.1275157	-0.9716	0.431

二 模型与回归分析

（一）模型设定

为检验假说，本研究设定了两组模型进行检验。两组模型中被解释变量分别为企业资源配置的多样性（DEPVAR）和企业资源配置的变化（DEPSHI），解释变量及控制变量完全一致，具体设定参见表6-7。

表6-7　　　　　　　　模型设定说明

	模型1	模型2
被解释变量	DEPVAR	DEPSHI
解释变量	COGFLEX	COGFLEX
	COGCOMP	COGCOMP
控制变量	advint	advint
	rdint	rdint
	capint	capint
	age	age
	size	size
	diver	diver
	profit	profit
用以检验的假说	H1, H3	H2, H4

（二）数据处理方法

对于数据处理，本书采用了兼具时间序列和横截面分析的面板数据分析方法，该方法能够同时反映研究对象在时间和截面单元两个方向上的变化规律及不同时间、不同单元的特性。一般认为,面板数据回归方法主要有四种:最小二乘法估计(OLS)、固定效应模型估计(FEM)、随机效应模型估计(REM)和广义最小二乘法估计(FGLS)。为获得最具解释力和最符合数据样本风格的模型,需要对以上四种方法进行选择。

本研究采用 Stata 10.0 软件对样本数据进行了相关检验与分析,以便挑选出最佳的模型估计方法。首先,由表 6-8 中的 Wald F 检验结果可知,无论是模型 1 还是模型 2,检验的原假设均被拒绝(模型 1:F 值 = 7.22,prob > F = 0.0000;模型 2:F 值 = 3.55,prob > F = 0.0000),说明固定效应模型优于混合 OLS 模型。其次采用 Breusch-Pagan LM 检验(拉格朗日乘子检验)比较随机效应模型和混合 OLS 模型的优劣,结果显示无论是模型 1 还是模型 2,随机效应模型也优于混合 OLS 模型[模型 1:chi2(1)= 87.13,prob > chi2 = 0.0000;模型 2:chi2(1)= 38.78,prob > chi2 = 0.0000]。对于固定效应模型与随机效应模型的比较则采用 Hausman 检验,结果显示无论是模型 1 还是模型 2,随机效应模型都优于固定效应模型(模型 1:prob > chi2 = 0.2128;模型 2:prob > chi2 = 0.3948)。

对于随机效应模型,还需进一步进行截面间相关性检验和截面异方差检验来判断模型是否存在序列相关和异方差问题。表 6-8 的检验结果显示,样本数据存在严重的序列相关和异方差问题,因此需要采用 FGLS 方法来修正模型序列相关问题。

表 6-8　　　　　　　　两组模型各类检验结果汇总

	检验值	模型 1	模型 2
Wald F 检验	F 值	7.22	3.55
	P 值	0.0000	0.0000
Breusch-Pagan LM 检验	LM 检验值	87.13	38.78
	P 值	0.0000	0.0000
Hausman 检验	P 值	0.2128	0.3948
截面相关性检验	P 值	0.0000	0.0000
Wald 截面异方差检验	P 值	0.0000	0.0000

(三) 广义回归方法 (FGLS) 数据结果

表6-9汇报了模型1和模型2采用可行广义回归方法 (FGLS) 分析的结果。对于模型1，可以看出：(1) 在0.1%的显著性水平下，企业资源配置的多样性 (DEPVAR) 与基于外部环境感知的认知柔性 (COGFLEX) 的回归系数为 Coef = -0.013 (P = 0.001 < 1%)，由于资源配置多样性 (DEPVAR) 采用的是三类资源的变异系数进行的测量，变异系数越大，资源配置的多样性越低，反之则越高，因此回归系数的负号恰好说明基于外部环境感知的高层管理者认知柔性对企业资源配置多样性具有正向促进作用，假设1得到验证。(2) 在0.2%的显著性水平下，企业资源配置的多样性 (DEPVAR) 与基于注意力分布广泛度的高层管理者认知复杂性 (COGCOMP) 的回归系数为 Coef = -0.101 (P = 0.002 < 1%)，因此，基于注意力配置广泛度的高层管理者认知复杂性对企业资源配置的多样性具有正向促进作用，假设3得到了验证。对于模型2，由表6-9可以看出：(1) 在远低于0.1%的显著性水平下，企业资源配置的变化 (DEPSHI) 与基于外部环境感知的高层管理者认知柔性 (COGFLEX) 的回归系数为 Coef = 0.004 (P = 0.000 < 1%)，说明基于外部环境感知的高层管理者认知柔性对于企业资源配置的变化具有正向促进作用，假设2得到验证。(2) 在远低于0.1%的显著性水平下，企业资源配置的变化 (DEPSHI) 与基于注意力配置广泛度的高层管理者认知复杂性 (COGCOMP) 的回归系数为 Coef = 0.075 (P = 0.000 < 1%)，说明基于注意力配置广泛度的高层管理者认知复杂性对企业资源配置的变化具有正向促进作用，假设4得到了验证。

表6－9　　　　　　可行广义回归（FGLS）分析结果

	模型1 DEPVAR		模型2 DEPSHI	
	回归系数（Coef）	P>|z|	回归系数（Coef）	P>|z|
COGFLEX	-0.013*** (-3.36)	0.001	0.004*** (5.47)	0.000
COGCOMP	-0.101*** (-3.14)	0.002	0.075*** (7.40)	0.000
advint	-6.677*** (-10.24)	0.000	0.662*** (4.09)	0.000
rdint	-7.474*** (-8.61)	0.000	1.639*** (8.87)	0.000
capint	1.398*** (15.19)	0.000	-0.241*** (-10.68)	0.000
age	-0.005* (-1.64)	0.100	0.001 (1.46)	0.144
size	-0.040*** (-3.50)	0.000	0.024*** (7.08)	0.000
diver	0.076** (2.13)	0.034	-0.053*** (-6.55)	0.000
profit	0.100 (1.51)	0.130	0.049** (2.12)	0.034
－cons	2.196*** (9.50)	0.000	-0.418*** (-5.50)	0.000

注：括号内为Z值，*，**，***分别表示显著性水平为10%、5%、1%。

第五节　讨论

基于沪深69家上市公司三年共计207个样本观测数据的实证研究结果显示，企业高层管理者基于外部环境感知的认知柔性对于企业资源配置的多样性以及资源配置的变化具有正向促进作用。这说明与那些更多地关注企业内部问题的高层管理者相比，更为积极地关注外部经营环境动态变化的企业高层管理者将更倾向于做出培育及提升企业动态能力（这里主要是指柔性与适应能力）的相关决策。这是因为管理者的注意力是稀缺资源，当高层管理者把注意力更多地放在企业内部问题时，就会在一定程度上忽视外部经营环境的动态变化，这将不利于其及时做出正确决策,以帮助企业有效适应环境变化、及时进行转型升级并确保其取得预期的成效。反之,企业高层管理者如果能及时关注外部环境的动态变化,通过自身注意力的灵活调节所表现的认知柔性及时把握环境中的机会与威胁,则将会有助于其及时做出正确决策,从而在培育与发展企业动态能力方面产生积极的影响。

同时,研究结果也显示,企业高层管理者基于五个领域注意力配置广度的认知复杂性对于企业资源配置的多样性以及资源配置的变化也具有正向促进作用。这说明,相对于那些仅仅关注少数领域或将注意力一直聚焦在某个特定领域的管理者来说,那些能够在"外部环境感知"、对环境变化进行"快速反应"、强调"变革与创新"、重视"资源与能力的整合与重构"以及积极开展"组织学习"这些领域适度配置其注意力的高层管理者将更有可能针对环境中的机会与威胁进行及时有效的反应,通过发展企业动态能力,从而更好地帮助企业有效适应环境变化、进行转型升级并获得持续发展。

现有的研究已经强调了企业高层管理者关注外部环境变化以及适度保持注意力配置广度的重要性,如利维(2005)的研究指出,高层管理者对外部国际化环境的关注和对外部环境关注的广度将会对企业全球性战略姿态(global strategic posture)产生积极影响,也就是说,那些积极关注外部国际化环境变化动向、在多个环境领域适度配置其注意力资源的高层管理者所在的企业将会更倾向于进行国际化,即通过依靠海外市场开拓与运作获得及保持竞争优势。但是,企业高层管理者对外部环境的关注以及其注意力资源配置的广度对于企业动态能力发展演化的影响机制则并不是十分清楚,特别是在哪些领域以及如何合理配置其注意力资源将有助于企业动态能力的发展还缺乏充分的实证研究。纳德卡尔尼和纳拉亚南(2007)基于高层管理者认知因果图的研究尽管验证了高层管理者的认知复杂性对于企业战略柔性的正向影响,但仍然没有从特定领域注意力配置广度所体现的认知复杂性方面阐释认知复杂性与企业柔性能力的关系,也就是说,他们关注了高层管理者本身所具有的认知复杂性对于企业柔性能力的影响,但在其研究中认知复杂性是一个抽象概念,主要表现为认知概念的数量及关联关系，对于企业管理者的指导并不是特别明确。而本章基于中国企业转型升级背景的实证研究则明确指出了企业高层管理者对外部环境的关注以及在特定五个领域合理配置其注意力资源将会对企业柔性与适应能力的发展具有十分重要的促进作用，这将会为企业管理实践产生更为明确的指导。对于当前处在复杂多变环境下的中国企业来说，有效适应环境变化并获得持续发展就要求企业积极进行转型升级，而企业高层管理者能够对外部环境变化给予足够的关注则是及时把握环境机会与威胁的重要前提，同时管理者如果能在特定五个领域给予关注并采取有效的行动，则将有助于提高企业转型升级取得成功的可能性。此外，本章对于企业高层管理者认知特征与企业资源配置柔性关系的实证研究，对于当前企业动态能力演化微观认知机制这一前沿研究领域的发展也具有一定的理论意义。

第六节　小结

本章基于中国沪深 A 股 69 家上市公司三年共计 207 个样本观测数据的实证研究结果显示，企业高层管理者基于外部环境感知的认知柔性对于企业资源配置的多样性以及资源配置的变化具有正向促进作用；高层管理者基于"外部环境感知""快速反应""变革与更新""资源与能力的整合与重构"和"组织学习"五个领域注意力配置广度所体现的认知复杂性对于企业资源配置的多样性及资源配置的变化也具有正向促进作用。上述研究结果说明，在中国企业所处的转型经济及新兴市场环境下，外部环境的动态变化对于企业具有深远的影响，其中一个重要的影响机理表现为那些积极关注外部环境动态变化，同时在特定领域合理配置其注意力资源的企业高层管理者将更有可能作出及时有效的能力发展决策，以帮助企业培育及提升动态能力，进而有效适应环境变化并获得持续发展。

第七章

研究总结与展望

第一节 研究总结

一 主要结论

本书以管理者及组织认知理论、动态能力理论、企业战略变革与更新理论为基础，从理论及实证层面研究了中国企业转型升级以寻求动态适应环境的背景下企业动态能力发展演化的微观认知机理。首先，采用基于时间跨度的纵向案例研究方法对典型案例企业转型升级过程中管理者认知与动态能力的互动演化发展过程进行了深入细致的研究；随后，基于中国沪深 A 股上市公司的面板数据进一步实证研究了企业高层管理者的认知特征（包括认知柔性与认知复杂性）与企业动态能力的重要表征——资源配置柔性（包括资源配置的多样性与资源配置的变化）的关系。本研究产生的主要结论如下：

（一）高层管理者的认知特征影响企业动态能力的发展演化

本书将高层管理者的认知结构与认知过程有机结合，初步阐明了企业动态能力演化的微观认知机理，即高层管理者在认知结构与认知过程方面所表现出的一些特征将会影响企业动态能力的发展演化过程：（1）从认知结构方面，企业动态能力的发展与演化更新要求企业高层管理者的认知模式具有一定的认知柔性（对环境变化需求的认知适应能力）和认知复杂性（认知包容性及整合能力）；此外，从认知结构中的注意力配置来看，如果高层管理者能够在"环境感知""快速反应""变革与更新""资源与能力的整合与重构"以及"组织学习"这些方面给予足够的关注并合理地进行注意力配置,也将会有助于企业动态能力的发展。这一结论通过第四章的纵向案例研究以及第五章的统计实证研究都得到了验证。(2)从认知过程方面,纵向案例研究的结果显示:高层管理者的认知过程如果能够体现出创造性搜寻(着眼于新知识的产生而对以往惯例路径有意识的偏离)与战略性意义建构(对新知识的持续解释、提炼与应用)的特点将会有助于企业动态能力的发展与演化更新;此外,企业动态能力的发展还要求高层管理者的注意力配置应当能够体现出动态变化的特征,即能够跟随环境变化及企业发展需求进行动态适应,而非固定在某些特定领域,进而导致认知惯性的产生。

同时,通过纵向案例研究还发现:在企业动态能力的发展演化过程中,高层管理者认知(包括认知结构与认知过程)与组织学习也在持续地产生相互作用。一方面,高层管理者认知构成了利文索尔和莱卢普(2006)所提到的专注性学习(mindful learning)的重要认知驱动基础,也就是说,如果高层管理者的认知能够与环境变化要求相匹配,则在高层管理者认知主导下,组织能够更好地专注于环境变化及自身发展需要,通过专注性学习不断探索新知识及寻找新的发展路径以增强企业的适应能力;另一方面,高层管理者的认知与组织经验学习,即利文索尔和莱卢普(2006)所提到的非专注性学习(less-mindful learning)也在产生着相互影响,其中高层管理者认知对组织经验学习的影响主要体现在:(1)积极推动组织学习;(2)明确学习方向并促进新知识的产生;(3)推动学习成果转化为新的组织能力等。而组织经验学习对高层管理者认知的影响则主要体现在:(1)改善管理者的认知;(2)构成管理者认知及行为决策的基础;(3)促进认知任务的合理分配等。

(二)转型升级不同阶段企业动态能力的特征存在明显差异

基于纵向案例研究还发现:在企业转型升级的不同阶段,其动态能力的特征具有明显差异,呈现出高层管理者动态管理能力与企业层面动态能力之间相互影响、交替上升的过程,而高层管理者认知则在其中发挥着重要作用。具体来说,在转型早期,企业动态能力很大程度上表现为高层管理者个人及团队所具有的动态管理能力，即阿德纳和赫尔法特（2003）所定义的管理者构建、整合及重构组织资源与竞争力的能力。随着转型进入到相对稳定的阶段，为避免持续依赖高层管理者认知而导致其耗费大量精力进而难以为继的情况出现，企业会在高层管理者的推动下逐步建立与动态能力相关的流程与惯例以部分替代高层管理者认知在组织关注环境、保持适应性方面的功能。而逐步发展起来的企业层面动态能力（表现为流程与惯例）也会对高层管理者认知及动态管理能力带来反作用，其在一定程度上可以帮助管理者克服认知出现惯性的倾向，保持认知的创新性，提升其动态管理能力。随着转型升级的不断深化，在高层管理者认知的推动下，管理者所具有的动态管理能力与组织层面的动态能力不断相互促进，从而推动了企业动态能力的演化发展。

（三）关键管理者在企业动态能力演化微观认知机制中发挥着重要作用

通过纵向案例研究还发现：企业高层管理团队中的关键管理者在企业动态能力演化的微观认知机制中发挥着至关重要的作用。这里的关键管理者是企业高管团队中起主导和核心作用的管理者，一般是企业的董事长、CEO或总经理。通过研究发现，关键管理者的作用主要体现在以下几个方面：（1）关键管理者首先要求自身具有与动态能力发展相匹配的认知结构与认知模式。也就是说，关键管理者的认知模式是否具有认知柔性与认知复杂性，其注意力的配置上是否能关注与企业动态能力发展相关的领域，同时其认知过程是否能够体现创造性搜寻、战略性意义建构以及注意力的动态调节等特征是企业动态能力得以持续发展与更新的重要先决条件。（2）推动认知任务在高管团队及整个组织的分配与整合。仅仅依靠关键管理者自身所具有的认知探索能力把握环境变化将会随着时间的推移变得日益困难，这就需要关键管理者在高管团队及整个组织中进行相关认知任务的合理分配并进行有效整合，进而提高组织的双元能力，而企业动态能力也将在此过程中得到发展和持续更新。（3）推动组织层面与动态能力相关流程与惯例的建立并进行认知更新。随着转型进行到相对稳定的阶段，企业高层管理者将逐步推动企业层面与动态能力相关的流程与惯例的建立与发展，以部分替代高层管理者对环境变化及组织适应的专注，在此过程中关键管理者无疑将发挥核心和主导作用。同时，企业层面与动态能力相关的流程与惯例也将帮助关键管理者及高管团队进行认知更新，在一定程度上克服其认知惯性倾向。

此外，案例研究还揭示了企业高管团队中的关键管理者对于企业动态能力演化产生正向促进作用的相关影响因素，研究结果表明：企业关键管理者在企业动态能力演化微观认知机制中正向促进作用的发挥在很大程度上取决于关键管理者的个性特质（如变革适应导向）、职能经验（与企业转型发展相匹配的职能经验）和社会影响因素（来自内部高管团队成员和外部的专家学者、学习交流对象和政府官员等）。

（四）政府及制度环境在企业动态能力演化微观认知机制中发挥潜在影响

基于案例研究还发现：政府以及企业所处的制度环境对国有企业高层管理者认知很可能也会产生了重要的潜在影响，进而影响到企业动态能力的发展与演化。这就意味着，以往政府/制度环境与国有企业高管行为关系的研究需要进一步考虑高层管理者认知这一重要的中间机制。从政府层面的影响来看，主要包括：（1）政府政策对企业高层管理者认知的影响。由于国有企业高层管理者通常具有双重身份属性——既是企业的管理者，也是享受一定行政级别的领导干部，因此，政府及执政党的政策无疑对企业高层管理者的认知会产生重要影响，这种影响既有与企业经营和高管个人直接相关的政策，也有国家宏观层面与企业发展环境密切相关的政策。这些影响在一定程度上可以使企业高层管理者认知及行为与政府政策保持一致，促进企业对宏观政策环境的有效适应，但同时政府（尤其是地方政府）相对具体的政策有可能对企业高层管理者的认知产生潜在的负面影响，特别是这些政策影响或干预与企业发展要求不相适应的时候。（2）与政府的政治联系对企业高层管理者认知的影响。企业高层管理者的外部政治联系（政治网络）会影响到其认知结构与认知过程，进而会影响其随后的决策与行为。(3) 政府的关注对企业高层管理者认知的影响。国有企业高层管理者作为具有一定行政级别的领导干部,对于在体制内获得上级和主管政府部门更多的重视具有一种天然的偏好,因此,政府的关注对于企业高层管理者认知会产生重要影响,即高级别政府领导和有关政府部门的关注与重视在一定程度上会被企业高层管理者感知为一种激励,表现为受到上级政府领导肯定的思想与行为将会在高管认知中不断得到强化,反之则会在高管认知中逐渐消除。进而很可能促使其做出更为符合上级领导和政府部门偏好的决策与行为。

从制度环境层面的影响来看,主要包括:(1) 政府对民营企业的关注所造成的对国有企业高层管理者认知的影响。国有企业高层管理者具有企业高管和党政领导的双重身份,这就决定了其对上级政府的政策与关注将会非常重视,由于政府的注意力通常也是有限的,在把更多的注意力放在民营企业的时候,对国有企业的关注就会相对减少。因而国有企业的高层管理者,在认知上就很可能会形成一种潜在的危机感,进而产生某种激励作用,促使那些处在竞争性行业的国有企业高层管理者进一步增强变革与发展意愿,从而赢得上级政府更多的关注与重视。(2) 民营企业高度发展所形成的体制氛围对国有企业高层管理者认知的影响。市场化程度较高、民营企业高度发展的体制氛围在很大程度上可能也会对国有企业高层管理者的认知产生影响,从而促使部分国有企业高层管理者更新观念、强化竞争意识并充分借鉴与学习民营企业的机制优势来推动企业发展。

(五) 高层管理者认知对企业双元能力构建和转型成功可能产生重要影响

双元能力作为一类特殊动态能力与企业转型升级过程中对战略矛盾性问题的处理密切相关。本研究发现,高层管理者的特定认知机制对企业双元能力的构建与企业转型成功很可能会产生重要影响,具体来说:(1) 企业高层管理者通过推动认知任务的区分与整合、发展特定的集体共享认知模式以及培育个体认知性双元能力将有助于企业分别构建结构型、情境型及领导型三种双元能力,这些能力对于企业战略转型的成功及可持续发展很可能会产生积极促进作用。就本书选取的案例来说，高层管理者重视并推动组织结构及人力资源与企业转型需求的动态匹配、高层管理团队的任务分工与互动整合将有助于企业发展结构型双元能力；营造"稳定与适应""学习与反思""传承与创新"等相结合的组织氛围、文化与机制将有助于发展情境型双元能力；培育管理者的认知柔性与复杂性能力特征、推动其认知决策过程的双元融合等将有助于发展领导型双元能力。（2）制度、市场、文化等因素将作用于企业高层管理者认知，并进一步在企业双元能力构建与战略转型实施中产生调节性影响。就本书所选取的案例来看，研究发现，处在市场化程度较高地域及行业的国有企业高层管理者，在面对快速变化的外部环境挑战时，如果能够具备双元融合思维，将国有企业的优势与市场化氛围、机制及力量充分结合，将会有助于培育企业双元能力，这对于推动国有企业在面对新形势与新环境挑战时实现改革发展与创新适应具有重要意义。此外，基于传统中庸思想影响、大多凭借直觉与经验所产生的朴素"双元性"认识很可能构成了本土化企业双元能力发展的重要认知驱动因素，这说明东西方管理者在发展企业双元能力时很可能存在一些明显不同的认知基础。

二 研究贡献与创新点

本书的贡献及创新点主要体现在以下几个方面：

（一）明确了转型升级相关动态能力的内涵、特征与构成维度

企业动态能力是一个含义比较广泛的概念。由于动态能力理论的创始人蒂斯（1997）对于动态能力的最初界定比较宽泛，给以后的研究者在阐释这一概念时留下了较大的空间，从而也导致了这一概念的泛化和存在同义反复的质疑。赫尔法特等（2007）动态能力的主流学者对于企业动态能力进行了新的界定，回应了以往对于这一概念的诸多批评，对于更为准确地把握动态能力的内涵具有重要意义。然而，在赫尔法特等（2007）所进行的最新定义中，动态能力仍然是一个比较抽象、含义广泛的概念，实际上动态能力作为一个多维构念已经得到了研究者的普遍认同（Barreto，2010）。因此，在进行动态

能力的相关研究时,需要在赫尔法特等(2007)所提出的动态能力基本内涵的基础上结合研究情境进行更为深入的界定与阐释,孤立地关注动态能力这一概念本身很可能会丧失其对于企业实践的重要指导价值。基于此,本书从企业转型升级(即战略更新)的角度阐释了动态能力的内涵、特征、构成维度以及各组成维度之间的关系机理。这对于结合中国企业转型升级背景研究企业动态能力及其影响具有重要的意义,同时,更为具体地明确与转型升级相关动态能力的内涵、特征与构成维度对于更好地指导企业管理实践、帮助其培育与发展动态能力以获得转型升级的成功也具有重要的指导价值。

(二) 初步阐明了企业动态能力演化的微观认知机理

包括企业动态能力研究在内,以往对组织能力的研究大多承袭了演化经济学与卡内基学派的传统,主要关注的是以惯例为主导的经验学习与局部搜寻活动对组织能力发展的影响,强调的是能力形成与发展演化的"宏观"层面机理。然而,组织能力产生与发展的本源仍然是嵌入在组织和一定社会情境中的个人及个人之间的相互作用关系,因此关注组织能力演化发展的微观基础及其与企业"宏观"层面影响因素的相互作用成为当前组织能力研究新的前沿方向。实际上,加韦蒂(2005)在呼吁对此方面进行深入研究时,就提到了企业动态能力研究同样应该按照这一新的思路对以往研究进行重新审视,从而更完整地把握其产生及发展演化机理。针对这一呼吁,相关研究者对这一问题进行了初步的探讨,如潘德扎和索普(2009)、霍奇金森和希利(2011)、萨尔瓦多(2009)。这些研究大多还停留在理论探讨及初步的案例研究阶段,而且由于认知与能力演化问题所具有的情境依赖性,相关研究观点还需要拓展到更多的研究情境以进一步检验其有效性。基于这一问题的重要性,美国战略管理学会(SMS)已经将其列入2010年3月芬兰专题会议的讨论主题之一。

本书正是在上述背景下,结合中国企业转型升级情境对企业动态能力演化微观认知机制所进行的开拓性研究。由于认知与能力这两个问题都具有一定的抽象性,因此,到目前为止,完整把握这两者之间相互影响机理的研究仍然以案例研究方法最为合适,特别是基于一定时间跨度的纵向案例研究方法。基于此，本书针对两家典型企业转型升级的过程对高层管理者认知与企业动态能力发展演化的关系机理进行了研究：一方面将高层管理者的认知结构与认知过程有机结合，初步阐明了中国企业转型升级背景下企业动态能力演化的微观认知机理；另一方面从转型升级过程中与应对战略矛盾问题密切相关的双元能力着手，进一步明晰了高层管理者认知特征对双元能力构建及转型成功的影响机理。此外，为增强相关研究结论的外部效度，作者又进一步利用中国沪深上市公司进行了统计实证研究，对案例研究提出的主要结论进行了验证。上述研究对于企业动态能力演化微观认知机制的研究具有重要的理论价值，对于构建中国本土化理论并指导企业实践也具有十分重要的意义。

（三）识别了本土化情境因素对企业动态能力演化微观认知机制的影响

如前所述，基于认知与能力演化问题的情境依赖性，结合特定的情境研究这一问题具有十分重要的意义。本书基于中国企业转型升级背景对企业动态能力演化微观认知机制进行了深入研究，同时集中关注了相关本土化情境因素对这一机制的影响作用，如制度因素、文化思维因素及市场因素等。这些发现对于本土化理论构建具有重要作用，对于企业及政府也具有重要的现实指导意义。

（四）验证了高层管理者的认知柔性与复杂性对企业资源配置柔性的影响

基于中国沪深 A 股上市公司面板数据，本书在案例研究发现的基础上通过样本数据统计实证检验了企业高层管理者基于外部环境感知的认知柔性特征以及基于五个领域注意力配置广度的认知复杂性特征对企业资源配置柔性的影响。研究结果验证了案例研究的相关发现，这进一步提高了相关研究结论的有效性，并且对于本土化理论构建及指导企业实践具有重要意义。

（五）研究方法上的创新

管理者认知的测量一直是组织认知研究的一个难题（Huff，1990）。近年来，在高层管理者认知的测量方面国外研究者取得了较大的进展,普遍采用的方法是基于公司致股东的信(LTS)、公司年度报告以及相关专业杂志的报道等文档材料进行自动化文本分析。通过这种分析把握高层管理者注意力的配置,进而推断其认知的变化情况。这种研究方法尽管在国外主流管理学期刊中频频出现,但在国内相关研究中仍然比较鲜见。其原因可能一方面是因为文本分析的工作量非常大,如果不借助一定的软件和工具将难以有效开展;另一方面则是相关分析材料的匮乏,企业内部报告一般获取难度较大,而公开可供分析的材料又往往不太完整。

本书在此方面进行了一些尝试:一方面,充分利用质性研究软件QSR Nvivo 8.0辅助进行自动化文本分析,从而大大提高了研究的信度与效度;另一方面,在可供文本分析的材料方面也取得了一定的突破,就案例研究来说,基于案例企业高层管理者历年讲话文本的分析提供了传统案例研究方法难以获得的新的洞见,从统计实证研究来说,基于上市公司董事会报告的文本分析在一定程度上也是一种创新的尝试,由于上市公司董事会报告反映了公司管理层对公司经营形势的判断以及对公司未来战略发展的设想,因此今后可以围绕这一分析材料展开更多的实证研究。当然,由于本书在这一领域所进行的研究还属于一种开拓与尝试,因此董事会报告作为高层管理者认知分析材料的有效性及稳健性还需要得到后续研究的进一步支持与验证。

第二节 对理论与实践的指导意义

一 对理论的指导意义

本书对于相关理论的指导意义主要体现在以下几个方面:

(一)对企业动态能力理论的指导意义

本书对于企业动态能力理论的指导意义主要表现在:(1)结合中国企业转型升级背景的实证研究为企业动态能力理论在转型经济与新兴市场环境下的适用性提供了新的证据。同时,基于这一背景对企业动态能力内涵、特征、构成维度以及微观认知机制的研究,进一步丰富了我们对转型经济与新兴市场环境下企业动态能力及其演化机理的认识。这说明，相对于成熟的市场经济环境，企业动态能力理论在转型经济与新兴市场环境下甚至可能具有更高的应用价值，而构建适应这一新的研究情境的理论显然还需要开展更为深入的研究工作，本书所进行的研究是一个尝试，对于后续相关研究将会产生一定的借鉴与参考价值。(2) 积极回应了当前有关企业动态能力微观认知基础研究的呼吁，有助于更好地把握企业动态能力的本源、形成及演化机理，对于从其他微观方面（如动机、情感等）以及微观与宏观相互作用方面更为深入地进行研究同样具有指导意义。

（二）对组织双元性理论的指导意义

双元性理论是当前管理学领域的一个新兴理论，这一理论以其新颖性和视角独特性正受到理论与实践领域越来越多的关注与重视，其很有可能成为未来管理学的主流研究范式之一（Raisch et al.，2009）。据统计，在国际顶级管理学期刊中提及双元性概念的文献已经从 2004 年不足 10 篇，增加到 2009 年的 80 多篇（Raisch et al.，2009）。《美国管理学会学报》（*Academy of Management Journal*）、《组织科学》（*Organization Science*）杂志先后于 2006 年第 4 期、2009 年第 4 期推出双元性理论专刊，使得当前学术界对这一理论的关注度不断提升。实际上，组织双元性或双元能力产生的一个重要根源是企业高层管理团队所具有的矛盾性认知模式，因此，本书的研究将有助于更好地理解本土化情境下组织双元能力的产生与发展机理。

（三）对转型经济与新兴市场环境下企业转型与变革理论的指导意义

管理者与组织认知、企业动态能力构成了推动企业战略变革与更新的两个重要影响因素。然而，以往的研究大多把二者的影响割裂开来，要么研究认知对企业战略变革与更新的影响，要么研究企业动态能力和企业战略变革与更新的关系，将二者进行有机整合，研究其对企业战略变革与更新的共演机制的比较少见。实际上，认知与动态能力在企业战略变革与更新的过程中是共同演化的，基于转型经济与新兴市场环境研究管理者认知、企业动态能力在企业转型升级或战略变革与更新中的共演机理具有十分重要的意义,因此本书的研究对于转型经济与新兴市场环境下企业转型与变革理论具有一定的指导意义。

(四) 对管理者及组织认知理论的指导意义

管理者认知会影响到企业动态能力的形成及演化发展过程,这一发现对于管理者及组织认知理论也将具有一定的指导意义。同时,认知与能力的发展并不是一个简单的线性过程,而是一个随着时间推移不断互动演化的过程。此外,管理者对外部世界的认知由于具有高度的情境依赖性,因此本书针对中国企业转型升级背景的研究无疑为更进一步地了解处在这一背景下的企业高层管理者的认知状况及其发展具有重要的指导意义。

二 对实践的指导意义

(一) 对企业的指导意义

1. 对企业培育与发展一般性动态能力的指导意义

基于本书的相关发现,处在转型经济与新兴市场环境下的企业十分有必要培育与发展自身的动态能力以有效适应多变的外部环境。具体来说,主要体现在以下方面:

(1) 积极培育与企业转型升级相关的动态能力

主要包括:①外部环境感知的能力,即通过环境扫描与分析及时把握环境中的机会与威胁的能力,甚至能够通过深入的环境分析创造出新的机会的能力。②快速反应能力,即针对环境中的机会与威胁,积极应对、迅速采取有效行动的能力。③变革更新能力,即针对环境变化要求对企业的观念、文化、组织结构、流程、惯例、商业模式、经营手段、产品、技术等进行变革与更新的能力。④整合重构能力,即对企业所拥有及能够掌控的资源及能力进行整合与重构以有效适应环境变化要求的能力。⑤学习吸收能力,即积极开展组织学习,通过知识的吸收与应用以创造商业价值的能力。

(2) 有助于明确动态能力形成与发展演化的机理以更好地发展该能力

本书的研究表明,企业动态能力的发展是一个企业"宏观"层面因素与企业"微观"层面因素相互作用的过程，企业动态能力的培育与提升不仅要依靠企业相关流程与惯例的建立，同时也要积极转变管理者以及企业全体成员的心智模式，提高其认知能力，只有这样才能推动动态能力的持续发展与更新。

2. 对企业培育与发展双元能力的指导意义

随着企业所处环境日益复杂多变，企业实施转型变革以适应新环境的需求将更为迫切，在此过程中面对的战略矛盾性问题也会不断增多。然而，转型变革并非是要对企业原有知识与专长进行全盘摒弃，更好的选择也许是努力在"一致性"（充分挖掘原有优势以提高运作效率）与"适应性"（探索与创新以适应持续发展新要求）中找到平衡与结合点。这就要求企业努力培育探索与挖掘兼具的双元能力。为此，企业高层管理者首先需要充分意识到构建该能力的重要性，在此基础上可以：（1）推动企业各层级及有关业务单位根据情境要求合理地进行认知任务分配。可以是一部分成员或业务单位重点关注当前生存，着重提高运作效率，另一部分成员或业务单位重点关注创新与适应，着眼于未来发展与长期竞争优势的培育；也可以是特定成员或业务单位在时间上交替或反复采用探索与挖掘两种认识导向。无论是上述的空间分割方案还是时间交替方案，都需要领导者做好整合，避免过于偏向其中之一而有碍双元发展。（2）通过战略引领、价值观引导、文化塑造与宣传、学习与培训等措施推动企业形成集体共享的特定认识氛围及组织认同，即支持与信任员工，使其能够根据企业需要、自身兴趣及能力条件在探索与挖掘等竞争性任务中进行合理的选择与适应。（3）通过人员选聘、组织学习、思维与心智训练着力培育领导者及核心骨干的认知性双元能力，这恰恰就是企业家精神的心智基础与认知特质。但是，企业也需要警惕随着时间推移导致企业家精神弱化的认知惯性与认知惰性问题，可以通过积极发展结构型双元与情境型双元来构建创新与适应导向的流程与惯例，再反过来帮助组织成员更新认知与能力，形成个人能力与组织能力互动促进的良好发展格局。此外，经常进行理性分析与直觉经验相结合的心智训练，也有助于在发挥中国企业管理者直觉经验优势的同时，克服其主观随意性缺陷，促进个体认知性双元能力的提升。

3. 对企业高层管理者提升认知能力的指导意义

本书的相关发现强调了企业高层管理者提升认知能力的重要性，主要表现在：（1）企业高层管理者，特别是高管团队中的关键管理者，积极关注外部环境变化，根据环境变化适时调整其注意力配置，从而具有认知柔性能力或认知调节能力，对于企业有效适应外部环境的动态变化具有十分重要的意义。（2）企业高层管理者，特别是高管团队中的关键管理者，根据需要适当提升其认知包容性和认知整合能力同样也具有重要意义。（3）如前所述，培育个体的认知性双元能力对于应对转型升级中的战略矛盾性问题也十分必要。

以上这些认知能力，对于企业高管团队中的关键管理者尤为重要。由于"有限理性"的存在，很多时候难以要求企业高管团队中的所有管理者都同时具有认知柔性能力和认知包容及整合能力，但作为企业高管团队核心的关键管理者，则最好兼具上述能力，一旦具有这些能力，关键管理者就能够通过认知任务的分配及后续的有效整合进而构建与提升整个高管团队甚至组织的双元能力——有效进行探索性活动以增强适应能力的同时，也能有效开展挖掘性活动以将探索获得的机会转化为企业的竞争优势。而要做到这些，就要求管理者加强自身的学习、进行适当的认知能力与心智的训练，同时充分利用组织内外的各种机会提升自身认知的有效性及其与环境变化的匹配性。

4. 对企业实施与推进转型升级的指导意义

本书的相关发现对于企业实施与推进转型升级也具有现实指导意义。研究表明，培育与提升企业动态能力将有助于企业转型升级取得成功。具体来说，环境感知能力将帮助企业通过环境分析把握转型升级的有利时机与正确方向；快速反应能力可以帮助企业抓住有利时机迅速采取有效行动；变革更新能力帮助企业按照转型升级的目标与要求，积极推动业务转型、商业模式创新、组织与文化变革等；整合重构能力帮助企业整合内外资源、重构企业资源与能力以适应转型升级要求；而学习吸收能力则可以帮助企业通过培训、学习研讨会等多种形式与供应商、客户及专业机构建立紧密关系以积极获取外部知识，进而促进组织学习，鼓励新知识的产生与应用，为转型升级的顺利实施与推进提供持续动力。此外，需要明确的是，企业转型升级的过程不仅是动态能力发展演化的过程，同时也是企业管理者认知演化的过程，只有明晰认知与能力共演的机理才能更好地指导企业转型升级实践。

（二）对政府的指导意义

1. 对政府妥善处理与企业关系的指导意义

政府在企业转型升级过程中无疑发挥着重要作用，本书的相关发现表明，政府对企业转型升级的影响在一定程度上是通过对企业高层管理者的认知施加影响予以体现的。就国有企业来说，政府会对企业高层管理者的创业积极性与变革意愿产生潜在影响，因而政府通过一定的考核与激励机制将有助于国有企业高层管理者强化创业与变革性认知及意愿，进而有助于企业对环境的有效适应。也就是说，在现有体制下，政府利用一定的政治影响约束国有企业高层管理者的行为有可能成为企业自身治理机制的一种补充。当然，政府也要努力避免对企业不必要的行政干预与政治影响，即使这些干预与影响是非实质性的，但只要影响到企业高层管理者的认知，就有可能对企业高管的决策与行为产生潜在的不利影响，进而出现不利于企业发展的行为结果。

尽管本书的相关发现主要是基于对国有企业的研究，但考虑到政府在中国企业发展中的重要影响，民营企业赢得政府的关注与支持对于企业的发展同样重要，因此政府应充分利用这种影响努力产生有利于企业健康持续发展的正面作用，并努力避免不利影响的产生。

2. 对政府营造良好制度环境与体制氛围的指导意义

本书还表明，良好的制度环境与体制氛围不但有利于民营企业的发展，对于一直拥有体制与资源优势的国有企业同样重要，因为这种促进竞争的体制氛围很可能会促使那些处在竞争性行业的国有企业高层管理者转变观念、强化竞争意识，进而增强企业创业与变革意愿。这一研究发现的启示是，政府应努力营造企业发展的良好制度环境与体制氛围，加快市场化进程，促进企业之间的良性竞争与共同发展。

如果一味强化国有企业在体制与资源上的垄断地位，忽视整个市场化环境的建设，其结果不仅不利于民营企业的发展，对于国有企业本身的发展很可能也会产生不利影响。

3. 对政府推动区域产业转型升级的指导意义

构建稳定与适应相平衡的双元能力，对于政府及有关企业顺利推动产业转型升级也具有重要借鉴价值：不能为了迎合某种产业发展"潮流"而不顾实际，盲目向所谓现代产业（如战略性新兴产业）"跨越式"发展，其结果很可能是适应新产业要求的企业能力体系尚未形成，而原有的优势与能力则被严重侵蚀甚至彻底丧失。例如，目前很多地区发展光伏产业时就面临类似问题。因此，从传统产业向现代产业转型升级的过程中，政府需要做好引导，推动企业在尊重现状的基础上谋求双元发展，也就是既要努力识别、传承与发挥在现有产业领域中所具有且能够被延续的优势和能力，同时又要结合现代产业发展的趋势与新要求，积极培育新的增长点并构建新能力，在"一致性"与"适应性"中找寻合适的平衡点与结合点，通过提升产业中微观企业主体的双元能力，逐步实现从传统产业向现代产业的平稳过渡与持续健康发展。

第三节　研究局限及未来研究展望

一　研究的不足之处

组织能力演化微观认知机制的研究是最近几年针对传统组织能力研究存在的缺陷所提出的新的研究方向。由于企业动态能力是组织能力研究中当前最受关注的领域，因此结合组织能力研究的这一新思路，从微观层次以及微观与宏观相互作用的视角研究企业动态能力的本源及发展演化机理已经成为企业战略管理领域一个新的前沿研究方向，这一点可以从《管理研究杂志》（JMS）2009年发出的有关组织能力微观基础研究的征稿通告以及美国战略管理学会（SMS）2010年3月芬兰专题会议所讨论的主题可以得到体现。然而，这一领域的前沿性也导致了研究的诸多困难，尤其是认知与能力都是比较抽象的概念，研究二者之间的共同演化机理存在较大的难度，正是因为这一原因，当前有关这一领域的研究大多还停留在理论探讨和案例研究层面。而国内有关这一领域的研究则更为少见。本书在此方面虽然进行了一些有益的尝试，取得了一定的研究成果，但不可避免地也存在一些不足之处，主要表现在以下方面：

（一）案例研究方法的限制

就本书所提出的研究问题来说，采用基于时间跨度的纵向案例研究方法是比较合适的，关注典型案例的个案历程能够通过丰富、大量信息的收集与分析更为细致地把握相关过程机理。但是，这种单个案例的研究方法仍然会存在外部有效性和结论可推广性的质疑，虽然对此作者采取了一定的补救措施。

（二）统计实证研究方法的限制

本书采用五类与动态能力发展相关的关键词词典来测量样本公司高层管理者的注意力配置，这种方法尽管在国际主流管理学期刊中并不鲜见，但基于中国情境及国内企业相关文档材料的分析与研究还比较少，因此这种研究方式的稳健性及可推广性还有待更多研究的支持与验证。

（三）研究对象的限制

本书案例研究主要针对的是国有企业，基于案例研究所产生的相关发现对于民营企业和中小企业的适用性还需要进一步的检验。虽然基于沪深 A 股上市公司样本的实证研究大大提高了有关结论的可推广性，而且样本中也包含了部分在深市中小板上市的企业，但对于数量更为庞大的普遍中小企业来说，相关研究还需要进一步展开。

（四）时间跨度与研究数据的限制

无论是案例研究还是面板数据研究，由于数据与资料的可得性限制，本书考虑的时间跨度相对还是较短，未来可以从更长的时间跨度内探析认知与动态能力的共演机制。从研发费用、广告费用的披露来说，尽管披露的上市公司在逐渐增加，但从研究的角度来说，数据仍然十分有限，未来随着数据披露的日臻完善，可以获取更多的样本开展相关研究。

二 未来研究展望

基于企业动态能力微观认知研究的前沿性与复杂性，本书所进行的研究也仅仅是回答和解释了一小部分问题，这一领域还存在着大量有待深入研究的命题，这也是笔者今后进一步研究的方向。具体而言，未来相关研究方向主要体现在以下几个方面：

第一，进行跨案例的比较研究。未来可以选取更多的典型企业进行跨案例比较研究，以进一步增强研究结论的外部效度。

第二，拓展研究对象。在已有研究结论及相关启示的基础上，未来的研究对象可以拓展到一般性的民营企业与中小企业。这些企业在当前转型升级背景下面临着自身的独特挑战，培育动态能力以推动转型升级成功的愿望可能更为强烈，这很可能会为相关研究提供更有意义的研究情境与研究命题。

第三，结合更多的情境进行研究。本书针对的是中国企业转型升级背景，如前所述，由于认知与能力研究所具有的高度情境依赖性，因而有必要结合企业经营的不同情境（如技术创新、企业国际化等）进一步研究认知与能力在特定情境下的共演机理，并且通过对不同情境所产生的研究发现进行比较，很可能会为我们带来更有价值的理论洞见。

第四，进一步完善中国情境下高层管理者认知的测量与研究方法。本书在高层管理者的认知测量及相关实证研究方面进行了一些有益的尝试。从书的方便性考虑，本书对企业高层管理者认知的测量主要是基于注意力配置关键词的词频信息，未来一方面需要结合更多的研究以进一步提升这一方法在中国研究情境下的稳健性与有效性；另一方面还可以尝试采用认知测量的另一种方法——认知因果图（casual mapping）技术进行研究，如同本书将注意力配置关键词应用于案例研究和统计实证研究一样，基于认知因果图技术的研究同样也适用于案例研究与样本统计实证研究，这一方法的有效性已经在国外相关研究领域得到了普遍的认同，而在国内这一研究仍然处于起步阶段。

因此，基于这些方法对中国企业的相关问题展开研究，将很有可能产生新的有意义的发现。

第五，进一步开展有关企业动态能力演化微观认知机制的本土化情境影响因素、前置影响因素以及后续结果的研究。本书关注了部分前置影响因素（如关键管理者的个性特质、职能经验和社会影响因素）、情境影响因素（如政府、制度环境的影响），未来的研究可以在此方面进行拓展，包括考虑更多因素的影响、更进一步考虑后续结果（如对企业绩效的影响等）以及结合更多的样本数据进行统计实证研究等。

第六，认知研究层次的拓展。本书对于认知的关注主要集中在企业高层管理者，特别是高层管理团队中的关键管理者。未来的研究可以将关注焦点拓展到组织其他层级，以进一步探讨企业中层管理者、基层管理者甚至普通员工的认知对企业动态能力演化的影响。

第七，从更为"社会化"和更为"动态"的视角研究管理者认知与相关行为结果的相互关系。"动态"是指要充分考虑认知与能力随时间的动态变化，未来可以充分借鉴共演理论的相关研究观点展开研究；"社会化"是指不应把认知仅仅局限于心理学的范畴，而是要放在特定的情境下考虑诸多社会化因素对认知与能力演化过程的影响（如集体冲突、政治压力等）。本书考虑了关键管理者的影响以及政府和制度环境的影响。当然，还有更多的社会化因素及其作用机理需要考虑进去，这也是今后进一步研究的重要方向。

第八，借鉴认知心理学与认知神经科学等研究的新发现与新的研究方法，开展跨学科的研究。如采用计算机仿真研究、实验研究以及利用"功能性核磁共振成像技术（FMRI）"进行脑扫描研究等。尽管这些研究对于传统的战略管理研究者来说存在研究方法以及可供选择的研究对象限制等种种困难，但以美国战略管理学会（SMS）为代表的国际战略管理顶尖学术团体实际上已经拉开了这一跨学科研究的序幕，2009年该学会主办的《战略管理杂志》（*Strategic Management Journal*）就"战略管理的心理学基础"这一前沿研究主题专门发布的征稿通告就是很好的证明。

第九，从理性认知与情感认知、深思熟虑与直觉等相结合的视角研究管理者认知对决策、行为的影响。基于个体认知的复杂性，单纯从理性认知或深思熟虑认知的角度无法完整把握其认知机理。实际上，目前有关认知的研究已经开始逐步从理性认知拓展到情感认知、从深思熟虑认知拓展到直觉等领域，未来很可能需要将这些不同类型的认知相结合，以进一步探析管理者认知对决策、行为的影响机制。

参 考 文 献

[1] Abell P. M., Felin T., Foss N. J., "Building micro-foundations for the routines capabilities and performance links", *Managerial and Decision Economics*, 2008.29.

[2] Abrahamson E., Hambrick D. C., "Attentional homogeneity in industries: The effect of discretion", *Journal of Organizational Behavior*, 1997.18.

[3] Adner R., Helfat C. E., "Corporate effects and dynamic managerial capabilities", *Strategic Management Journal*. 2003.24 (10).

[4] Agarwal R., Helfat C. E., "Strategic renewal of organizations", *Organization Science*, 2009.20 (2).

[5] Ambrosini V., Bowman C., Bedfordshire M. K., "What are dynamic capabilities and are they a useful construct in strategic management?", *International Journal of Management Reviews*, 2009.11 (1).

[6] Amburgey T. L., Kelly D., Barnett W P, "Resetting the clock: The dynamics of organizational change and failure", *Administrative Science Quarterly*, 1993.38 (1).

[7] Anderson C., Paine F., "Contingencies affecting strategy formulation and effectiveness: An empirical study", *Journal of Management Studies*, 1977.14.

[8] Andriopoulos C., Lewis M., "Exploitation-exploration Tensions and Organizational Ambidexterity: Managing Paradoxes of Innovation", *Organization Science*, 2009.20 (4).

[9] Ashby W. R., *An introduction to cybernetics*, L. Chapman Hall LTD, 1956.

[10] Audia P. G., Locke E. A., Smith K. G., "The paradox of success: An archival and a laboratory study of strategic persistence following radical environmental change", *Academy of Management Journal*, 2000. 43 (5).

[11] Augier M., Teece D. J., "Dynamic capabilities and the role of managers in business strategy and economic performance", *Organization Science*, 2009. 20 (2).

[12] Bao Y., Olson B., Yuan W., "Defensive and expansion responses to environmental shocks in China: Interpreting the 2008 economic crisis", *Thunderbird International Business Review*, 2011. 53 (2).

[13] Bargh J. A., Chartrand T. L., "The unbearable automaticity of being", *American Psychologist*, 1999. 54 (7).

[14] Barkema H. G., Baum J., Mannix E. A., "Management challenges in a new time", *Academy of Management Journal*, 2002. 45 (5).

[15] Barnard C., *The functions of the executive*, Oxford: Oxford University Press, 1968.

[16] Barnett W. P., Carroll G. R., "Modeling internal organizational change", *Annual Review of Sociology*, 1995. 21 (1).

[17] Barnett W. P., Greve H. R., Park D. Y., "An evolutionary model of organizational performance", *Strategic Management Journal*, 1994. 15.

[18] Barney J. B., "Firm resources and sustainable competitive advantage", *Journal of Management*, 1991. 17 (1).

[19] Barr P. S., "Adapting to unfamiliar environmental events: A look at the evolution of interpretation and its role in strategic change", *Organization Science*, 1998.

[20] Barr P. S., Stimpert J. L., Huff A. S., "Cognitive change, strategic action, and organizational renewal", *Strategic Management Journal*, 1992. 13.

[21] Barr P. S., Stimpert J. L., Huff A. S., "Cognitive change, strategic action, and organizational renewal", *Strategic Management Journal*, 1992.

[22] Barreto I., "Dynamic Capabilities: A review of past research and an agenda for the future", *Journal of Management*, 2010. 36 (1).

[23] Bartunek J. M., Rynes S. L., Ireland R. D., "Academy of Management Journal editors' forum: What makes management research interesting, and why does it matter", *Academy of Management Journal*, 2006. 49 (1).

[24] Bernheim B. D., Rangel A., "Addiction and cue-triggered decision processes", *American Economic Review*. 2004. 94 (5).

[25] Bingham C. B., Haleblian J. J., "How do organizations learn a capability from experience? a construal based view", Working Paper of The College of Information Sciences and Technology, 2008.

[26] Bingham C. B., Haleblian J., "How do organizations learn (or not) from experience? A construal based view", Academy of Management Annual Meeting. Anaheim, CA: Academy of Management, 2008.

[27] Brown K. W., Ryan R. M., "The benefits of being present: Mindfulness and its role in psychological well-being", *Journal of Personality and Social Psychology*, 2003. 84 (4).

[28] Brown S. L., Eisenhardt K. M., "The art of continuous change: Linking complexity theory and time-paced evolution in relentlessly shifting organizations", *Administrative Science Quarterly*, 1997.

[29] Calori R., Johnson G., Sarnin P., "CEOs' cognitive maps and the scope of the organization", *Strategic Management Journal*, 1994.

[30] Cañas J., Quesada J., Antolí A., et al, "Cognitive flexibility and

adaptability to environmental changes in dynamic complex problem-solving tasks", *Ergonomics*, 2003. 46 (5).

[31] Carley K., "Coding choices for textual analysis: A comparison of content analysis and map analysis", *Sociological Methodology*, 1993.

[32] Chakravarthy B. S., "Adaptation: A promising metaphor for strategic management", *Academy of Management Review*, 1982.

[33] Chakravarthy B. S., Doz Y., "Strategy process research: focusing on corporate self-renewal", *Strategic Management Journal*, 1992.

[34] Chandrasekaran A., "Multiple Levels of Ambidexterity in Managing the Innovation-Improvement Dilemma: Evidence from High Technology Organizations", University of Minnesota, Ph. D. Dissertation, 2009.

[35] Chattopadhyay P., Glick W. H., Miller C. C., et al, "Determinants of executive beliefs: comparing functional conditioning and social influence", *Strategic Management Journal*, 1999. 20 (8).

[36] Cho T. S., Hambrick D. C., "Attention as the mediator between top management team characteristics and strategic change: The case of airline deregulation", *Organization Science*, 2006. 17 (4).

[37] Cohen M. D., Burkhart R., Dosi G., et al, "Routines and other recurring action patterns of organizations: contemporary research issues", *Industrial and Corporate Change*, 1996. 5 (3).

[38] Cohen W. M., Levinthal D. A., "Absorptive capacity: a new perspective on learning and innovation", *Administrative Science Quarterly*, 1990. 35 (1).

[39] Coleman J. S., *Foundations of social theory*, Cambridge: Harvard University Press, 1990.

[40] Collis D. J., "How valuable are organizational capabilities?", *Strategic Management Journal*, 1994. 15 (8).

[41] Cook C. W., *Corporate strategy change contingencies*, N. J.: Prentice-Hall, 1975.

[42] Crossan M. M., Lane H. W., White R E, "An organizational learn-

ing framework: from intuition to institution", *Academy of Management Review*, 1999. 24 (3).

[43] Daft R. L., Weick K. E., "Toward a model of organizations as interpretation systems", *Academy of Management Review*, 1984. 9 (2).

[44] D'Aveni R. A., Macmillan I. C., "Crisis and the content of managerial communications: A study of the focus of attention of top managers in surviving and failing firms", *Administrative Science Quarterly*, 1990. 35 (4).

[45] Dess G. G., Beard D. W., "Dimensions of organizational task environments", *Administrative Science Quarterly*, 1984. 29 (1).

[46] Dew N., Goldfarb B., Sarasvathy S., "Optimal inertia: When organizations should fail", *Advances in Strategic Management*, 2006. 23.

[47] Dixon S., Meyer K. E., Day M., "Stages of organisational transformation in transition economies: A dynamic capabilities approach", *Journal of Management Studies*, 2009. 47 (3).

[48] Dooley R. S., Fowler D. M., Miller A., "The benefits of strategic homogeneity and strategic heterogeneity: Theoretical and empirical evidence resolving past differences", *Strategic Management Journal*, 1996.

[49] Duncan R. B., "The Ambidextrous Organization: Designing Dual Structures for Innovation", In R. H. Kilmann, L. R. Pondy, & D. Slevin (Eds.), *The Management of Organization*, 1. New York: North-Holland, 1976.

[50] Duriau V. J., Reger R. K., Pfarrer M. D., "A content analysis of the content analysis literature in organization studies: Research themes, data sources, and methodological refinements", *Organizational Research Methods*, 2007. 10 (1).

[51] Dutton J. E., Fahey L., Narayanan V. K., "Toward understanding strategic issue diagnosis", *Strategic Management Journal*, 1983.

[52] Dutton J. E. , Jackson S. E. , "Categorizing strategic issues: Links to organizational action", *Academy of Management Review*, 1987. 12 (1).

[53] Easterby-Smith M. , Lyles M. A. , Peteraf M. A. , "Dynamic capabilities: Current debates and future directions", *British Journal of Management*. 2009. 20 (s1).

[54] Eggers J. P. , Kaplan S. , "Cognition and Renewal: Comparing CEO and organizational effects on incumbent adaptation to technical change", *Organization Science*, 2009. 20 (2).

[55] Eisenhardt K. M. , "Building theories from case study research", *Academy of Management Review*, 1989.

[56] Eisenhardt K. M. , Graebner M. E. , "Theory building from cases: Opportunities and challenges", *Academy of Management Journal*, 2007. 50 (1).

[57] Eisenhardt K. M. , Martin M. , "Dynamic capabilities: what are they?", *Strategic Management Journal*, 2000. 21 (11).

[58] Eisenhardt K. M. , Furr N. R. & Bingham C. B. , "Microfoundations of performance: Balancing efficiency and flexibility in dynamic environments", *Organization Science*, 2010. 21 (6).

[59] Erdener C. B. , Dunn C. P. , "Content analysis" In *Mapping Strategic Thought*, Huff A S. (ed). London: John Wiley & Sons Ltd. , 1990.

[60] Fahey L. , Narayanan V. K. , "Linking changes in revealed causal maps and environmental change: An empirical study", *Journal of Management Studies*, 1989. 26 (4).

[61] Farjoun M. , "Strategy making, novelty and analogical reasoning-commentary on Gavetti, Levinthal, and Rivkin (2005)", *Strategic Management Journal*. 2008. 29 (9).

[62] Felin T. , Foss N. J. , "Individuals and organizations: thoughts on a micro-foundations project for strategic management and organizational

analysis", *Research Methodology in Strategy and Management*, 2006. 3.

[63] Felin T., Foss N. J., "Strategic organization: A field in search of micro-foundations", *Strategic Organization*, 2005. 3 (4).

[64] Felin T., Foss N. J., Heimeriks K. H., et al, "Microfoundations of routines and capabilities: Individuals, processes, and structure", *Journal of Management Studies*, 2012. 49 (8).

[65] Fiol C. M., "Corporate communications: Comparing executives' private and public statements", *Academy of Management Journal*, 1995. 38 (2).

[66] Fiol C. M., Lyles M. A., "Organizational learning", *Academy of Management Review*, 1985. 10 (4).

[67] Fiol C. M., O'Connor E. J., "Waking up! Mindfulness in the face of bandwagons", *Academy of Management Review*, 2003. 28 (1).

[68] Fiske S. T., Taylor S. E., *Social cognition*, New York: Random House, 1991.

[69] Fombrun C. J., Ginsberg A., "Shifting gears: Enabling change in corporate aggressiveness", *Strategic Management Journal*, 1990. 11 (4).

[70] Ford J. D., "The effects of causal attributions on decision makers' responses to performance downturns", *Academy of Management Review*, 1985. 10 (4).

[71] Ford J. D., Baucus D. A., "Organizational adaptation to performance downturns: An interpretation-based perspective", *Academy of Management Review*, 1987.

[72] Foss N. J., "Organizational capabilities: A construct in search of micro-foundations", Foss homepage, 2006.

[73] Foster R., Kaplan S., *Creative destruction: why companies that are built to last underperform the market, and how to successfully transform them*. New York: Currency, 2001.

[74] Fulk J., Steinfield C. W., Schmitz J., et al, "A social information processing model of media use in organizations", *Communication Research*, 1987. 14 (5).

[75] Furr N. R.,"Cognitive flexibility and technology change", Working Paper, Brigham Young University, 2010.

[76] Garud R., Kotha S., "Using the brain as a metaphor to model flexible production systems", *Academy of Management Review*, 1994. 19 (4).

[77] Garud R., Kumaraswamy A., Karnøe P, "Path dependence or path creation?", *Journal of Management Studies*, 2010. 47 (4).

[78] Gavetti G., "Cognition and hierarchy: Rethinking the microfoundations of capabilities' development", *Organization Science*, 2005. 16 (6).

[79] Gavetti G., Levinthal D. A., Rivkin J. W., "Strategy making in novel and complex worlds: the power of analogy", *Strategic Management Journal*, 2005. 26 (8).

[80] Gavetti G., Levinthal D. A., Rivkin J. W., "Response to Farjoun's Strategy making, novelty, and analogical reasoning-commentary on Gavetti, Levinthal and Rivkin (2005)", *Strategic Management Journal*, 2008. 29 (9).

[81] Gavetti G., Levinthal D., "Looking forward and looking backward: Cognitive and experiential search", *Administrative Science Quarterly*, 2000.

[82] Gavetti G., Rivkin J. W., "On the origin of strategy: Action and cognition over time", *Organization Science*, 2007. 18 (3).

[83] Gephart R., "Qualitative research and the Academy of Management Journal", *Academy of Management Journal*, 2004. 47 (4).

[84] Germer C. K., Siegel R. D., Fulton P. R., *Mindfulness and psychotherapy*, Guilford Press New York, NY, 2005.

[85] Ghauri P. N., *Research methods in business studies: A practical*

guide, Prentice Hall, 2005.

[86] Ghoshal S., Bartlett C. A., "Linking organizational context and managerial action: The dimensions of quality of management", *Strategic Management Journal*, 1994.15 (S2).

[87] Gibson C. B., Birkinshaw J., "The antecedents, consequences, and mediating role of organizational ambidexterity", *Academy of Management Journal*, 2004.47.

[88] Gick M. L., Holyoak K. J., "Analogical problem solving", *Cognitive psychology*, 1980.12 (3).

[89] Gilbert C. G., "Change in the presence of residual fit: Can competing frames coexist?", *Organization Science*, 2006.17 (1).

[90] Gioia D. A., Chittipeddi K., "Sensemaking and sensegiving in strategic change initiation", *Strategic Management Journal*, 1991. 12 (6).

[91] Glaser B. G., Strauss A. L., *The discovery of grounded theory*, Aldine Chicago, 1967.

[92] Golden B. R., "The past is the past--or is it? The use of retrospective accounts as indicators of past strategy", *Academy of Management Journal*, 1992.

[93] Greve H. R., Taylor A., "Innovations as catalysts for organizational change: Shifts in organizational cognition and search", *Administrative Science Quarterly*, 2000.45 (1).

[94] Hambrick D. C., Mason P. A., "Upper echelons: The organization as a reflection of its top managers", *Academy of Management Review*, 1984.9 (2).

[95] Hannan M. T., Carroll G., *Dynamics of organizational populations: Density, legitimation, and competition*, New York: Oxford University Press, 1992.

[96] Helfat C. E., Finkelstein S., Mitchell W., et al, *Dynamic capabilities: understanding strategic change in organizations*, Oxford: 2007.

[97] Helfat C. E., Peteraf M. A., "The dynamic resource-based view: Capability lifecycles", *Strategic Management Journal*, 2003. 24 (10).

[98] Hodgkinson G. P., Healey M. P., "Psychological foundations of dynamic capabilities: Reflexion and reflection in strategic management", *Strategic Management Journal*, 2011. 32 (13).

[99] Hodgkinson G. P., Sparrow P., *The competent organization: A psychological analysis of the strategic management process*, Open University Press Buckingham, UK, 2002.

[100] Holyoak K. T., Thaga R. D., *Mental Leaps: Analogy in Creative Thought*, Cambridge, MA: MIT Press, 1995.

[101] Hooley James E., Graham J., "Generic marketing strategies", *International Journal of Research in Marketing*, 1992. 9 (1).

[102] Hoopes D. G., Madsen T. L., "A capability-based view of competitive heterogeneity", *Industrial and Corporate Change*, 2008. 17 (3).

[103] Hsu G., Hannan M. T., "Identities, genres, and organizational forms", *Organization Science*, 2005. 16 (5).

[104] Huff A. S., *Mapping strategic thought*, John Wiley & Sons Inc, 1990.

[105] Jablin F. M., Putnam L. L., *The New Handbook of Organizational Communication: Advances in Theory, Research, and Methods*, Thousand Oaks, CA: Sage, 1997.

[106] Jansen J. J. P., Tempelaar M. P., Van den Bosch F. A. J., et al, "Structural differentiation and ambidexterity: The mediating role of integration mechanisms", *Organization Science*, 2009. 20 (4).

[107] Kaplan S., "Cognition, capabilities, and incentives: Assessing firm response to the fiber-optic revolution", *Academy of Management Journal*, 2008. 51 (4).

[108] Kaplan S., "Framing the future: Cognitive frames, strategic

choice, and firm response to the fiber optic revolutions", Unpublished PhD Dissertation. Cambridge, Mass.: Massachusetts Institute of Technology. 2004.

[109] Kaplan S., Murray F., Henderson R., "Discontinuities and senior management: Assessing the role of recognition in pharmaceutical firm response to biotechnology", *Industrial and Corporate Change*. 2003.12 (2).

[110] Khandwalla P. N., "The techno-economic ecology of corporate strategy", *Journal of Management Studies*, 1976.13 (1).

[111] Kiesler S., Sproull L., "Managerial response to changing environments: Perspectives on problem sensing from social cognition", *Administrative Science Quarterly*, 1982.

[112] Kim E., Mc Intosh J. C., "Strategic Organizational Responses to Environmental Chaos", *Journal of Managerial Issues*, 1999.11 (3).

[113] Kogut B., Zander U., "What firms do? Coordination, identity, and learning", *Organization Science*, 1996.7 (5).

[114] Kohut G. F., Segars A. H., "The president's letter to stockholders: An examination of corporate communication strategy", *Journal of Business Communication*, 1992.29 (1).

[115] Krackhardt D., Kilduff M., "Friendship patterns and culture: The control of organizational diversity", *American Anthropologist*, 1990.92 (1).

[116] Krackhardt D., Porter L. W., "When friends leave: A structural analysis of the relationship between turnover and stayers' attitudes", *Administrative Science Quarterly*, 1985.

[117] Laamanen T., Wallin J., "Cognitive dynamics of capability development paths", *Journal of Management Studies*, 2009.46 (6).

[118] Langer E. J., *The power of mindful learning*, Addison-Wesley Reading, Mass., 1997.

[119] Lant T. K., Milliken F. J., Batra B., "The role of managerial learning and interpretation in strategic persistence and reorientation: An empirical exploration", *Strategic Management Journal*, 1992. 13 (8).

[120] Laureiro-Martinez D., Brusoni S., Zollo M., "Cognitive flexibility in decision-making: A neurological model of learning and change", Bocconi University working paper, 2009.

[121] Lavie D., "Capability reconfiguration: An analysis of incumbent responses to technological change", *Academy of Management Review*, 2006. 31 (1).

[122] Lee T., "On qualitative research in AMJ", *Academy of Management Journal*, 2001. 44 (2).

[123] Levinthal D., Rerup C., "Crossing an apparent chasm: Bridging mindful and less-mindful perspectives on organizational learning", *Organization Science*, 2006. 17 (4).

[124] Levitt B., March J. G., "Organizational learning", *Annual Review of Sociology*. 1988. 14 (1).

[125] Levinthal D. A., March J. G., "The myopia of learning", *Strategic management journal*, 1993. 14 (S2).

[126] Levy O., "The influence of top management team attention patterns on global strategic posture of firms", *Journal of Organizational Behavior*, 2005. 26 (7).

[127] Lewin A. Y., Volberda H. W., "Prolegomena on coevolution: A framework for research on strategy and new organizational forms", *Organization Science*, 1999. 10 (5).

[128] Louca F., Mendonca S., "Steady change: the 200 largest US manufacturing firms throughout the 20th century", *Industrial and Corporate Change*, 2002. 11 (4).

[129] Lubatkin M. H., Simsek Z., Ling Y., et al, "Ambidexterity and performance in small-to medium-sized firms: The pivotal role of

top management team behavioral integration", *Journal of Management*, 2006. 32 (5).

[130] Lumsden C. J., "Evolving creative minds: Stories and mechanisms", In R. J. Sternberg (ed.), *Handbook of Creativity*. Cambridge: Cambridge University Press, 1999.

[131] Luo Y., "Dynamic capabilities in international expansion", *Journal of World Business*, 2000. 35 (4).

[132] Luo Y., Rui H., "An ambidexterity perspective toward multinational enterprises from emerging economies", *The Academy of Management Perspectives*, 2009. 23 (4).

[133] McClelland P., Liang X., Barker V. L., "CEO commitment to the status quo: Replication and extension using content analysis", *Journal of Management*, 2010. 36 (5).

[134] March J. G., "Rationality, foolishness, and adaptive intelligence", *Strategic Management Journal*, 2006. 27 (3).

[135] March J. G., Simon H. A., *Organizations*, New York: John Wiley & Sons Inc, 1958.

[136] Mcgrath J. E., *Groups: Interaction and performance*, Prentice-Hall Englewood Cliffs, NJ, 1984.

[137] Megginson L., "Lessons from Europe for American business", *Southwestern Social Science Quarterly*, 1963. 44 (1).

[138] Meindl J. R., Stubbart C., Porac J. F., "Cognition within and between organizations: five key questions", *Organization Science*, 1994. 5 (3).

[139] Meyer J. W., Rowan B., "The effects of education as an institution", *American Journal of Sociology*, 1977. 83 (1).

[140] Miles G., Snow C. C., Sharfman M. P., "Industry variety and performance", *Strategic Management Journal*, 1993, 14 (3).

[141] Miles M. B., Huberman A. M., *Qualitative data analysis: A new sourcebook of methods*, SA Cage, Beverly Hills, 1984.

[142] Miles R. E., Snow C. C., *Organizational strategy, structure, and process*, New York: McGraw-Hill., 1978.

[143] Miller D., Chen M. J., "The simplicity of competitive repertoires: An empirical analysis", *Strategic Management Journal*, 1996. 17 (6).

[144] Milliken F. J., Lant T. K., "The effect of an organization's recent performance history on strategic persistence and change: The role of managerial interpretations", *Advances in strategic management*. 1991. 7.

[145] Morris R., "Computerized content analysis in management research: A demonstration of advantages & limitations", *Journal of Management*, 1994. 20 (4).

[146] Nadkarni S., Barr P. S., "Environmental context, managerial cognition, and strategic action: an integrated view", *Strategic Management Journal*, 2008. 29 (13).

[147] Nadkarni S., Narayanan V. K., "Strategic schemas, strategic flexibility, and firm performance: the moderating role of industry clockspeed", *Strategic Management Journal*, 2007. 28 (3).

[148] Nadkarni S., Narayanan V. K., "The evolution of collective strategy frames in high- and low-velocity industries", *Organization Science*, 2007. 18 (4).

[149] Namenwirth J., Weber R. P., *Dynamics of cultures*, Winchester, MA: Allen & Unwin, 1990.

[150] Neck H., "Cognitive ambidexterity: The underlying metal model of the entrepreneurial leader", In Greenberg, D., McKone-Sweet, K. & Wilson, H. J. (Eds.), *The new entrepreneurial leader: Developing leaders who shape social and economic opportunity*. San Francisco: Berrett-Koehler Publishers, 2011.

[151] Nemeth C. J., Staw B. M., "The tradeoffs of social control and innovation in groups and organizations", *Advances in Experimental*

Social Psychology, 1989. 22.

[152] Newman K. L., "Organizational transformation during institutional upheaval", *Academy of Management Review*, 2000. 25 (3).

[153] Nisbett R. E., Ross L., *Human inference: Strategies and shortcomings of social judgment*, Prentice Hall, 1980.

[154] Noble C. H., Sinha R. K., Kumar A., "Market orientation and alternative strategic orientations: a longitudinal assessment of performance implications", *Journal of Marketing*, 2002. 66 (4).

[155] Nottenburg G., Fedor D. B., "Scarcity in the environment: Organizational perceptions, interpretations and responses", *Organization Studies*, 1983. 4 (4).

[156] Ocasio W., "Towards an attention-based view of the firm", *Strategic Management Journal*, 1997. 18 (Sumer Special Issue).

[157] O'Reilly C. A., Tushman M. L., "The ambidextrous organization", *Harvard Business Review*, 2004. 82 (4).

[158] O'Reilly C. A., Tushman M. L., "Ambidexterity as a dynamic capability: Resolving the innovator's dilemma", *Research in Organizational Behavior*, 2008. 28.

[159] O'Reilly C. A., Tushman M. L., "Organizational ambidexterity in action: How managers explore and exploit", *California Management Review*, 2011. 53 (4).

[160] Osborne J. D., Stubbart C. I., Ramaprasad A., "Strategic groups and competitive enactment: a study of dynamic relationships between mental models and performance", *Strategic Management Journal*, 2001.

[161] Pandza K., Thorpe R., "Creative search and strategic sense-making: missing dimensions in the concept of dynamic capabilities", *British Journal of Management*, 2009. 20 (s1.).

[162] Pettigrew A. M., "Longitudinal field research on change: theory and practice", *Organization Science*, 1990. 1 (3).

[163] Pettus M. L., Kor Y. Y., Mahoney J. T., "A theory of change in turbulent environments: The sequencing of dynamic capabilities following industry deregulation", working paper, 2007.

[164] Plambeck N., Weber K., "CEO ambivalence and responses to strategic issues", *Organization Science*, 2009. 20 (6).

[165] Plambeck N., Weber K., "When the glass is half full and half empty: CEOs' ambivalent interpretations of strategic issues", *Strategic Management Journal*, 2010. 31 (7).

[166] Pólos L., Hannan M. T., Carroll G. R., "Foundations of a theory of social forms", *Industrial and Corporate Change*, 2002. 11 (1).

[167] Porter M. E., *Competitive strategies*, New York: Free Press, 1980.

[168] Porter M. E., "The structure within industries and companies' performance", *Review of Economics and Statistics*, 1979. 61 (2).

[169] Probst G., Raisch S., Tushman M. L., "Ambidextrous leadership: Emerging challenges for business and HR leaders", *Organizational Dynamics*, 2011. 40 (4).

[170] Raisch S., Birkinshaw J., "Organizational ambidexterity: Antecedents, outcomes, and moderators", *Journal of Management*, 2008. 34 (3).

[171] Raisch S., Birkinshaw J., Probst G., et al, "Organizational ambidexterity: Balancing exploitation and exploration for sustained performance", *Organization Science*, 2009. 20 (4).

[172] Raisch S., Birkinshaw J., "Organizational ambidexterity: Antecedents, outcomes, and moderators", *Journal of Management*, 2008. 34 (3).

[173] Rajagopalan N., Spreitzer G. M., "Toward a theory of strategic change: A multi-lens perspective and integrative framework", *Academy of Management Review*, 1997. 22 (1).

[174] Reger R. K., Gustafson L. T., Demarie S. M., et al, "Refra-

ming the organization: Why implementing total quality is easier said than done", *Academy of Management Review*, 1994. 19 (3).

[175] Regnér P. , "Strategy-as-practice and dynamic capabilities: steps towards a dynamic view of strategy", *Human Relations*, 2008. 61 (4).

[176] Regnér P. , "Adaptive and creative strategy logics in strategy processes", *Strategy Process*, 2005. 22.

[177] Rerup C. , "Learning from past experience: Footnotes on mindfulness and habitual entrepreneurship", *Scandinavian Journal of Management*, 2005. 21 (4).

[178] Rindova V. P. , Kotha S. , "Continuous 'morphing': competing through dynamic capabilities, form, and function", *Academy of Management Journal*, 2001. 44 (6).

[179] Rodrigues S. B. , Child J. , Shatin N. T. , "Co-evolution in an institutionalized environment", *Journal of Management Studies*, 2003. 40.

[180] Rosenbloom R. S. , "Leadership, capabilities, and technological change: The transformation of NCR in the electronic era", *Strategic Management Journal*, 2000. 21.

[181] Rumelt R. P. , *Strategy, structure, and economic performance*, Cambridge, MA. : Harvard University Press, 1974.

[182] Sadler-Smith E. , *The Intuitive Mind: Profiting from the Power of Your Sixth Sense*, Chichester: John Wiley and Sons/Jossey-Bass, 2009.

[183] Salancik G. R. , Pfeffer J. , "A social information processing approach to job attitudes and task design", *Administrative Science Quarterly*, 1978. 23 (2).

[184] Salvato C. , "Capabilities unveiled: The role of ordinary activities in the evolution of product development processes", *Organization Science*, 2009. 20 (2).

[185] Sanchez R., "Strategic flexibility in product competition", *Strategic Management Journal*, 1995. 16.

[186] Sapienza A. M., "Imagery and strategy", *Journal of Management*, 1987. 13 (3).

[187] Sapir E., "Grading, a study in semantics", *Philosophy of Science*, 1944. 11 (2).

[188] Shapiro C., "The theory of business strategy", *The Rand Journal of Economics*, 1989. 20 (1).

[189] Shapiro G., Markoff J. In C. W. Roberts (Ed.), *Text analysis for the social sciences: Methods for drawing statistical inferences from text and transcripts*, Mahwah, NJ: Lawrence Erlbaum Associates, 1997.

[190] Siggelkow N., "Persuasion with case studies", *Academy of Management Journal*, 2007. 50 (1).

[191] Simon H. A., "Bounded rationality and organizational learning", *Organization Science*, 1991. 2 (1).

[192] Simon H. A., "A behavioral model of rational choice", *The Quarterly Journal of Economics*, 1955.

[193] Simon H. A., *Administrative behavior: a study of decision-making processes in administrative organizations*, New York: The Free Press, 1947.

[194] Simsek Z., Heavey C., Veiga J. F., et al, "A typology for aligning organizational ambidexterity's conceptualizations, antecedents, and outcomes", *Journal of Management Studies*, 2009. 46 (5).

[195] Sirmon D. G., Gove S., Hitt M. A., "Resource management in dyadic competitive rivalry: the effects of resource bundling and deployment", *Academy of Management Journal*. 2008. 51 (5).

[196] Sirmon D. G., Hitt M. A., Ireland R. D., "Managing firm resources in dynamic environments to create value: Looking inside the black box", *Academy of Management Review*, 2007. 32 (1).

[197] Smith W. K., Tushman M. L., "Managing strategic contradictions: A top management model for managing innovation streams", *Organization Science*, 2005. 16 (5).

[198] Smith W. K., Binns A., Tushman M. L., "Complex business models: Managing strategic paradoxes simultaneously", *Long Range Planning*, 2010. 43 (2).

[199] Sproull L. S., "The nature of managerial attention", *Advances in Information Processing in Organizations: A Research Mannual*. 1984.

[200] Stabell C. B., "Integrative complexity of information environment perception and information use: an empirical investigation", *Organizational Behavior and Human Performance*, 1978. 22 (1).

[201] Staber U., Sydow J., "Organizational adaptive capacity: A structuration perspective", *Journal of Management Inquiry*, 2002. 11 (4).

[202] Staw B. M., Mckechnie P. I., Puffer S. M., "The justification of organizational performance", *Administrative Science Quarterly*, 1983.

[203] Suhomlinova O., "Toward a model of organizational co-evolution in transition economies", *Journal of Management Studies*, 2006. 43 (7).

[204] Taylor A., Helfat C. E., "Organizational linkages for surviving technological change: Complementary assets, middle management, and ambidexterity", *Organization Science*, 2009. 20 (4).

[205] Teece D., "Explicating dynamic capabilities: the nature and microfoundations of (sustainable) enterprise performance", *Strategic Management Journal*, 2007. 28 (13).

[206] Teece D., Pisano G., "The dynamic capabilities of enterprises: an introduction", *Industrial and Corporate Change*, 1994. 3 (3).

[207] Teece D., Pisano G., Shuen A., "Dynamic capabilities and strategic management", *Strategic Management Journal*, 1997. 18 (7).

[208] Thagard P., *Mind: Introduction to cognitive science*, MIT Press Cambridge, MA, 1996.

[209] Thomas J. B., Clark S. M., Gioia D. A., "Strategic sensemaking and organizational performance: Linkages among scanning, interpretation, action, and outcomes", *Academy of Management Journal*, 1993. 36 (2).

[210] Tripsas M., "Technology, Identity, and Inertia Through the Lens of 'The Digital Photography Company'", *Organization Science*, 2009. 20 (2).

[211] Tripsas M., Gavetti G., "Capabilities, cognition, and inertia: Evidence from digital imaging", *Strategic Management Journal*, 2000.

[212] Tushman M. L., O'Reilly C. A., "Ambidextrous organizations: managing evolutionary and revolutionary change", *California Management Review*, 1996. 38 (4).

[213] Tushman M., Smith W. K., Wood R. C., et al, "Organizational designs and innovation streams", *Industrial and Corporate Change*, 2010. 19 (5).

[214] Tushman M. L., Smith W. K., Binns A., "The ambidextrous CEO", *Harvard Business Review*, 2011. 89 (6).

[215] Uhlenbruck K., Meyer K. E., Hitt M. A., "Organizational transformation in transition economies: resource-based and organizational learning perspectives", *Journal of Management Studies*, 2003. 40 (2).

[216] Volberda H. W., Lewin A. Y., "Co-evolutionary dynamics within and between firms: from evolution to co-evolution", *Journal of Management Studies*, 2003. 40 (8).

[217] Walsh J. P., "Managerial and organizational cognition: Notes from a trip down memory lane", *Organization Science*, 1995.

[218] Wang C. L., Ahmed P. K., "Dynamic capabilities: a review and research agenda", *International Journal of Management Reviews*,

2007.9 (1).

[219] Weber R. P. , *Basic content analysis*, Thousand Oaks, CA: Sage Publications, 1990.

[220] Weick K. E. , *Sensemaking in organizations*, Sage, 1995.

[221] Weick K. E. , "Cartographic myths in organizations", In A. S. Huff & M. Jenkins (Eds.), *Mapping strategic thought*, New York: Wiley, 1990.

[222] Weick K. E. , Bougon M. G. , Sims H. , et al, *The thinking organization*, Jossey-Bass San Francisco, CA, 1986.

[223] Weick K. E. , Putnam T. , "Organizing for mindfulness: Eastern wisdom and Western knowledge", *Journal of Management Inquiry*, 2006.15 (3).

[224] Weick K. E. , Sutcliffe K. M. , *Managing the unexpected: Assuring high performance in an age of complexity*, Jossey-Bass San Francisco, 2001.

[225] Westphal J. D. , Zajac E. J. , "The symbolic management of stockholders: Corporate governance reforms and shareholder reactions", *Administrative Science Quarterly*, 1998.43 (1).

[226] Whetten D. A. , "Sources, responses, and effects of organizational decline", In K. S. Cameron, R. I. Sutton and D. A. Whetten (eds.), *Readings in organizational decline: frameworks, research, and prescriptions*, Ballinger Publishing Company, 1988.

[227] Whorf B. L. , "Science and linguistics", In J. B. Carroll (Ed.), *Language, thought, and reality: Selected writings of Benjamin Lee Whorf*, Cambridge, MA: MIT Press, 1956.

[228] Winter S. G. , "Understanding dynamic capabilities", *Strategic Management Journal*, 2003.24 (10).

[229] Winter S. G. , "The satisficing principle in capability learning", *Strategic Management Journal*, 2000.

[230] Woodrum E. , " 'Mainstreaming' content analysis in social science:

Methodological advantages, obstacles, and solutions star, open", *Social Science Research*, 1984.13 (1).

[231] Yadav M. S., Prabhu J. C., Chandy R. K., "Managing the future: CEO attention and innovation outcomes", *Journal of Marketing*, 2007.71 (4).

[232] Yan A., Gray B., "Bargaining power, management control, and performance in United States-China joint ventures: A comparative case study", *Academy of Management Journal*, 1994.37 (6).

[233] Yin R. K., *Case study research: design and methods*, London: Sage, 1994.

[234]] Zahra S. A., Sapienza H. J., Davidsson P., "Entrepreneurship and Dynamic Capabilities: A Review, Model and Research Agenda", *Journal of Management Studies*, 2006.43 (4).

[235] Zhang M. J., "IS support for top managers' dynamic capabilities, environmental dynamism, and firm performance: An empirical investigation", *Journal of Business and Management*, 2007.13 (1).

[236] Zhou K. Z., Wu F., "Technological capability, strategic flexibility, and product innovation", *Strategic Management Journal*, 2010.31 (5).

[237] Zollo M., Winter S. G., "Deliberate learning and the evolution of dynamic capabilities", *Organization Science*, 2002.13 (3).

[238] 陈传明、孙俊华：《企业家人口背景特征与多元化战略选择——基于中国上市公司面板数据的实证研究》，《管理世界》2008年第5期。

[239] 陈立新：《基于认知视角的在位企业应对突破性技术变革的能力重构路径研究》，《外国经济与管理》2008年第9期。

[240] 陈信元、黄俊：《政府干预，多元化经营与公司业绩》，《管理世界》2007年第1期。

[241] 程仲鸣、夏新平、余明桂：《政府干预，金字塔结构与地方国

有上市公司投资》，《管理世界》2008年第9期。

[242] ［英］达尔文：《物种起源》，周建人等（译），商务印书馆1995年版。

[243] 邓少军、焦豪、冯臻：《复杂动态环境下企业战略转型的过程机制研究》，《科研管理》2011年第1期。

[244] 邓少军、芮明杰：《组织能力演化微观认知机制研究前沿探析》，《外国经济与管理》2009年第11期。

[245] 邓少军、芮明杰：《组织动态能力演化微观认知机制研究前沿探析与未来展望》，《外国经济与管理》2010年第11期。

[246] 董俊武、黄江圳、陈震红：《动态能力演化的知识模型与一个中国企业的案例分析》，《管理世界》2004年第4期。

[247] 樊建芳：《基于认知风格的组织学习管理干预》，《中国软科学》2003年第8期。

[248] 贺小刚、李新春、方海鹰：《动态能力的测量与功效：基于中国经验的实证研究》，《管理世界》2006年第3期。

[249] 侯嘉政：《企业动态能力与创业管理之研究》，《创业管理研究》（台湾）2008年第2期。

[250] 焦豪、魏江、崔瑜：《企业动态能力构建路径分析：基于创业导向和组织学习的视角》，《管理世界》2008年第4期。

[251] 焦豪：《双元型组织竞争优势的构建路径：基于动态能力理论的实证研究》，《管理世界》2011年第11期。

[252] 李兴旺：《动态能力理论的操作化研究：识别、架构与形成机制》，经济科学出版社2006年版。

[253] 凌鸿、赵付春、邓少军：《双元性理论和概念批判性回顾与未来研究展望》，《外国经济与管理》2010年第1期。

[254] 毛基业、张霞：《案例研究方法的规范性及现状评估——中国企业管理案例论坛（2007）综述》，《管理世界》2008年第4期。

[255] 毛蕴诗、姜岳新、莫伟杰：《制度环境，企业能力与OEM企业升级战略——东菱凯琴与佳士科技的比较案例研究》，《管

理世界》2009年第6期。

[256] 宁向东、郭久龙：《股利政策与利益主体的博弈关系》，《经济管理》2002年第16期。

[257] 潘绵臻、毛基业：《再探案例研究的规范性问题——中国企业管理案例论坛（2008）综述与范文分析》，《管理世界》2009年第2期。

[258] 芮明杰等：《再创业》，经济管理出版社2004年版。

[259] 宋德舜：《国有控股，最高决策者激励与公司绩效》，《中国工业经济》2004年第3期。

[260] 王凤彬：《科层组织中的异层级化趋向——基于宝钢集团公司管理体制的案例研究》，《管理世界》2009年第2期。

[261] 王凤彬、陈公海、李东红：《模块化组织模式的构建与运作——基于海尔"市场链"再造案例的研究》，《管理世界》2008年第4期。

[262] 巫景飞、何大军、林暐、王云：《高层管理者政治网络与企业多元化战略：社会资本视角——基于我国上市公司面板数据的实证分析》，《管理世界》2008年第8期。

[263] 吴家曦、李华燊：《浙江省中小企业转型升级调查报告》，《管理世界》2009年第8期。

[264] 吴建祖、王欣然、曾宪聚：《国外注意力基础观研究现状探析与未来展望》，《外国经济与管理》2009年第6期。

[265] 许晖、郭净、邓勇兵：《管理者国际化认知对营销动态能力演化影响的案例研究》，《管理学报》2013年第1期。

[266] 叶康涛：《案例研究：从个案分析到理论创建——中国第一届管理案例学术研讨会综述》，《管理世界》2006年第2期。

[267] 于开乐、王铁民：《基于并购的开放式创新对企业自主创新的影响——南汽并购罗孚经验及一般启示》，《管理世界》2008年第4期。

[268] 余明桂、潘红波：《政治关系、制度环境与民营企业银行贷款》，《管理世界》2008年第8期。

[269] 张丽华、刘松博:《案例研究：从跨案例的分析到拓展现有理论的解释力——中国第二届管理案例学术研讨会综述》,《管理世界》2006 年第 12 期。

[270] 张文慧、张志学、刘雪峰:《决策者的认知特征对决策过程及企业战略选择的影响》,《心理学报》2005 年第 3 期。

[271] 张晓军、席酉民、谢言、韩巍:《基于和谐管理理论的企业动态能力研究》,《管理科学学报》2010 年第 4 期。

[272] 张玉利、李乾文:《公司创业导向、双元能力与组织绩效》,《管理科学学报》2009 年第 1 期。

[273] 周俊、薛求知:《双元型组织构建研究前沿探析》,《外国经济与管理》2009 年第 1 期。

[274] 周长辉:《中国企业战略变革过程研究：五矿经验及一般启示》,《管理世界》2005 年第 12 期。

附录 1

案例企业高层管理者注意力配置关键词分析

为充分展示案例企业浙江物产集团高层管理者对动态能力发展相关维度的关注情况，研究者采用质性研究软件 QSR Nvivo 8.0 对企业高层管理者历年讲话文本进行了关键词分析。需要说明的是，由于案例企业前任董事长的相关讲话文本材料为纸质版，对于 Nvivo 8.0 来说属于无法直接导入的外部链接材料，因此，此处对案例企业高层管理者讲话材料的自动化文本分析主要是基于能够导入 Nvivo 软件的 2004—2009 年企业高层管理者的讲话文本材料。相关分析过程及结果说明如下。

一 确定关键词

关键词的确定主要包括以下三个步骤：

步骤一：基于对案例企业高层管理者（主要是董事长与总经理）历年讲话文本的阅读与分析，参照与动态能力发展相关五个维度的定义及内涵提取关键词。

步骤二：与两位管理学博士生就关键词的匹配性进行讨论，对关键词进行第一次提炼。

步骤二：采用 Nvivo 对上述步骤形成的关键词进行文本搜索，进一步剔除不符合五个维度内涵要求或在文本材料中不具代表性的关键词，最终形成的五个维度关键词如正文表 4-7 所示。

二 关键词的词频统计

采用 Nvivo 的"文本搜索"功能对分析材料进行关键词检索，将结果进行编码，编码节点数即为相关关键词的词频数。

三 产生歧义的关键词处理

由于中文词普遍存在多义现象，而且字词之间并没有类似英文那样的明确间隔，这就有可能出现软件检索命令中的关键词属于前后两个词语分割的情况或其他语境不匹配的情况，例如"创新"一词，出现在"开创新的局面"句子中显然就不符合预先设定的检索要求。因此，需要对上述编码结果进行人工审核，进一步剔除不符合检索要求的相关编码节点。在审核过程中，剔除的一些包含关键词但不符合检索要求的典型例子如下：

例1："做好战略家当前一定要克服向下越位，向下越权的问题，不能影响下属的积极性"——剔除（"积极"一词作副词符合要求，而这里作为名词，通过考察语境，不符合要求）

例2："掌握经营工作主动权，谨防大起大落"——剔除（"主动"一词作副词符合要求，而这里作为名词，通过考察语境，不符合要求）

例3："买方市场是在供需关系中买方处于主动地位、成为主导方面的市场"——剔除（"主动"一词作副词符合要求，而这里作为形容词，通过考察语境，不符合要求）

例4："民爆公司则是在国家改革民用爆破产品体制的情况下"——剔除（"改革"一词在这里并非反映的是企业的变革情况，而是国家层面的改革，不符合要求）

四 结果展示

经过人工审核剔除不符合要求的关键词编码节点后形成的关键词检索结果如正文图4-5所示。在 Nvivo 中包含关键词的原始材料界面截图示例如下。

1. "外部环境感知"维度示例

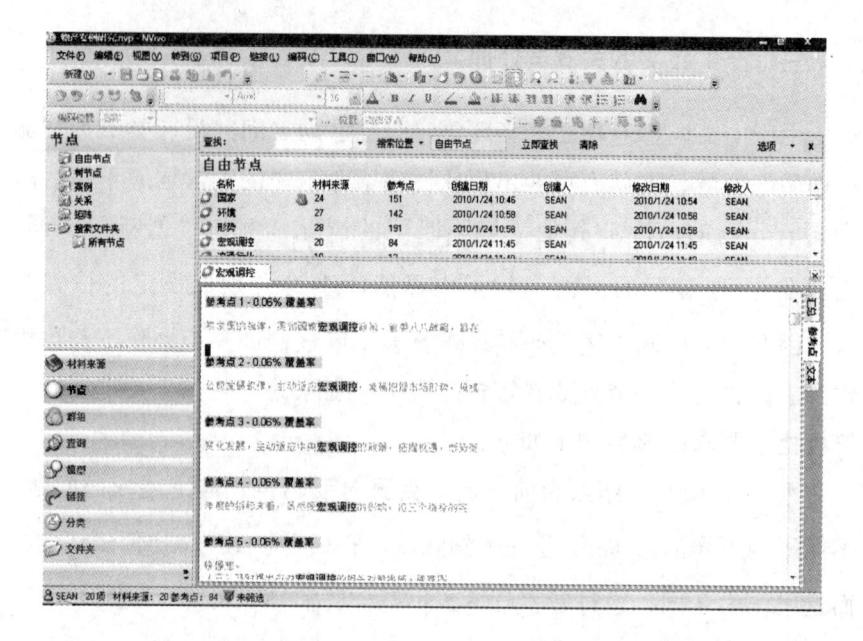

2. "快速反应"维度示例

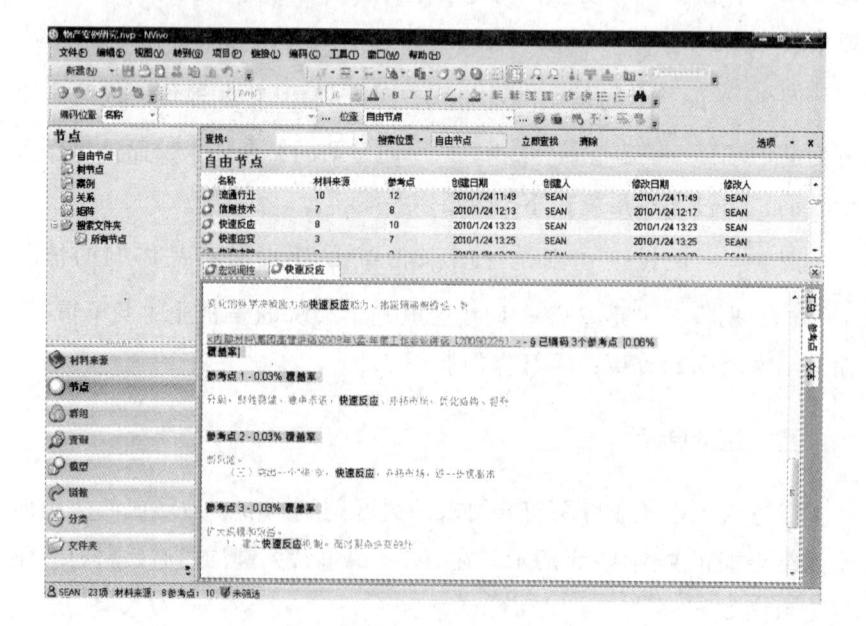

3. "变革更新"维度示例

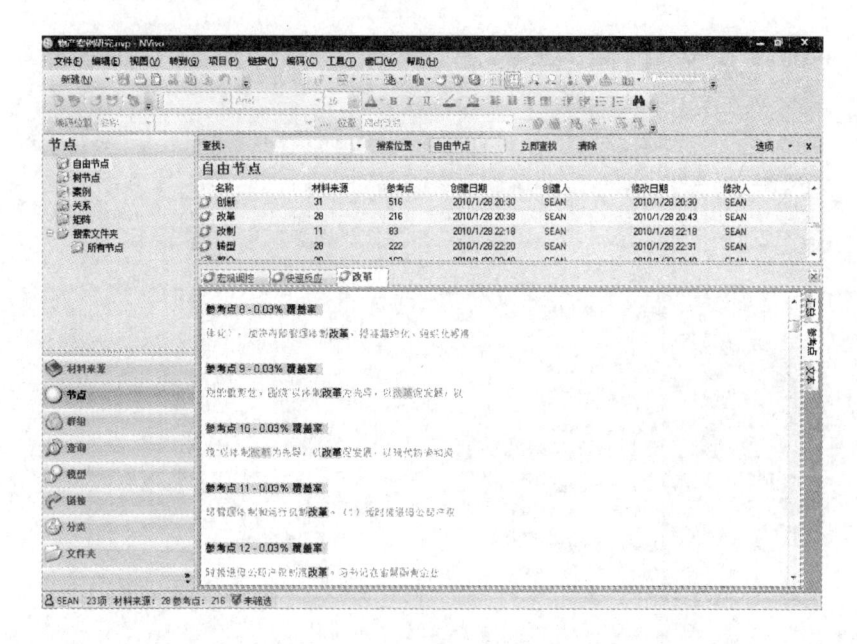

4. "资源与能力的整合与重构"维度示例

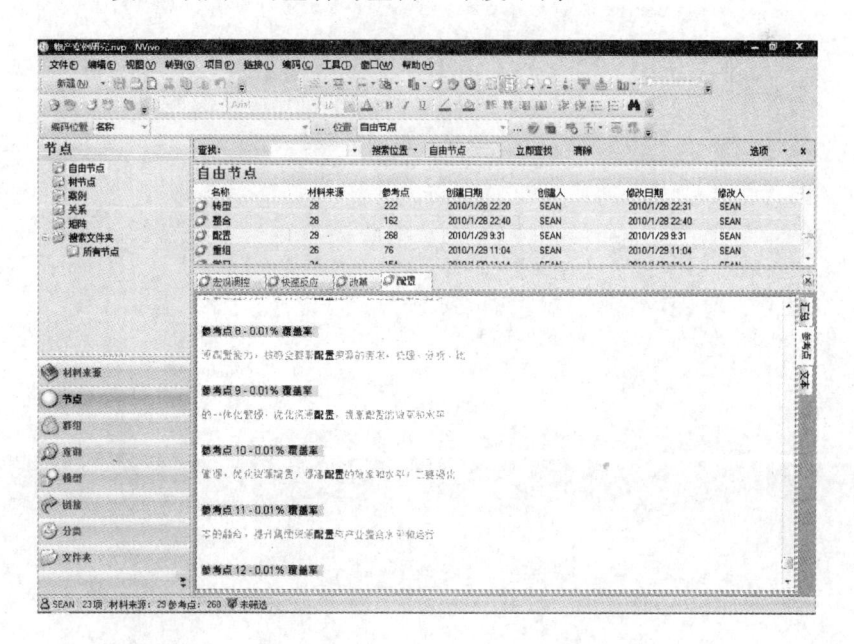

5. "组织学习"维度示例

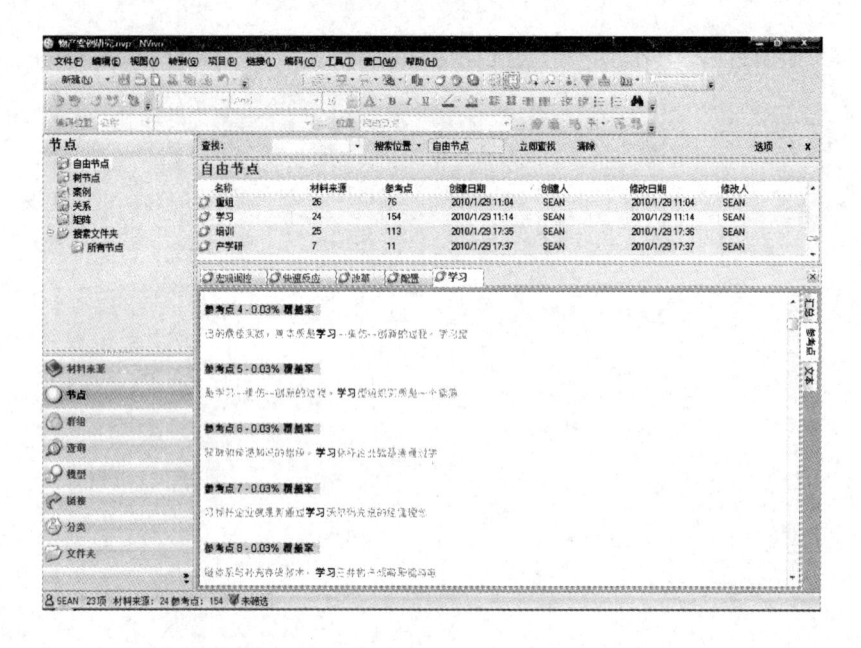

附录 2

企业高层管理者注意力配置关键词评分表

企业高层管理者的认知很大程度上是通过其注意力的配置来体现的。高层管理者对特定领域的关注（注意力配置）往往反映了这些领域在其认知模式中处于中心位置。由于管理者仅具有有限理性，因而其注意力成为稀缺资源，通常只能配置到少数特定领域，而对这些领域的关注在很大程度上决定了高层管理者后续的管理决策及行为。

基于对上市公司董事会报告的抽样分析，研究者针对五个领域提取了若干关键词，并提供了说明及相关示例。评估者在熟悉相关情境之后按照关键词与特定情境的符合程度进行评分。分值范围为 1—7 分，表明从"完全不符合"到"完全符合"，而 4 分则表明"不确定"。

需要特别说明的是：（1）相关关键词在不同的语境中可能具有不同意思或容易产生歧义。针对这种情况，研究者将会基于计算机自动搜索的结果进一步对包含关键词的语句进行阅读与甄别。评估者也将会在熟悉相关匹配语境的基础上进行评估，因此，此处关键词只要其包含的某一种词义能够与相关情境相匹配，则视为符合。（2）关键词的意义不在于其本身，而是在于以关键词为线索，包含关键词的特定语句所反映的企业高层管理者的认知情况。

一 "外部环境感知"关键词

1. 情境说明

"外部环境感知"反映了企业高层管理者对影响企业经营及发展的外部环境的关注情况，包括宏观经济环境、政策法律环境、社会文化环境、自然地理环境、技术环境、行业竞争环境、顾客市场环境、产业环境等。

2. 示例

"2004年以来,⬚宏观⬚ ⬚环境⬚的变化和一系列⬚调控⬚ ⬚政策⬚的出台,影响到国内工程机械⬚行业⬚运行的格局。2005年国家持续执行中性偏紧的⬚宏观⬚ ⬚政策⬚,钢材等主要原材料和石油等主要能源的价格企高,同时,银行加息等重大事件推迟了⬚行业⬚的复苏,加上工程机械产品价位较高,对信贷的依赖性较强。上述原因直接造成工程机械⬚需求⬚的回落。因此,2005年的工程机械正处于一个⬚行业⬚过渡调整时期。"

3. 评分表

关键词与设定情境的符合程度	完全不符合←——→不确定←——→完全符合
1	宏观	□1 □2 □3 □4 □5 □6 □7
2	环境	□1 □2 □3 □4 □5 □6 □7
3	调控	□1 □2 □3 □4 □5 □6 □7
4	经济	□1 □2 □3 □4 □5 □6 □7
5	政策	□1 □2 □3 □4 □5 □6 □7
6	形势	□1 □2 □3 □4 □5 □6 □7
7	趋势	□1 □2 □3 □4 □5 □6 □7
8	行情	□1 □2 □3 □4 □5 □6 □7
9	客户	□1 □2 □3 □4 □5 □6 □7
10	行业	□1 □2 □3 □4 □5 □6 □7
11	竞争	□1 □2 □3 □4 □5 □6 □7
12	供需	□1 □2 □3 □4 □5 □6 □7
13	需求	□1 □2 □3 □4 □5 □6 □7

二 "快速反应"关键词

1. 情境说明

"快速反应"是指企业针对环境变化能够积极迅速地做出反应,

采取有效应对措施。

2. 示例

"由于2006年度国家进一步加大了宏观调控的力度，加之铜材等有色金属原材料价格的巨幅攀升，使得中央空调市场的竞争更加残酷，面对诸多不利因素，公司 积极 寻找 对策，化被动为 主动，并从中寻求发展。"

"针对上述问题，公司 积极 采取 应对 措施，向规模要效益，向管理要效益，开源节流，严格控制各项成本支出；加强同业主的沟通，共同 应对 钢材涨价对于工程实施带来的风险；同时调整产品结构， 积极 开拓海外市场， 加快 住宅钢结构市场的培育和拓展。"

3. 评分表

关键词与设定情境的符合程度		完全不符合←→不确定←→完全符合						
14	积极	□1	□2	□3	□4	□5	□6	□7
15	快速	□1	□2	□3	□4	□5	□6	□7
16	加快	□1	□2	□3	□4	□5	□6	□7
17	及时	□1	□2	□3	□4	□5	□6	□7
18	应对	□1	□2	□3	□4	□5	□6	□7
19	对策	□1	□2	□3	□4	□5	□6	□7
20	主动	□1	□2	□3	□4	□5	□6	□7

三 "变革与更新"关键词

1. 情境说明

"变革与更新"是指企业通过创新与变革以有效适应环境变化，包括观念的转变与更新、组织结构的调整、组织惯例与流程的调整、商业模式与经营手段的革新、产品与技术的创新、企业文化的更新与重塑等。

2. 示例

"2006年公司经营工作思路是： 变革 创新 、流程顺畅、单元突破、整体提升。推进'核裂变'的战略，通过组织再造和流程再造，重新定位和优化产业链结构，建立与之适用的组织架构和经营模式，完善产业链上下延伸、中间裂变的机制，构建企业内部专业化经营的运行模式，完善经营型人才队伍的建设，为产业股份化和国际化做好准备。"

"2006年公司将以'创新求发展、效率出效益'作为总体经营方针，在确保现有核心产业的前提下，以3C融合为契机，持续推进基于产业升级和消费升级的产品升级；继续大力开展技术创新、管理创新和体制创新，进一步推进产业结构调整；强力推进人力资源结构的优化工作，提高公司运营效率、增强企业核心竞争力和比较竞争优势、提升各个产业的盈利能力，实现长虹的跨越式发展。"

3. 评分表

关键词与设定情境的符合程度		完全不符合 ← → 不确定 ← → 完全符合						
21	变革	□1	□2	□3	□4	□5	□6	□7
22	创新	□1	□2	□3	□4	□5	□6	□7
23	革新	□1	□2	□3	□4	□5	□6	□7
24	完善	□1	□2	□3	□4	□5	□6	□7
25	调整	□1	□2	□3	□4	□5	□6	□7
26	转型	□1	□2	□3	□4	□5	□6	□7

四 "资源与能力的整合与重构"关键词

1. 情境说明

"资源与能力的整合与重构"是指企业为有效适应环境变化的要求，对自身拥有及掌控的资源（有形资源与无形资源）进行整合、调整、优化与重新配置，同时不断调整、提升及培育新的与环境变化要求相适应的能力体系的过程。资源的整合与重构不仅包括企业内部的资源，同时也包括企业通过合作、联盟、并购等方式对外部资源的整合与重构。典型的企业资源包括：人力资源、货币资金、物力资源

（厂房、设备、原材料、能源等）、技术资源（专利、许可证）、供应链网络、客户资源、营销渠道网络、信息网络资源、企业社会资本等。

2. 示例

"资源 整合 稳步推进，集约化经营成效逐步显现。通过国际贸易业务的 整合 和市场推介，逐步确立了开拓国际市场的战略措施，在巴基斯坦建立了海外技术服务中心试点，实现了棉纺成套设备的出口，使本公司以单机促成套、以成套带单机的营销策略在国际市场上得以实现。通过清梳联产品、精梳机产品的整合，统一了市场营销，基本上消除了内部的恶性竞争，遏制了价格下滑的局面，稳固了市场份额，同时产品价格稳中有升，回款率明显好转，合同质量也显著提高，较好地体现了资源 整合 所带来的综合效益。通过供应链的 整合 ，极大地降低了采购成本，给公司带来了显著的经济效益。2005年公司扩大了集中采购范围，进一步降低了采购成本，节约成本70000余千元。通过建立国内外供应商评价认证体系和与供应商建立战略合作关系，以及完善采购信息平台，有效地推进了降成本工作的有效落实。通过国内营销网络的整合，对山东、江浙、福建地区，继续推进'酒店式'营销网络的整合工作，实现集中办公、统一形象和资源与信息共享。同时，积极推进 CRM 系统正常运行，强化系统的应用和维护，为建立信息准确、反应快捷的市场营销体系奠定了基础。"

"年内，公司依靠内涵式与外延型并举的方式，全方位实施资源 配置 、资产 重组 、架构重建，有效地促进了公司经济规模的快速扩张。"

3. 评分表

关键词与设定情境的符合程度	完全不符合←——→不确定←——→完全符合
27	配置	□1 □2 □3 □4 □5 □6 □7
28	整合	□1 □2 □3 □4 □5 □6 □7

续表

关键词与设定情境的符合程度		完全不符合 ←——→ 不确定 ←——→ 完全符合						
29	重组	□1	□2	□3	□4	□5	□6	□7
30	并购	□1	□2	□3	□4	□5	□6	□7
31	收购	□1	□2	□3	□4	□5	□6	□7
32	融资	□1	□2	□3	□4	□5	□6	□7

五 "组织学习"关键词

1. 情境说明

"组织学习"是指企业通过学习、知识吸收与应用以有效适应环境变化的活动及过程，主要体现在企业开展的学习与交流活动、培训与进修活动、与相关领域专家、科研院所、高等院校等进行的产学研合作、交流等活动。

2. 示例

"加速自主开发，确保发展进程，在合作及自主项目中积极 学习 、不断积累，通过集成创新的方式以自主品牌产品为载体逐步体现出来，减少合作依赖，降低发展风险，加快市场反应速度，在 学习 、积累、实践中提升自主能力。"

"本公司在保证员工福利待遇和分配机制向技术人员倾斜的基础上，还制定了《优待人才暂行办法》《星级员工评选实施方案》等制度，给优秀技术骨干提供在职研究生深造、出国 培训 考察 等机会，建立合理的人才梯队储备机制；公司与高等院校联合开办了'模具设计与制造'专业，开创 产学 结合的'订单式'培养人才模式，与广东工业大学合作，在公司设立'工程硕士班''专科升本科学历提高班''专科班'教学点，为公司一线员工提供再就学机会，打造'高级蓝领'工程，推动产业工人队伍知识化、专业化。"

3. 评分表

关键词与设定情境的符合程度		完全不符合 ←——→ 不确定 ←——→ 完全符合						
33	学习	☐1	☐2	☐3	☐4	☐5	☐6	☐7
34	培训	☐1	☐2	☐3	☐4	☐5	☐6	☐7
35	培养	☐1	☐2	☐3	☐4	☐5	☐6	☐7
36	考察	☐1	☐2	☐3	☐4	☐5	☐6	☐7
37	交流	☐1	☐2	☐3	☐4	☐5	☐6	☐7
38	产学	☐1	☐2	☐3	☐4	☐5	☐6	☐7

附录 3

注意力配置关键词词典构建及语境说明

有关上市公司企业高层管理者注意力配置关键词的获取及检索研究程序已在正文中通过图 5-3 进行了说明。这里主要说明在初始关键词词典的基础上精练形成最终关键词词典的研究过程以及关键词在原始文本分析材料中的典型匹配语境。

一 最终关键词词典的构建程序

在初始关键词词典的基础上，研究者采用了以下程序以形成最终进行自动化文本检索的关键词词典：

步骤一：根据评估者对关键词的评分情况进行第一次筛选，主要是剔除评估分值过低（4分及以下）的关键词；

步骤二：通过 Nvivo 的"文本搜索"功能对剩余的关键词进行试检索（主要是基于上市公司 2005 年董事会报告样本）；

步骤三：进一步对在样本报告中不具代表性的关键词进行剔除，主要包括歧义过多、语境总体匹配程度非常差的关键词。

经过上述过程，最终形成了包含 23 个关键词的词典，具体组成参见下表。

关键词类别明细

外部环境感知	快速反应	变革与更新	资源与能力的整合与重构	组织学习
宏观	客户	积极	变革	配置	学习
环境	行业	加快	创新	整合	培训
调控	竞争	及时	转型	重组	产学
经济	需求	主动			

续表

外部环境感知	快速反应	变革与更新	资源与能力的整合与重构	组织学习
形势				
趋势				

二 关键词语境说明

由于中文词语歧义现象比较普遍，同样的词在不同语境中意义往往存在很大差异。为保证最终统计的关键词词频数符合设定的语境要求，因而在对上述 23 个关键词进行自动化文本检索时需要对语境不匹配的情况予以剔除。

研究者采用 Nvivo 的"文本搜索"功能对 2005—2007 年样本公司董事会报告进行了关键词检索，并仔细阅读包含关键词的检索结果语句，根据上下文意思判断该关键词的语境匹配情况，对于不匹配的关键词进行标记，并在最终统计关键词词频时予以剔除。各类别关键词的典型匹配语境说明如下：

1. "外部环境感知"关键词

编号	关键词	来自原始分析文本的典型匹配语境
1-1	宏观	宏观环境、宏观经济、宏观调控、宏观政策、宏观形势
1-2	环境	经济环境、宏观环境、经营环境、市场环境、技术环境、发展环境、消费环境、外部环境、政策环境、竞争环境、社会环境
1-3	调控	宏观调控、经济调控、价格调控、土地调控
1-4	经济	宏观经济、国民经济、经济环境、社会经济、国内外经济、经济形势、经济增长、农村经济、国家经济实力、经济全球化、世界经济、市场经济、中国经济、经济周期
1-5	形势	经济形势、市场形势、行业形势、宏观形势、经营形势、外部形势、不利形势、竞争形势、新形势、产业销售形势
1-6	趋势	行业发展趋势、需求演变趋势、品牌化经营趋势、行业集中度趋势、需求变化趋势、行业的增长趋势、逐步升值的趋势、个性化趋势、下降的趋势、市场发展趋势、必然趋势、新趋势
1-7	客户	客户管理、客户情况、与客户的沟通、客户销售、客户价值、客户需求、客户资源、主要客户、重点客户、客户结构、客户服务、老客户、新客户、客户关系管理、客户期望、客户忠诚度、客户群体、目标客户、忠诚客户、客户分类管理、高端客户、客户满意度、优质客户、大客户

续表

编号	关键词	来自原始分析文本的典型匹配语境
1-8	行业	**行业、行业合作、行业标准、行业信息、分行业、行业发展、行业的复苏、所处行业、行业形势、行业竞争、行业市场、行业增长、行业重组、行业展望、国内行业、国内同行业、行业领先地位、行业规模、行业整体盈利能力、行业集中度、行业格局、行业盈利水平、行业亏损、行业整合、行业利润、重点行业、竞争性行业、行业风险、行业前景、行业产能、所属行业、高利润行业
1-9	竞争	低层次竞争、品牌竞争、竞争力、竞争格局、竞争激烈、市场竞争、行业竞争、产品竞争、价格竞争、竞争对手、竞争优势、竞争者、竞争压力、有序竞争、竞争地位、全面竞争、竞争实力、国际竞争、竞争形势、竞争方式、竞争环境、竞争行为、竞争风险、无序竞争、同质化竞争、竞争秩序
1-10	需求	消费需求、顾客需求、市场需求、用户需求、购买需求、更新需求、客户需求、需求规模、个性化需求、需求不足、需求分析、需求量、差异化需求、有效需求、消费者需求、产品需求、需求旺盛、行业需求下降

2. "快速反应" 关键词

编号	关键词	来自原始分析文本的典型匹配语境
2-1	积极	积极推进、积极引入、积极扩张、积极采取应对措施、积极应对、积极引进、积极支持、积极拓展、积极开拓、积极盘活存量资产、积极参与竞争、积极争取、积极寻求、积极拓宽、积极准备、积极申请、积极调整、积极实施、积极响应、积极发展、积极开展、积极探索、积极改善、积极推动、积极参加、积极关注、积极适应、积极寻找、积极培养、积极尝试、积极谋求
2-2	加快	加快改革和创新、加快调整产品产出结构、加快产品结构调整、加快科研人员引进、加快产品研发、加快国际业务的发展、加快土地资产盘活、加快资金周转、加快技术创新、加快名牌战略运作、加快采用、加快新产品开发、加快技术研发、加快信息化建设、加快培养、加快产业升级的进程、加快项目建设速度、加快发展、加快团队建设、加快打造、加快基本建设、加快产品结构调整、加快企业转型、加快营销网络的拓展、加快与国际知名品牌的合作、加快内部生产资源整合、加快反应速度、加快产业化步伐
2-3	及时	及时分析了、及时向市场推出、及时调整营销策略、及时调整产品价格、及时调整产业发展重点、及时推出、及时调整资源分配、及时传递到、及时掌握、及时调整工作部署、及时调整公司应对策略、及时了解、及时修订、及时采取有效措施、及时改进技术
2-4	主动	积极主动、主动拓展、主动适应、主动实施、主动求变、主动开发、主动应对、主动调整

3. "变革与更新"关键词

编号	关键词	来自原始分析文本的典型匹配语境
3-1	变革	变革创新、组织变革、销售变革、管理变革
3-2	创新	创新发展、创新渠道开发、变革创新、开拓创新、创新能力、差异化创新、管理创新、自主创新、技术创新、产品创新、科技创新、机制的创新、营销模式的创新、市场创新、市场营销体系创新、体制创新、研发体系创新、服务创新
3-3	转型	管理转型、向专业集约转型、"扁平化"转型、生产的转型、向ODM转型、向医药行业转型、业务转型、企业转型、向集团化管理模式的转型、业务模式转型、组织转型、战略转型、营销模式得到转型

4. "资源与能力的整合与重构"关键词

编号	关键词	来自原始分析文本的典型匹配语境
4-1	配置	对资源进行合理的配置、优化企业资源配置、资源优化配置、坚持全球配置资源、全方位实施资源配置、优化人员配置、进行合理的设备配置
4-2	整合	开展整合营销传播、品牌整合、营销网络的整合、加大分供方整合力度、整合销售市场、整合供方资源、整合资源、深化产业整合、资源整合、供应链的整合、整合国内外科技资源、整合公司系统内有效资源、整合市场、整合有效资源、整合销售渠道、整合外销资源、业务整合、整合研发产业链、整合社会资源、整合公司内外资源、整合公司及下属子公司的资源、实施资产整合
4-3	重组	债务重组、资产重组、重组收购、对生产要素进行合理重组、并购重组、整合及重组、公司重组

5. "组织学习"关键词

编号	关键词	来自原始分析文本的典型匹配语境
5-1	学习	企业学习、学习先进的管理经验、创新学习型营销体系、标杆学习、学习型企业、积极学习、学习型团队
5-2	培训	强化培训、开展销售管理培训、管理人员的培训、员工培训、自主培训、培训员工、培训工作、人才的培训、培训会、内部培训、操作技能培训、技术培训、培训制度、职业培训、全员培训机制、企业文化培训
5-3	产学	产学研、产学研基地、产学研结合、产学研一体化

三 Nvivo 分析过程示例

上述研究在 Nvivo 中的分析过程如下图所示,需要说明的是,对于不匹配的关键词节点，作者没有直接删除，而是进行了标记，并在最终统计词频时进行删除。这样处理主要是基于如下考虑：一是 Nvivo 程序在删除已编码的节点时耗时较多（该程序对于计算机配置要求较高）；二是保留相关不匹配节点的原始证据可以提高研究的可信度，并可供进一步检查验证。因此，下图中相关参考点（节点）的汇总数据并非最终关键词的原始词频数（未进行标准化处理），而是包含了需要剔除的不匹配语境的节点数（已另行进行标记）。

1. 2005 年董事会报告关键词初始编码节点汇总及相关示例

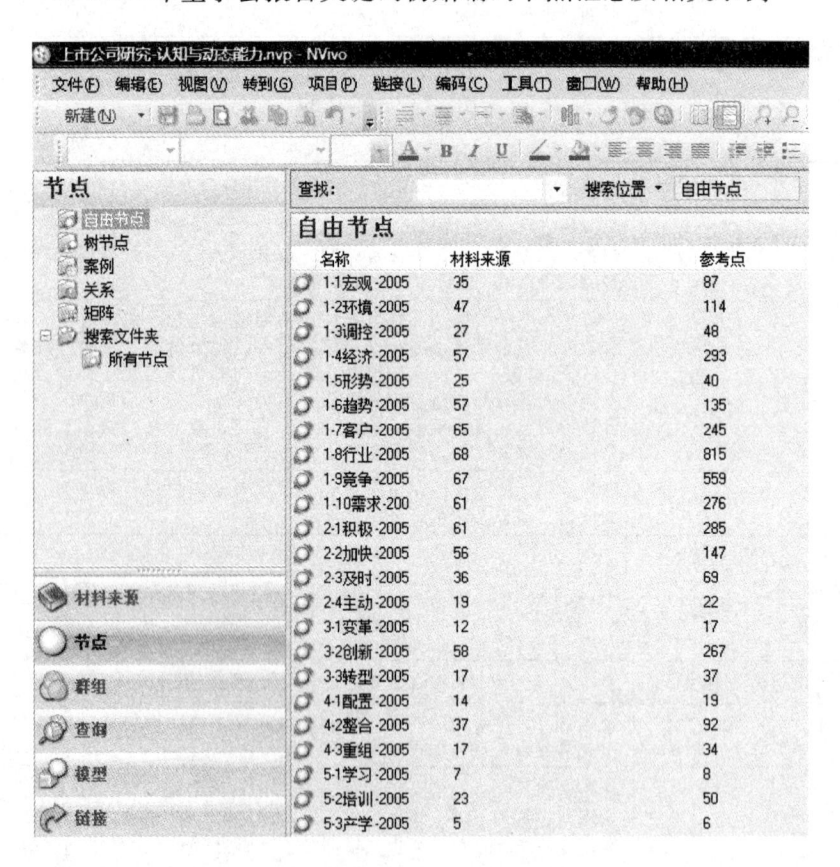

名称	材料来源	参考点
1-1宏观-2005	35	87
1-2环境-2005	47	114
1-3调控-2005	27	48
1-4经济-2005	57	293
1-5形势-2005	25	40
1-6趋势-2005	57	135
1-7客户-2005	65	245
1-8行业-2005	68	815
1-9竞争-2005	67	559
1-10需求-200	61	276
2-1积极-2005	61	285
2-2加快-2005	56	147
2-3及时-2005	36	69
2-4主动-2005	19	22
3-1变革-2005	12	17
3-2创新-2005	58	267
3-3转型-2005	17	37
4-1配置-2005	14	19
4-2整合-2005	37	92
4-3重组-2005	17	34
5-1学习-2005	7	8
5-2培训-2005	23	50
5-3产学-2005	5	6

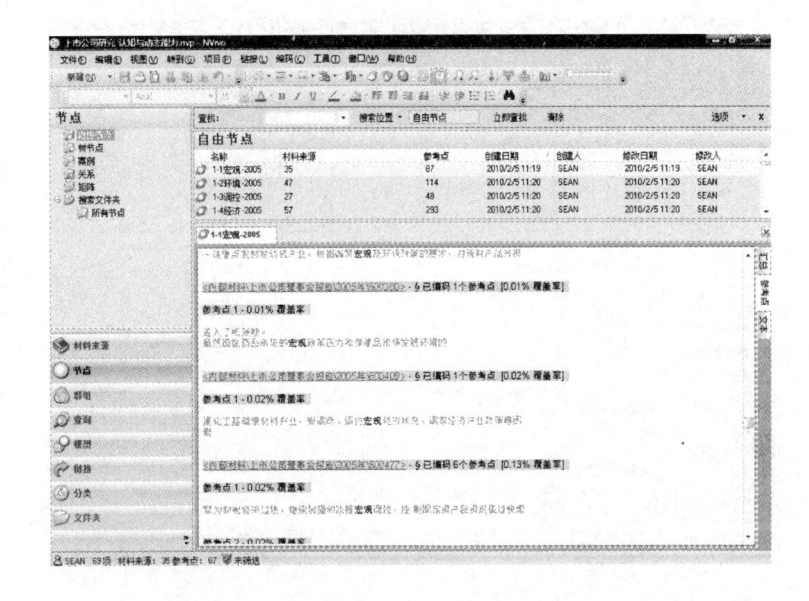

附录 3 注意力配置关键词词典构建及语境说明　　241

2. 2006 年董事会报告关键词初始编码节点汇总及相关示例

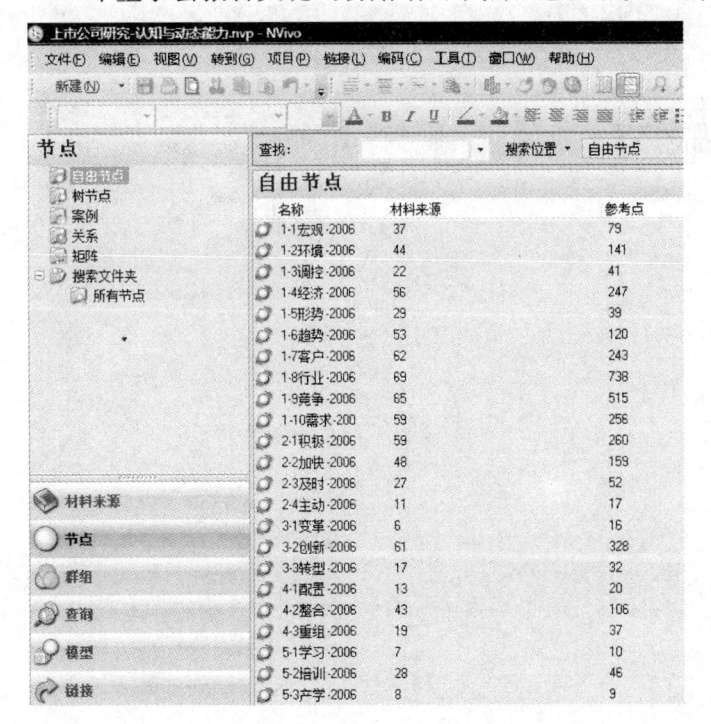

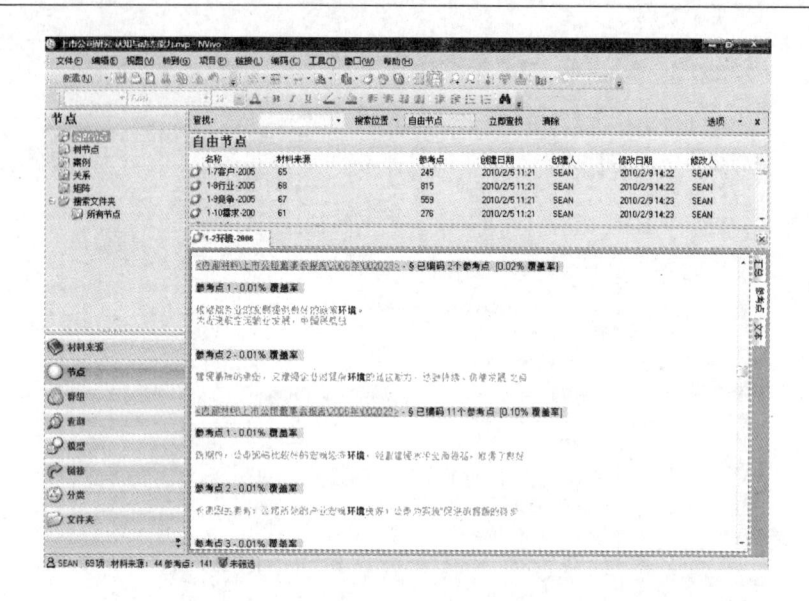

3. 2007年董事会报告关键词初始编码节点汇总及相关示例

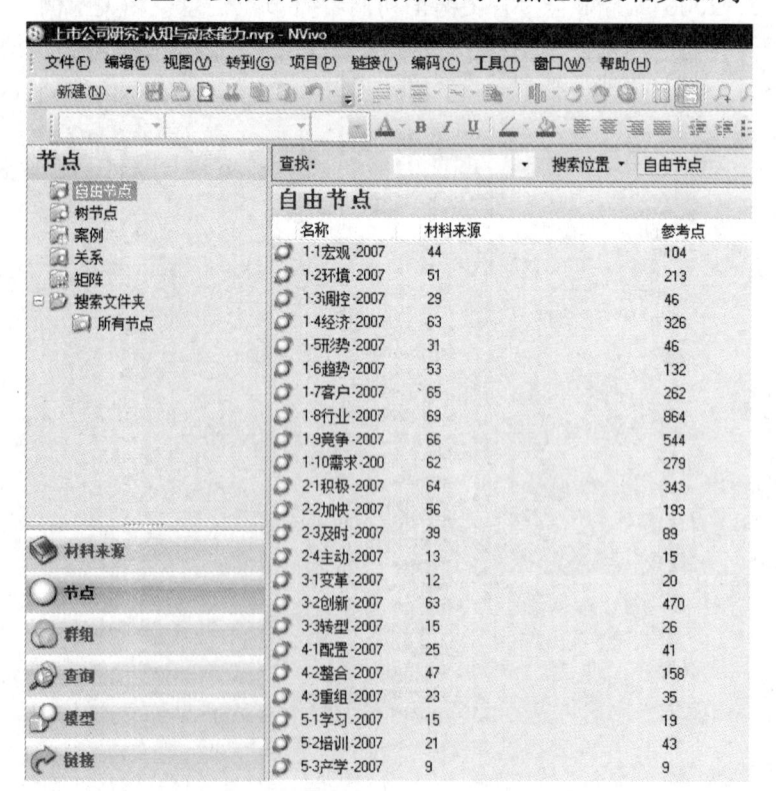

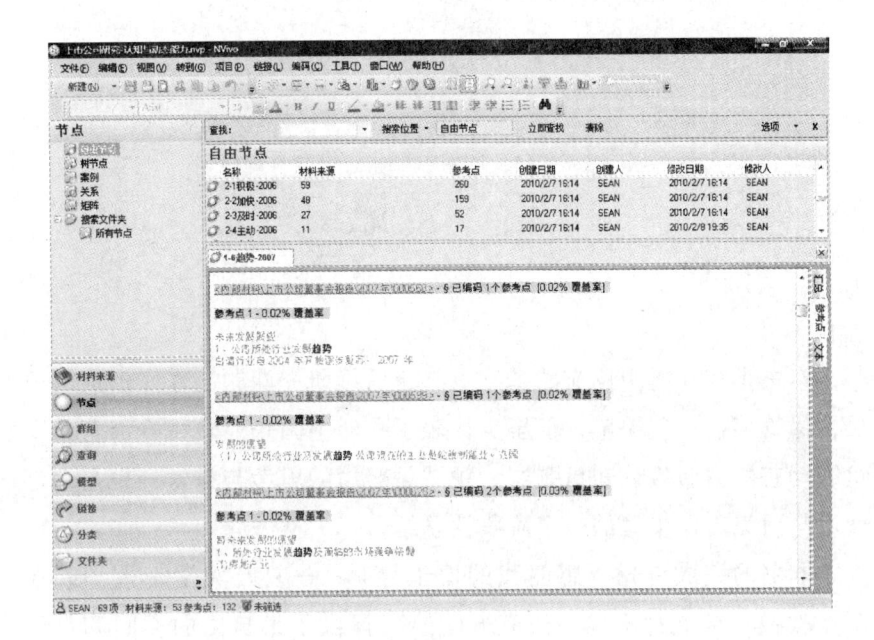

附录3 注意力配置关键词词典构建及语境说明

后　记

　　本书是在我博士论文的基础上结合后续研究课题工作所形成的成果，尽管存在一些缺憾，但至少代表了我对中国企业转型升级背景下组织动态能力微观认知机制这一领域最努力的思考与探索，也是多年学习与研究工作生涯的一个阶段性总结。

　　本书的完成首先要感谢我的博士导师——复旦大学管理学院芮明杰教授，芮老师不仅在研究方面给我提供了最自由的空间和最好的实践平台，还在为人处世、教书育人方面对我谆谆教诲。和芮老师在一起，总有一种如沐春风和醍醐灌顶的感觉。我还要感谢师兄余光胜老师，在课题研究、学术问题的探讨上余老师给了我莫大的帮助，我很庆幸在求学的路上，能遇到像余老师这样亦兄、亦师、亦友的学者。我的另外几位师兄巫景飞博士、左斌博士也给予了我很大的帮助，巫景飞博士在我面临学术转型、适应博士学习生活以及实践案例研究等方面提出了不少宝贵的建议；左斌博士在本书相关案例资料的收集方面提供了无私的帮助。我的几位同窗好友赵付春博士、冯臻博士、焦豪博士等对于本书的研究亦有贡献，在此一并表示感谢。

　　此外，我还要感谢浙江师范大学经济与管理学院的郑文哲院长、浙江工商大学的赵浩兴教授在我工作期间给予的帮助与支持；感谢美国加州圣何塞州立大学的 Robert Wood 教授、William Jiang 教授以及 Chunlei Wang 教授在国际学术交流方面的帮助与支持。这些都是本书完成的重要保障。

　　当然，最为重要的依然是家人对我的支持，感谢我的父母、妻儿，是你们给了我战胜困难，勇往直前的信心与力量。我所能做的，就是在我钟爱的教学与研究领域中继续努力，做出应有的成绩并成为你们的骄傲！

邓少军
2014 年 9 月 26 日于美国加州圣何塞